KB265029

역사가 기억하는 세계 100대 제왕

통지아위 편저　정우석 옮김

꾸벅

역사가 기억하는 세계 100대 제왕

발행일 / 1판1쇄 2011년 3월 10일

편저자 / 통지아위

옮긴이 / 정우석

발행인 / 박홍순

발행처 / 도서출판 꾸벅

등록날짜 / 2001년 11월 20일

등록번호 / 제 8-349호

주소 / 서울시 은평구 역촌동 64-51

전화 / 02)352-9152(대)

팩스 / 02)352-2101

http://www.jungilbooks.co.kr

isbn / 978-89-90636-50-8

잘못된 책은 구입하신 서점이나 본사에서 교환해 드립니다.

차례

▲ 고대이집트의 의료 안마 그림. 메네스가 이집트를 통일한 이후 이집트는 찬란하고 신비로운 문명을 이룩했다.

메네스

Menes
고대 이집트 파라오
기원전 3100년 전후

메네스는 고대 이집트 왕조의 첫 번째 파라오로 처음으로 이집트를 통일한 사람이다.

▼ 이집트에서 가장 큰 쿠푸(khufu)의 피라미드에서 멀지 않은 곳에 '스핑크스'가 있다. 스핑크스는 사자의 몸에 인간의 얼굴을 한 거대한 조각상으로 파라오 쿠푸가 자신의 무덤을 보호하기 위해 세웠다고 전해진다.

이집트는 나일(Nile) 강의 선물이다. 매년 7월부터 11월까지 홍수로 범람한 나일 강이 이집트에 비옥한 진흙을 날라다 주어 농작물의 성장을 도왔기 때문에 식량의 확보가 안정되었고 점점 더 많은 사람들이 이집트로 몰려들었다. 그렇게 농업이 일어나고, 문명과 정치가 생기고 상·하 이집트 두 나라가 형성되었다.

고대 이집트의 첫 번째 파라오 메네스, 그는 이집트의 한 귀족 가문에서 태어났다. 그의 정확한 생존 연도는 알려지지 않았다. 티스지역(이집트의 최남단)의 통치자였던 그의 조상은 남방침략자들과 투쟁하며 점차 전쟁의 흐름을 장악했다. 후에 메네스는 무력으로 상 이집트를 통일했고, 기원전 약 3100년경 상

수메르 문명

수메르 문명은 세계에서 가장 오래
된 문명으로 메소포타미아의 남부
지역에서 생겨났다. 대략 기원전
4000년 전에 시작되어 후에 바빌
론 문명으로 대체되었다. 수메르 문
명을 대표하는 것은 도시이다. 그들
은 도시 문명을 건립하고 문자를 발
명했다. 도시 문명의 건립은 씨족
제도의 해체를 상징하고, 문자의 사
용은 기록으로 남는 역사가 진정으
로 시작됨을 의미한다. 수메르의 설
형문자는 세계 역사상 가장 오래된
문자 가운데 하나이다.

이집트의 최고 통치자가 되었다. 그 후 여세를 몰아 하 이집트를 정복하고 이집트를 통일해 상·하 이집트의 첫 번째 국왕이 되었다. 상·하 이집트의 통일은 이집트 문명의 발전을 이끌었다. 이는 메네스의 가장 위대한 공적 중 하나이다.

메네스가 이집트를 통일한 찬란한 과정은 이미 역사의 뒤편으로 사라졌지만 그가 이집트 발전 과정 중에 내린 현명한 결정들은 유적을 통해 엿볼 수 있다. 메네스의 통치 정책은 대단히 탄력적이었다. 예컨대 상 이집트보다 훨씬 부유했던 하 이집트 사람들을 자신의 신하로 만들기 위해 그는 상·하 이집트에 각각 독립된 재정정책을 시행하고, 다른 국고를 설립했다. 또한 각각의 문화적 차이를 인정해 이전의 전통을 그대로 계승한 즉위식을 따로 거행하고 자신을 '상·하 이집트의 왕'이라고 칭했다. 이때부터 이집트 국왕은 면류관을 쓰는 불문율이 생겼다.

특수한 호칭, 이중 신분, 색다른 즉위방식은 이집트 국왕 즉위식의 독특한 풍경이 되었다. 이밖에 메네스는 상·하 이집트가 고유의 종교 전통과 중심을 유지하도록 허락해 이집트의 질서를 공고히 다졌다. 그렇다고 메네스가 일방적으로 하 이집트에 순응했다는 뜻은 아니다. 멤피스 건립이 좋은 예이다.

멤피스는 메네스가 하 이집트에 세운 신도시로 이집트가 통일된 후 정치와 군사의 중심지가 되었다. 멤피스의 건립은 하 이집트에 대한 통제를 강화했을 뿐 아니라 동시에 하 이집트에 대한 메네스의 태도를 보여준다.

메네스는 이집트 통일 후 여러 차례 전쟁을 치렀다. 사학자들은 '나르메르 팔레트'에 기록된 내용이 바로 메네스의 전쟁 이야기라고 추측한다. 메네스는 사냥 중에 발생한 불미스러운 사건으로 사망했다. 재위 26년 만이었다. 메네스가 죽은 후에도 이집트 왕조는 250년간 번영했다.

메네스는 이집트의 혼란과 무질서에 종지부를 찍고 이집트 백성들을 전쟁의 재난에서 구출했다. 그가 이룬 평화는 천년 가까이 지속되었다. 사회적 안정은 이집트에 경제, 문명의 발전을 가져왔고 그로인해 이집트는 점차 완벽하고 안정된 국가 체제를 형성해갔다. 이후 수백 년 동안 이집트 문화는 크나큰 발전을 이루었고, 문자도 점차 성숙해졌으며 의학과 과학도 계속 발전했다. 미라의 제작이 좋은 예라고 할 수 있다. 나일 강변에서는 이집트의 문명을 대표하는 피라미드가 출현하기 시작했다. 이는 이집트의 문명이 이미 수메르가 창조한 문명을 저 멀리 뛰어넘었음을 보여준다.

가장 중요한 것은 이후 수천 년 동안 이집트 문명이 어떤 나라도 어깨를 견줄 수 없는 지도적 지위를 계속 유지했다는 점이다. 이집트는 인류 문명의 발상지 가운데 하나로 인류 역사 문명의 횃불을 밝혔고 인류의 발전에 사그라지지 않을 공헌을 했다.

사르곤

Sargon
아카드왕국의 국왕
기원전 2316년

그의 나라에 입은 오직 하나다.

사르곤의 절대적 권위에 대한 외국인의 묘사

▲ 사르곤

다른 제왕에 비해 사르곤의 성장 과정은 슬픔과 고통으로 가득했다. 티그리스·유프라테스 강 유역 남북부의 키시 시에서 태어난 사르곤은 태어난 지 얼마 되지 않아 유프라테스 강에 버려졌다. 다행히도 마음씨 착한 정원사가 그를 발견하여 키웠다고 한다. 이 버림받은 아이가 후에 광활한 티그리스·유프라테스 강 유역의 통치자가 되리라고는 아무도 상상하지 못했을 것이다.

사르곤은 자라서 양부의 일을 물려받았고, 뛰어난 기술로 궁전의 정원사 겸 국왕의 요리사가 되었다. 의외의 사건이 없었다면 그의 일생은 그냥 그렇게 순탄하게 흘러갔을 것이다. 하지만 당시 티그리스·유프라테스 강 유역의 남부 도시국가들은 끊임없이 쟁탈전을 벌였고, 이 비천한 신하까지 격렬한 역사적 투쟁의 최전선으로 떠밀려 들고 말았던 것이다.

기원전 2371년, 사르곤은 키시의 귀족들이 두려움에 빠진 틈을 타서 무장봉기를 일으키고, 국가의 정권을 탈취했다. 처음에 그는 국가의 기반이 아직 다져지지 않은 점을 고려해 키시의 국호를 그대로 이어 쓰다가 새로 세운 도읍지 아가데로 천도하며 국호를 아카드로 바꾸었다.

사르곤은 등극하자마자 탁월한 정치, 군사적 재능을 발휘했고 아카드왕국의 국력은 나날이 강력해져 움마왕국과 대치하게 되었다. 두 나라 국왕은 여러 차례 만나 양국의 경계와 세력 범위 문제를 해결하려 했지만, 좋은 결과가 나오지 않자 '전쟁만이 문제를 해결할 최선의 방법'이라고 생각하게 되었다. 결국 국가의 생사존망을 다루는 격렬한 전쟁이 펼쳐졌고 수메르 등 다른 도시국가까지 말려들었다. 움마왕국은 마침내 사르곤의 찬란한 미소 아래 무너졌다.

잠시 휴식을 취한 뒤 재정비를 한 사르곤은 직접 군대를 이끌고 동방의 엘람과 티그리스·유프라테스 강 유역 북부의 스바르투로 원정을 떠났고, 심지어 세력 범위를 소아시아와 레바논 산맥지역까지 뻗어나갔다. 생전에 서른네 차례나 출정하며 아카드를 승리로 이끈 그를 사람들은 '진정한 왕', '우주의 왕'이라고 불렀다.

전쟁에서 혁혁한 공을 세운 것 외에도 사르곤에게는 다른 제왕들이 도저히 따라갈 수 없는 우세한 점이 있었다. 바로 재위기간이 55년에 이른 것이다. 덕분에 그는 방대한 왕국을 경영할 시간이 충분했다. 사르곤은 끊임없는 전쟁 속에서 찬란한 일생을 보냈고, 티그리스·유프라테스 강 유역에 역사상 첫 번째 상비군을 세웠다. 상비군은 한 부대가 5,400명으로 구성된 핵심 군단으로 사르곤이 직접 지휘했다. 이처럼 강력한 국가기구를 바탕으로 티그리스·유프라테스 강 유역에 최초로 중앙집권제도를 세울 수 있었다.

▲ 사르곤의 부조상

사르곤은 열흘 노정을 기준으로 행정구역을 세워 왕족의 자제를 총감독으로 임명하고 아카드 귀족이 보좌하게 했다. 점령지역 간의 갈등을 줄이기 위해 현지의 귀순 귀족을 관리로 임명하기도 했다. 당시에는 아카드왕국의 국가기구가 완벽하게 정립되지 않았고 중앙집권제도도 결국 완성되지 못했지만 사르곤의 실천은 후대 사람들에게 귀중한 유산을 남겼다.

하층민 출신인 사르곤은 농지의 수리시설을 매우 중시해 대규모의 관개 시스템을 건설했다. 이밖에 무역의 발전 역시 중요하게 생각해 왕국 내의 도량형을 통일하고 원활한 상로를 확보하기 위해 전쟁도 불사했다. 사르곤이 통치한 시대에 이미 인더스 강 유역까지 무역이 확장되었으니 그야말로 기적이 아닐 수 없다.

사르곤은 줄곧 산만했던 수메르 도시국가의 정치 구조를 뒤엎고 새로운 통치 기반을 세웠으나 이는 탄탄하지 못했다. 지방 귀족들은 호시탐탐 무장 폭동을 일으킬 기회만을 노렸다. 말년에 이르자 국내에 대규모 봉기가 일어났고 '진정한 왕인 사르곤'은 수도에 포위당했다. 결국 봉기는 진압되었지만 아카드왕국은 이미 원기를 크게 상실했다. 사르곤이 죽은 후 아카드왕국은 11년간 지속되다가 유목민족인 구티족에게 멸망했다.

▶ 아카드왕국의 돌 비석 조각. 아카드왕국의 국왕 사르곤의 아들 리무쉬가 전쟁 중 승리를 거두는 장면이 기록되어 있다.

메소포타미아

메소포타미아는 원래 '두 강 사이 지역'이라는 뜻으로 '티그리스 · 유프라테스 강 유역'이라고도 불린다. 넓은 의미로는 티그리스 강과 유프라테스 강의 중하류 지역을 가리킨다. 즉, 동쪽의 자그로스 산맥, 서쪽의 시리아 사막, 남쪽의 페르시아 만, 북쪽의 타우러스 산까지 이에 해당된다. 북부는 산지, 남부는 티그리스 · 유프라테스 강 삼각주이다. 좁은 의미로는 티그리스 · 유프라테스 강 사이의 지역을 가리킨다.

아카드왕국의 역사는 겨우 백여 년 정도밖에 되지 않았지만 티그리스 · 유프라테스 강 유역의 첫 번째 통일국가로써 큰 가치를 지닌다. 특히 대규모의 농업 관개 시스템은 티그리스 · 유프라테스 강 유역 농업의 발전을 촉진시켰다. 사르곤은 티그리스 · 유프라테스 강 유역을 통일로 이끈 선구자였다. 이후 역대 군왕들은 그를 역할 모델로 삼아 분투했으며 대륙 사이에서 대 제국의 출현을 촉진시켰다.

역사적으로는 고대 이집트의 첫 번째 통치자 메네스와 사르곤을 자주 비교한다. 메네스의 통일은 고대 이집트 문명의 특성이 아직 형성되기 전으로 국가의 관념, 집권 통치, 정치, 경제 제도의 합체, 심지어 문화 방면에까지 그 영향력을 발휘했다. 반면에 사르곤이 통일할 때는 티그리스 · 유프라테스 강의 문명이 이미 많이 발전했을 때로, 그는 국가의 정치세력 범위와 국가기구를 바꿨을 뿐이다. 따라서 사르곤도 찬란한 위업을 달성했지만 그 영향력은 메네스보다 낮게 평가된다.

▶ 샤르킨 비석의 일부분. 나체 상태로 포위된 죄수가 조각되어 있다. 아카디아어로는 사르곤을 샤르킨이라 부른다.

함무라비

Hammurabi
고대 바빌론의 국왕
기원전 1750년

눈에는 눈, 이에는 이, 발에는 발, 화상에는 화상, 채찍으로 입은 상처는 채찍으로 갚는다.
〈함무라비 법전〉

▲ 함무라비 조각상

　기원전 2006년 우르왕조를 뒤엎고 바빌론왕국을 세운 아모리족이
티그리스 강과 유프라테스 강 유역에 터를 잡았다. 두 강 유역의 비

옥한 토양, 고도의 문명에 힘입어 아모리족은 수 백 년 간 마리, 이신, 라르사 등의 도시국가를 세웠다. 이와 동시에 도시국가 간의 이익 다툼이 시작되었다. 이런 상황은 기원전 18세기 함무라비가 즉위하고서야 바뀌게 되었다.

바빌론왕국의 제6대 국왕 함무라비의 출생 연도는 알려지지 않았다. 그는 바빌론 역사상 가장 걸출한 국왕 가운데 하나로 재위기간 동안 많은 업적을 이뤘다. 왕위에 오르자마자 티그리스 · 유프라테스 강 유역을 통일하겠다는 웅대한 청사진을 세웠고 이를 위해 충분한 준비를 시작했다. 우선 목표를 전쟁의 물질적 기초에 둔 함무라비는 치수 사업에 힘쓰고, 수리시설을 세워 농업을 발전시켰다. 그후 상공업의 발전을 독려하여 국가의 수입을 늘리고 도시국가 간의 경제 교류를 강화했으며 상인들을 통해 다른 도시국가의 상황을 엿보았다.

강력한 경제 기초가 뒷받침되자 함무라비는 국가의 군사력을 강화하는 데 열정을 쏟기 시작했다. 그는 군대를 늘리고 엄격하게 훈련하여 강력한 상비군을 조직했다. 함무라비가 속한 도시국가는 순식간에 바빌론왕국 가운데 가장 강력해졌다.

기원전 1787년 함무라비는 그의 통일 계획을 실행하기 시작했다. 탄력적인 외교정책의 실행으로 이신, 라르사, 마리 등의 도시국가를 차례로 무너뜨렸다. 통일 전쟁은 35년간 계속되었고 아시리아와 그의 보호아래 있던 에슈눈나를 제외하고 함무라비의 웅대한 계획은 모두 실현되었다.

통일이 되자 함무라비는 통치를 공고히 다지기 위해 개혁을 실시했다. 키사와 페르시아만 사이에는 운하를 건설해 황무지를 비옥한 경작지로 바꾸었다. 정치적으로는 왕의 권한은 하늘로부터 받은 것임을 선포하고 방대하고 완벽한 관료기구를 만들었다. 군사상 군권을 독점하고 토지를 사병에게 분배하여 지위를 향상시키고 상비군의 실력을 끊임없이 강화했다. 함무라비의 통치 아래 완벽하고 강력한 노예제 국가 체계가 세워졌으며 바빌론왕국의 정치, 경제, 문화, 건축, 예술 등은 발전하기 시작했다.

지금까지의 업적만으로도 함무라비가 세계 역사에 영향을 끼친 제왕의 대열에 올라서기 충분하지만 진정으로 그를 역사에 남긴 것은 바로 〈함무라비 법전〉이다.

법전의 서론 부분은 함무라비에 대한 소개로 문장이 아름답고 신화적 색채가 강하다. 본문 부분은 282조의 법률 조문으로 소송 수속, 손해 배상, 경작지 임대관계, 절도 처리, 채무, 재산 상속, 혼인, 노예 처벌 등에 대한 내용을 담고 있다. 당시 계급은 세 등급, 즉 공민권*이 있는 자유민 노예주, 공민권이 없는 자유민 소 생산자와 노예로 나뉘었다. 법전은 노예주의 이익 보호를 위주로 자유민 간의

▲ 〈함무라비 법전〉

▲ 함무라비

---

* 공민권(참정권): 국민이 국정에 직접 또는 간접으로 참여하는 권리, 선거권, 피선거권, 공무원이 될 수 있는 권리 등이 있다.

관계를 조절해 통치를 공고히 하고자 했다.

또한 법전에는 지위가 같은 사람 간에 '이에는 이, 눈에는 눈으로 갚는' 원칙을 실시한다는 등 고대의 전통이 많이 보존되어 있다. 법전에 비교적 관용적인 조항이 있다는 점도 눈에 띈다. 예컨대 채무를 갚다가 노예가 된 사람은 삼 년 후 다시 자유민의 신분을 회복할 수 있었다. 서론을 이어받은 결론 부분은 함무라비의 공적을 치하하고 법전의 권위성과 영구성을 강조했다.

〈함무라비 법전〉은 바빌론왕국이 자국 백성에게 구두로 약속한 것들을 법률 조항으로 정한 것이다. 이는 바빌론 문화의 일부분으로 바빌론 이전의 입법을 유지하고 더욱 발전시킨 것이다. 중요한 점은 법전이 사실적이고 당시의 사회 경제 제도를 전면적으로 반영하고 있다는 점이다. 이는 고대 서아시아 법률 제도의 진보와 국가의 성숙을 보여줄 뿐 아니라 이후의 고대 서아시아 및 서양의 법률문화에도 많은 영향을 끼쳤다.

함무라비가 건립한 바빌론제국은 그가 세상을 떠난 후에도 150여 년간 지속되었다. 바빌론왕국이 이처럼 강한 생명력을 가질 수 있었던 데에는 강력한 상비군과 〈함무라비 법전〉의 공적을 무시할 수 없다. 함무라비를 뛰어난 제왕으로 평가하는 이유도 바로 이 법전 덕분이다.

투트모시스 3세

Tuthmosis Ⅲ
고대 이집트의 파라오
기원전 1514~1450년

진정한 의미의 제국을 처음으로 세운 사람이자 처음으로 세계적인 영웅이라 칭송받았다.
〈캠브리지 고대사〉

기원전 1575년부터 기원전 1308년까지는 고대 이집트 제18대 왕조이자 신왕국 시기의 첫 번째 왕조로 고대 이집트 역사상 가장 강하고 번영한 왕조였다. 이 왕조를 집대성한 사람이 바로 투트모시스 3세이다. 그는 고대 이집트가 대륙을 넘어선 제국 시대로 들어서는 새로운 역사의 장을 펼쳤다.

투트모시스 3세는 투트모시스 2세와 그의 연인 사이에서 태어났다. 왕후 하트셉수트는 사생아인 투트모시스를 치욕과 암흑 속에서 살게 했다. 투트모시스는 왕후에 대한 적대심과 극도의 공포, 그리고 약간의 숭배가 뒤섞인 복잡한 마음을 가지고 자랐다. 관례에 따

▲ 투트모시스 3세 조각상

▲ 이집트 파라오 투트모시스 3세
의 조각상

파라오

파라오는 고대 이집트 군주에 대한 존칭으로 제22왕조 이후 정식으로 국왕의 직함이 되었다. 고대 이집트의 국왕은 모두 파라오라고 부른다. 존귀한 지위를 표명하는 파라오에는 보통 다섯 가지 호칭이 있다. 즉 호루스, 두 여신의 보호자, 황금의 호루스, 등극할 때의 이름, 원래 이름이 그것이다. 파라오는 국가의 최고 행정권을 가질 뿐 아니라 최고의 제사 대상이자 숭배의 대상이다.

르면 투트모시스는 왕위 계승권이 없었으나 파라오의 유일한 아들이었기에 파라오의 지위를 계승할 수 있었다. 하지만 야심 많은 왕후는 투트모시스가 왕정을 장악할 힘이 없는 틈을 타서 22년 동안 왕권을 독점했고, 자신을 왕으로 선포했다. 그녀는 세계 역사상 기록으로 남은 첫 번째 여왕이다. 기원전 1482년에 여성 파라오 하트셉수트가 사망한 후 드디어 투트모시스 3세가 친정*을 시작했다.

기원전 1474년 투트모시스 3세는 제6차 원정 중 카데시성을 점령했다. 3년 후 그는 다시 제8차 원정에서 유프라테스 강을 넘어 미타니왕국을 이집트의 영토로 만들어 서아시아 지역을 크게 놀라게 했다. 투트모시스 3세는 재위기간 동안 이집트의 국경을 전에 없이 넓혔다. 최북단 유프라테스 강 상류의 카르케미시성(오늘날 시리아 북부 지역)부터, 최남단 누비아국경 내의 나일 강 네 번째 폭포(오늘날 에티오피아 국경 내)까지 역사상 처음으로 북아프리카와 서아시아에 이르는 대제국을 건설했다. 이는 투트모시스 3세의 큰 공적이다.

투트모시스 3세는 전쟁에서 승리하며 명성을 떨쳤고 점점 더 많은 국가와 지역이 그에게 굴복했다. 스스로 최고라 자부하는 그의 함대에 대적할 자가 없어 동지중해 지역까지 세력이 확대되었다. 에게해의 섬들, 크레타섬, 사이프러스섬이 차례로 이집트의 영토로 들어왔다.

새로운 정복지역의 통치를 강화하기 위해 투트모시스 3세는 용맹스러운 정예군 장수를 서아시아 국경 내에 주둔시키고 직접 총독을 파견해 현지의 왕족과 귀족의 협조를 받아 통치했다. 한 나라를 정복할 때마다 투트모시스 3세는 그 나라의 왕과 귀족을 이집트로 데려와 인질로 삼았다. 동시에 그들에게 이집트식 교육을 시키고 이집트의 정신과 문화로 동화시켰다. 이런 방법은 식민 통치에 큰 도움이 되었고 후에 수많은 정복자들이 앞다퉈 이를 모방했다.

말년의 투트모시스 3세는 부귀영화만 탐낼 뿐 야심과 포부는 뒷전이었다. 심지어 아들 아멘호텝 2세와 함께 집정하기도 했다. 그가 세상을 뜬 후 뒤를 이은 세 명의 후손이 이집트 군사 강국의 지위를 유지했지만 새로운 성과 없이 그저 조상이 남겨준 기초만 다질 뿐이었다. 역사적인 시각에서 보면 이는 필연적이라 볼 수 있는데 투트

---

* 친정 : 임금이 직접 나라를 돌봄.

모시스 3세 때 발전의 절정기를 이루었기 때문에 그 후 이집트는 쇠퇴의 길을 걸을 수밖에 없었던 것이다.

투트모시스 3세는 역대 국왕이 세운 기초 위에 세계 역사상 첫 번째로 아시아와 아프리카의 두 대륙에 걸친 방대한 제국을 세웠다. 게다가 선진 중동 문명을 긴밀하게 하나로 연계해 이집트, 아프리카, 아시아, 심지어 전 세계에 중요한 영향을 끼쳤기 때문에 그는 '고대 이집트의 나폴레옹'이라고 불린다.

▲ 투트모시스 3세의 묘에 있는 그림

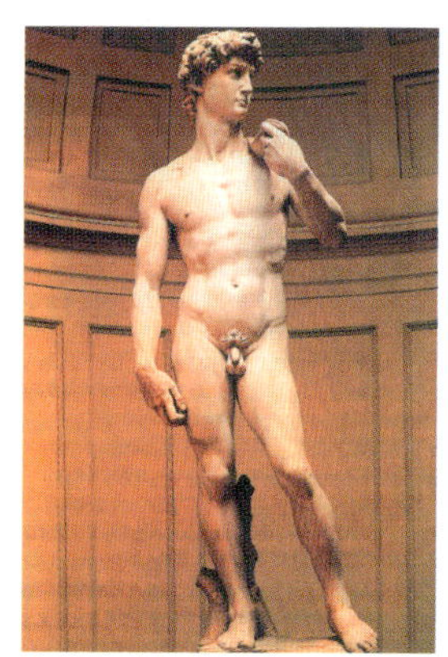

▲ 다윗 조각상. 미켈란젤로 작품
(1475~1564년)

다윗 왕

David
유대 이스라엘의 왕
기원전 1101~971년

다윗왕은 이스라엘과 유태인을 고유의 국가와 민족으로 역사에 등장시킨 인물이다.

　고대 히브리인은 북부의 이스라엘 부락과 남부의 유대 부락으로
나뉘어 있었다. 그들에게는 왕이 없어 '판관' 들이 일상적인 사무를
주관했다. 후에 '해상민족' 으로 불린 필리스티아인이 지중해 동해

안 각국을 공격했고 이는 히브리인에게도 영향을 미쳐 심각한 타격을 주었다.

히브리인들은 외적에 저항하기 위해 판관에게 왕을 만들어 달라고 요구했다. 기원전 1025년 이스라엘의 첫 번째 왕인 사울 왕이 등극했고, 히브리의 각 부락은 왕국시대로 들어섰다. 그 후 걸출한 인물이 나와 이 민족을 찬란한 정상으로 이끌었으니 그가 바로 다윗 왕이다.

다윗은 남부 유대부락에서 온 이새의 막내아들로 용감하고 싸움을 잘 했으며, 해전에 능한 필리스티아와의 투쟁에서 혁혁한 공을 세워 사울 왕의 두터운 신임을 얻었다. 그는 전쟁에서 여러 차례 공을 세워 단번에 천부장 자리까지 올랐다. 다윗을 아끼는 사울 왕은 그를 격려하기 위해 자신의 딸 미갈을 다윗에게 시집보냈다. 사울의 총애를 한 몸에 받은 다윗은 순식간에 전국에 권세를 떨치는 인물이 되어 '아브라함, 모세 이후 하느님 여호와의 총애를 가장 많이 받은 사람'이라고 불렸다.

하지만 신하의 공이 왕보다 크면 화를 불러일으키는 법, 다윗이 유대인 가운데 명망이 높아지자 사울 왕은 그를 질투하기 시작했고, 급기야 죽이려고 했다. 하지만 영리한 다윗은 미갈과 형 조나단 등의 도움으로 사울 왕의 음모를 피해, 적군 필리스티아의 가트로 피난을 갔다. 기원전 1000년경 사울과 그의 세 아들이 모두 필리스티아와의 전쟁에서 죽자 이스라엘로 돌아간 다윗은 백성들에 의해 유대 국왕으로 추대되었지만 사울 왕의 아들 이스보셋이 이스라엘 왕으로 등극했다.

한 나라에 두 명의 왕이 있을 수는 없었다. 다윗과 이스보셋은 왕권을 차지하기 위해 격렬한 투쟁을 벌였고 결국 사울 일가의 일방적인 패배로 다윗은 유대와 이스라엘의 유일한 왕이 되었다. 왕위 쟁탈하는 과정에서 다윗은 뛰어난 정치 능력을 빈틈없이 발휘했다. 사울 왕이 죽었을 때 그는 기쁜 마음을 숨긴 채 눈물을 흘리고 통곡하며 심지어 밥도 먹지 않았다. 그러나 이스보셋이 죽었을 때는 자신을 공격했던 이스보셋 사람들을 처단했다. 이런 위선적인 행동에도 불구하고 유대와 이스라엘 양국 국민은 그를 떠받들었다.

다윗은 왕위를 확립하는 과정에서 필리스티아인의 역량을 충분히 이용했다. 하지만 왕이 되자마자 그는 필리스티아인을 공격하기 시

▲ 기록에 의하면 다윗 왕은 다재 다능한 음악가로 수금을 잘 탔다고 한다. 다윗 왕이 수금을 타는 모습에 관한 작품이 많이 전해진다.

작했다. 그는 모든 힘을 모아 필리스티아인을 공격해 이스라엘과 유대왕국에서 쫓아냈다. 그 후 다윗은 전무후무할 정도로 많은 곳을 정복하여 왕국의 영토를 확장했다. 그는 예루살렘을 수도로 정하고 다윗성이라 명칭을 바꾼 뒤 궁전을 세웠다. 후에 유대인의 성물을 옮겨와 예루살렘이 유대인의 성스러운 도시임을 알렸다.

다윗의 말년은 매우 불행했다. 역사상 수많은 제왕들과 마찬가지로 말년에 자만에 빠진데다가 왕자들끼리 왕위 쟁탈을 벌이는 비극에 빠졌다. 다윗은 막내아들 솔로몬을 특히 사랑하여 왕위를 물려주려 했다. 그러나 왕위를 차지하기 위한 싸움에서 두 아들이 살해되었고, 솔로몬은 다윗의 왕위를 강제로 빼앗았다. 이후 그는 어둠의 구석으로 쫓겨나 남은 여생을 비참하게 보냈다.

다윗이 왕위에 있던 40여 년 간 국력이 강해졌고, 경제가 발전했으며, 무역이 번영했다. 국경은 지중해까지 확장되어 유대인들은 그를 개국의 선구자라고 불렀다. 다윗은 이스라엘과 유대인이 독립된 국가와 확실한 신분을 가진 민족으로 역사에 등장하는 데 공을 세웠다. 그의 업적은 〈구약 성경〉의 한 장을 이룬다. 유대교는 점차 세계 각지에 있는 유대 민족의 공통적인 상징이 되었으며 기독교와 이슬람교의 발생에 중요한 작용을 했다.

티글라트 필레세르 3세

Tiglath-Pileser Ⅲ
아시리아 왕
기원전 745~727년 재위

나는 다섯 적국의 국왕이 이끄는 2만 대군과 직접 전쟁을 치렀다 … 적군을 대파하고 … 적군의 피가 분수처럼 계곡에 흘러 … 적군의 목을 전부 베어, 적의 성벽 앞에 쌓아두니 마치 계곡과 같았다 … 적의 성은 태워버렸다.
티글라트 필레세르 3세의 공을 기록한 비석의 묘사

아시리아제국은 메소포타미아에서 흥성한 노예제 국가로 기원전 2500년을 전후해서 문명시대로 들어섰다. 그 후 수백 년 간 아시리아는 세력의 범위를 확장했고, 기원전 8세기 말 이미 소아시아 동부, 시리아, 팔레스타인, 바빌로니아와 이집트 등을 정복했다. 하지만 기원전 8세기 전반에 아시리아는 내란이 일어나 확장을 멈추었

▲ 티글라트 필레세르 3세의 부조. 현재 루브르 궁에 소장되어 있다.

고 강력한 지도자 티글라트 필레세르 3세가 즉위한 뒤에야 이 상황
이 바뀌었다.

티글라트 필레세르 3세는 모든 무력을 동원해 침략전쟁을 치른 것
으로 유명하다. 그는 아시리아 내란 중 걸출한 장군으로 성장해 점
차 정권을 장악했다. 기원전 745년 티글라트 필레세르 3세는 왕위를
쟁탈하고 20년 간 아시리아를 통치했다.

티글라트 필레세르 3세가 역사에 끼친 영향은 주로 그의 개혁에서
볼 수 있다. 그 중 가장 탁월한 성과를 올린 개혁은 군사방면이다.
그는 군대를 전차병·기병·공격병·공병 등 전문적으로 나누어 그
당시로서는 각각의 분야를 가장 온전하게 갖춘 정예한 상비군으로
만들었다. 또한 철제 무기를 구비하여 대대적으로 확장했으며 널리
전파했다. 청동기와 비교하여 철기는 아시리아에서 거의 1세기 먼

저 사용되었다. 그밖에 그
는 '투석기', '투석추' 등
병기를 사용했고 물에 띄워
강을 건널 때 쓰는 공기 넣
은 가죽 주머니를 발명했
다. 이런 무기들은 모두 이
시기에 처음 발명되었다.

티글라트 필레세르 3세
의 군사 개혁은 탁월한 효
과를 거두었다. 그의 군대
는 패배를 모르는 용감한
사자가 되어 영토 확장에
큰 역할을 했다. 티글라트
필레세르 3세는 해마다 새
로운 전쟁을 일으켰다. 그
는 아시리아의 오랜 적 우

랄투를 공격하고 전체 시리아 지역까지 그의 세력을 확장했다. 또한
바빌론을 정복하여 바빌론의 국왕이 되었다. 아시리아는 한 단계 한
단계 확장해나가며 서아시아 지역 패주의 지위를 다졌다.

그러나 피정복지에 거주하던 민족들은 티글라트 필레세르 3세의
영토 확장에 강렬하게 저항했다. 이들의 저항을 억제하고 분쟁을 끝
내기 위해서 그는 피정복 민족을 이주시켜 함께 거주하게 했다. 그
들을 각 지역으로 분산시켜 현지인과 섞여 살게 하고 재산의 일부를
가져가게 허락했으며 새로운 지역에서도 토지의 일부를 소유하게
한 것이다. 하지만 반드시 아시리아 노예주에 속해야 했고, 아시리
아제국이 파견한 관원을 통해 통치했다. 이같은 이주 정책은 세계
역사상 처음 만들어진 것으로 제국의 통치에 유리하고 중동 문화의
교류를 촉진시키기도 했다.

기원전 727년 티글라트 필레세르 3세가 세상을 떠났다. 그의 군사
개혁과 그가 만든 피정복 민족의 이주 혼거 정책은 역사를 크게 발
전시켰다.

아시리아

아시리아, 고대 서아시아 노예제 국
가로 티그리스 강 중류에 위치했다.
기원전 3000년대 셈족에 속하는
아카드인들이 이곳에 도시 아수르
를 건설했다. 기원전 19세기에서 18
세기까지 왕국으로 발전했다. 그 판
도는 남으로 아카드, 서로 지중해에
이르며 국경 내에서는 농업이 발달
하고 각종 금속이 많이 생산되었다.
게다가 고대 서아시아 각국의 주요
상로에 위치하여 전략적으로 매우
중요한데 이는 이후 아시아와 아프
리카 두 대륙에 걸친 노예제 대제국
으로 발전하는 데에서 큰 의의를 갖
는다.

▲ 네부카드네자르 2세가 재위할
때 바벨탑을 세웠다고 한다. 높
이 90미터이며, 정상에 신묘를
세웠다.

네부카드네자르 2세

Nebuchadrezzar Ⅱ
신바빌로니아왕국 국왕
기원전 약 630~562년

네부카드네자르 2세는 고대 서아시아 신바빌로니아왕국에서 가장 유명한 국왕이다.

▲ 돌에 새겨진 네부카드네자르 2
세의 모습

신바빌로니아왕국의 88년 짧은 역사 가운데 네부카드네자르 2세
는 의심할 바 없이 가장 명망 있는 군주였다. 네부카드네자르 2세는
사랑하는 왕후의 웃음을 얻기 위해 건설한 '공중정원' 으로 유명하
기도 하다.

네부카드네자르는 말 타기와 활 쏘기를 매우 잘했으며 군사적 재
능이 뛰어났다. 처음에는 국력을 강화하기 위해 동쪽의 메디아왕국

과 동맹을 맺었으나 그와 동시에 양국의 변경에 외곽방벽을 쌓아 메디아왕국의 침입을 예방했다. 그가 쌓은 외곽방벽은 아마도 세계에서 가장 오래된 방벽일 것이다.

그 후 네부카드네자르는 시리아·팔레스타인 주변의 작은 국가들과 여러 차례 전쟁을 벌였고 다마스커스·시돈·티레 및 유대의 국왕들은 모두 그를 신이라 칭하며 조공을 바쳤다. 후에 이집트가 개입하자 이 국왕들이 잇달아 네부카드네자르를 배반해서 그의 분노를 샀다. 기원전 587년 네부카드네자르 2세는 대군을 이끌고 유대인들을 공격해 예루살렘을 점령하고 꼭두각시 제국을 세웠다.

3년 후 이집트가 세력을 다시 회복해 유대·티레·시돈 등을 정복

◀ 고바빌론의 전쟁을 묘사한 미술 작품이다. 네부카드네자르는 '야만적인 정복자'로 불렸지만 중동의 역사에 중요한 공헌을 했다.

▲ 고바빌론의 신화를 묘사한 미술
작품이다.

했다. 상대방에게 결코 약한 모습을 보이지 않는다는 명성 그대로였다. 유대의 두 번째 배반에 네부카드네자르 2세는 참을 수 없을 정도로 분노했고, 580년 다시 유대에 진격해 예루살렘을 모두 약탈했을 뿐 아니라 수많은 백성들과 눈이 먼 국왕까지 바빌로니아로 압송했다. 이것이 그 유명한 '바빌론 유수'이다. 신 바빌로니아가 멸망한 후에야 유대 국왕은 다시 고국으로 돌아갈 수 있었다. 후에 네부카드네자르 2세는 주변의 많은 국가들을 정복했고 세력의 범위는 극도로 팽창했다.

네부카드네자르 2세의 재위기간 동안 신바빌로니아왕국의 정치는 상대적으로 안정적이었으며 국가의 경제도 번영했다. 그는 자신의 공을 널리 드러내기 위해 바빌론을 새롭게 꾸미고 종교적인 건축물을 많이 세웠다. 그 가운데 가장 유명한 것이 '바벨탑'이다. 그밖에 바빌론 성 밖에도 성벽을 세웠는데 이슈타르 문도 바로 이때 지은 것이다.

유대인에게 '바빌론 유수'는 심각한 재난이었다. 어떤 이들은 이 때문에 네부카드네자르 2세를 '야만적인 정복자'라고 부른다. 하지만 이런 표현은 편파적이기 쉽다. 역사는 공정한 것이다. 우리는 네부카드네자르 2세의 정복 행위로 인한 결과를 똑바로 바라보고 동시에 그가 중동의 정치 구조를 변혁한 것도 인정해야 한다. 결과적으로 보면 그는 과오보다 공이 크며 고대 역사상 위대한 국왕으로 손색이 없다.

키루스 대왕

Cyrus the Great
페르시아 황제
기원전 약 590~529년

페르시아인들이여 만일 당신들이 내 말을 듣는다면 오늘과 같은 이런 행복을 무수히 누릴 수 있을 것이다. 만일 내 말을 듣지 않는다면 어제와 같은 고역을 무수히 겪을 것이다.
키루스

기원전 3세기 이전에 세계 문명의 중심은 중동이었다. 당시 도시 국가들은 국가, 또는 제국의 면모를 갖추어 가며 역사상 대변혁을 일으킬 조짐을 보였다. 페르시아는 당시 많은 도시국가 가운데서도 뛰어난 국가였지만 역사의 조류에 의해 가장 먼저 정상에 선 것은 메디아였다.

키루스는 이란 서남쪽의 페르시스(현재 파르스주)에서 메디아왕국의 직속 지방 제후의 아들로 태어났다. 기원전 558년 그는 아버지 캄비세스의 뒤를 이어 페르시아의 국왕이 되었다. 이는 그가 메디아 국왕의 제후 중 한 명이 되었음을 의미한다. 키루스는 즉위 후 페르시아 국경 내의 각 부족과 주변의 소국들을 통일했다. 기원전 553년 경 키루스는 무리를 이끌고 봉기를 일으켜 메디아 국왕의 통치에 저항했고, 3년간의 전투 끝에 봉기는 성공을 거두었다.

▲ 키루스 대왕

페르시아의 궐기로 두려움을 느낀 메디아제국은 그리스와 소아시아의 도시국가들과 연합해 페르시아를 공격했지만 뜻밖에도 키루스의 대군에게 격파 당하고 말았다. 그 후 키루스의 대군은 승세를 타서 메디아제국의 통치 중심을 빼앗았고 기원전 546년 메디아제국을 정복해 국왕을 생포했다. 오래지 않아 그리스도 페르시아에 굴복했다. 그 후 키루스는 전쟁의 창끝을 동방으로 향했다. 그는 우선 동이란을 정복하고 이어서 동쪽으로 인더스 강까지 세력을 확장했다.

키루스가 보기에 가장 쟁탈할 만한 가치가 있는 나라는 신바빌로니아왕국이었다. 중동에서 가장 물자가 풍부하고 인구가 많은 지역이 신바빌로니아왕국 국경 내에 있었기 때문이다. 게다가 바빌론은 당시 세계에서 가장 큰 도시였으며 성 안에 있는 '공중정원'과 '바벨탑'은 더욱 기이한 경관이었다. 이 모든 것이 키루스가 탐낼 만했다. 게다가 바빌론 성은 강력한 페르시아 군대를 맞이하여 전에 없는 모습을 보여주었다. 바빌론 사람들은 무의미한 저항을 원하지 않았고, 결국 기원전 539년에 키루스에게 굴복했다. 이때부터 키루스는 시리아와 팔레스타인을 포함한 방대한 제국을 건설했다.

키루스는 걸출한 군사 천재일 뿐 아니라 가슴이 넓고 인자한 군주였다. 그는 지방의 종교와 풍속을 존중했고 다른 정복자들의 잔인한 특성을 싫어했다. 키루스는 바빌로니아를 정복한 후 현지의 풍속에 따라 신상의 손을 움켜잡고 자신이 바빌로니아의 왕임을 선포했다. 그 후 그는 바빌로니아 국왕이 약탈한 신상을 원래의 자리로 돌려보내 각지의 신관들로부터 존경을 받았다.

페르시아로 돌아온 키루스는 수년간 공을 들여 그의 방대한 제국을 새로 조직했다. 군대를 이끌고 동북쪽 마사게타

▼ 마사게타이족이 키루스 대왕에게 성수를 권하고 있다.

이족을 공격했지만 유감스럽게도 기원전 529년의 첫 번째 전투에서 패배하고 변경에서 죽음을 맞이했다. 키루스가 죽자 아들 캄비세스 2세가 마사게타이족을 물리치고 부친의 시신을 찾아와 이란의 옛 도시 파사르가다에 안장했다. 결국 캄비세스 2세가 이집트를 정복했고 중동의 도시국가들은 하나의 제국으로 통일되었다.

키루스가 죽은 후 페르시아제국은 알렉산더 대왕이 정복할 때까지 약 200년간 지속되었다. 이 두 세기 동안 페르시아가 통치한 국가는 모두 무사히 번창했으며 중동지역에 큰 영향을 주었다. 키루스는 역사상 가장 위대한 정복자이다. 그에게 견줄만한 제왕은 오직 알렉산더밖에 없을 것이다.

하지만 알렉산더 대왕의 통치기간은 매우 짧았으며 손실도 많았다. 페르시아제국은 200여 년의 역사로 로마제국 이전에 가장 영향력 있는 제국이 되었다. 키루스 대왕은 전쟁에서 많은 공을 세우고 거대한 제국을 이룩했다. 하지만 그가 유명한 제왕의 반열에 오른 이유는 따로 있다. 고대 세계의 정치체계를 변혁했기 때문이다.

키루스의 정복은 세계사 전체를 바꾸었다. 페르시아제국이 세워진 후 티그리스·유프라테스 강 유역과 이집트 문명은 세계 문명과 경제의 변두리 신세가 될 수밖에 없었다. 그리고 천 년 동안 마케도니아인·그리스인·로마인 등이 이 오래된 문명의 발원지를 잇달아 점령했다. 역사는 돌고 돈다. 페르시아제국을 건설한 키루스도 '우주의 왕'이란 신분으로 역사의 뒤안길로 사라졌다.

공중정원

공중정원은 바빌로니아 문명의 상징 가운데 하나이다. 신바빌로니아 국왕 네부카드네자르 2세 시기에 건설되었다. 전설에 따르면 이 정원을 만든 목적이 메디아 공주의 환심을 사기 위해서였다고 한다. 화원은 전체가 계단식으로 되어 있고 위에는 기이한 꽃과 풀들로 가득했으며 화원이 성벽보다 높아 공중에 매달린 것처럼 보여 '공중정원'이라고 불렸다. 후에 이 화원은 바빌론 성과 함께 황사에 파묻혔는데 2세기에 그리스의 한 학자가 '공중정원'을 '세계 7대 불가사의' 가운데 하나로 선정했다.

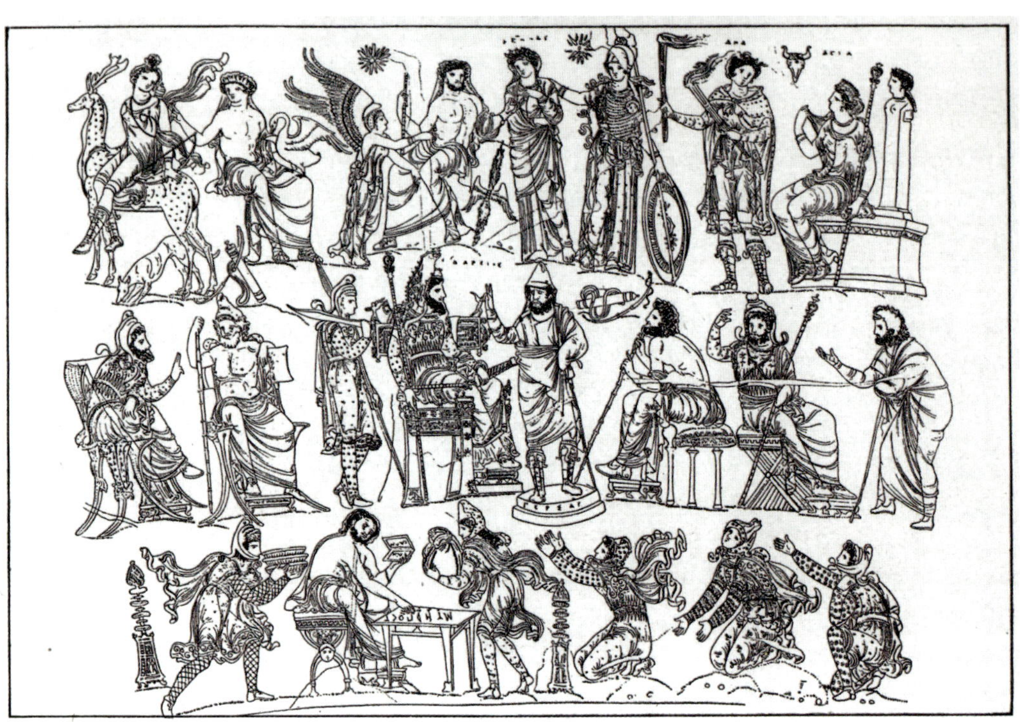

▲ 조로아스터교를 믿은 다리우스는 강한 조직력으로 국내의 행정제도를 온전히 갖추고, 구역을 나누어 세금을 명확히 거두었으며, 화폐와 도량형을 통일하고, 금화를 주조하여 페르시아제국의 영토를를 확대했다.

다리우스 1세

Darius Ⅰ
페르시아 황제
기원전 558~486년

여러 신들에게 보호를 구하나이다. 이 나라와 이 땅이 원한, 적, 거짓말과 가뭄의 피해를 입지 않도록 보호해 주소서. 흉년이 없고, 원한이 없고, 적이 없고, 거짓이 침입하지 않게 하소서.

다리우스

페르시아에게 기원전 529년은 매우 특별한 한 해였다. 고대 페르시아를 세운 키루스 대왕이 사막에서 전사하고 페르시아의 불운이 시작되었기 때문이다. 키루스의 후계자 캄비세스 2세는 아버지처럼 전쟁에 뛰어났지만 잔인하고 포악한 사람이었다. 그는 정권을 다지기 위해서라면 가장 가까운 사람을 죽이는 일도 서슴지 않아 귀족들의 불만을 불러일으켰다. 캄비세스 2세가 출정을 간 사이 페르시아 국내에서는 정변이 일어났고 얼마 지나지 않아 그도 비밀리에 살해되었다. 이에 키루스가 양성한 페르시아제국의 영웅들이 들고 일어나 국가의 정세가 어지러웠다.

이때 페르시아의 또 다른 위대한 통치자가 나타났다. 그가 바로 아케메네스 가문의 다리우스이다. 일대 혼란 가운데 다리우스는 귀족들을 연합해 정변을 일으키고 순조롭게 정권을 탈취해 기원전 522년 왕위에 올랐다. 즉위 후 그가 첫 번째로 나선 일은 키루스가 건립한 왕국의 영토를 회복하는 것이었다. 바빌로니아, 엘람, 메디아 등의 봉기를 진압했고 이것은 무너질 위기에 처해있던 페르시아제국의 기세를 다시 회복시켰을 뿐 아니라 영토를 확대하고 국력을 강화시켰다.

다리우스는 전쟁의 목표를 국경 밖으로 돌렸다. 그 후 인더스 강 유역, 흑해 해협 등이 페르시아의 판도에 들어와 아시아 · 아프리카 · 유럽의 3대륙을 가로지르는 방대한 제국이 탄생했다. 중요한 점은 그가 유럽으로 세력을 확장한 첫 번째 동방군주라는 것이다. 다문명 · 다신앙 · 다종족의 국가를 한층 더 공고히 하기 위해 다리우스는 정치 · 군사 등의 방면에 일련의 개혁을 진행했다.

정치 방면에서 다리우스는 키루스가 세운 전통을 기초로 처음으로 국가를 20여 개의 주로 나누고 귀족과 심복들이 직접 집권하도록 했다. 관리자들은 평등했으며 주의 납세 · 행정 사무 · 치안 등을 책임지고 국가의 관리체제를 강화했다. 다리우스는 관리를 자주 파견해 각지를 순찰했으며 지방 관리를 감시했다.

군사 방면에서 다리우스 자신이 최고 수령을 맡고 군 장관을 주요 지휘관으로 하는 5대 군사 관할구역을 조직했다.

◀ 다리우스의 조각상

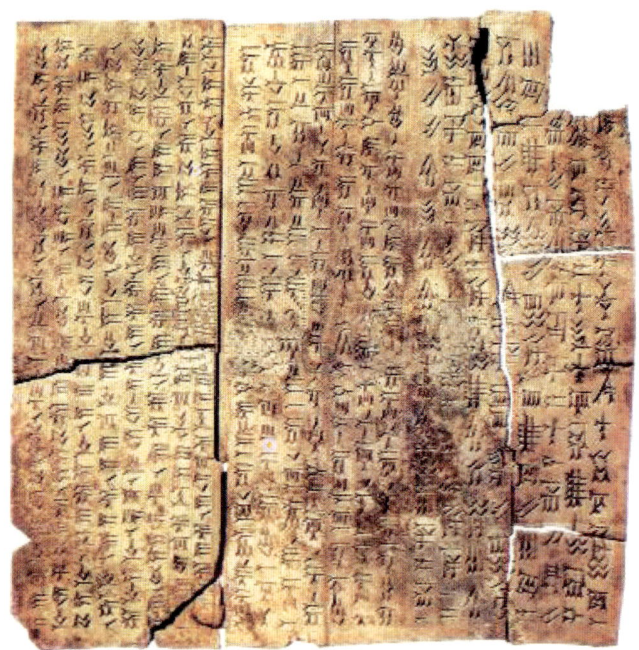

▲ 다리우스 은판. 판위에 세 가지 언어의 명문이 새겨져 있다. 페르시아제국의 국왕 다리우스 1세 통치 시기의 강성한 제국에 대해 기록되어 있다. 이란 고고 박물관 소장

관할구역 내에서 군대는 만 명 부대·천 명 부대·백인 부대·십인 부대의 네 등급으로 나누고 각각 왕실·국방 안전 및 지방의 안정을 책임지게 했다. 그밖에 그는 방대한 해군을 조직하기도 했는데 군대의 모든 구성원이 전부 의무병이라는 점이 특이하다.

경제적으로 다리우스는 조세를 정비했다. 세금은 실물세와 화폐세 두 종류로 나뉘었다. 실물세를 걷을 때 그는 각지의 상황에 따라 적절한 대책이나 구체적인 방법을 생각해 내어 실시했다. 예컨대 이집트는 양식이 풍부하니 양식으로, 아르메니아는 말이 많이 생산되니 말로, 메디아는 양이 많이 나니 양으로, 인더스 강 유역은 상아로 세금을 내는 것이었다. 화폐는 금화·은화와 동화만 합법적으로 유통하는 화폐로 규정했으며 이밖에도 전국의 도량형을 통일했다. 이런 정책들은 페르시아제국의 경제 발전을 가져왔다.

법률 방면에서 다리우스는 최고법원과 지방법원을 세우고 각 지방이 그들의 법률 전통을 유지하도록 허락했다. 그 예로 바빌로니아는 〈함무라비 법전〉을 여전히 사용할 수 있었다. 하지만 다리우스는 자신의 의지와 명령이 영원히 법률을 능가한다고 강조했다.

방대한 제국에서 정치적 명령이 잘 통하게 하기 위해 다리우스는 전국 각지에 도로를 보수하고 역을 건설했다. 도로가 순조롭게 통하고 길을 따라 관병의 보초를 세우자, 상인의 무역활동이 더욱 빠르고 안전하게 되어 전국의 무역이 신속하게 발전했다.

일련의 개혁을 통해 다리우스가 세운 제국의 정치가 더욱 공고해졌고, 경제도 점차 번영했다. 강력한 경제와 군사력이 뒷받침되자 다리우스는 전쟁의 창끝을 그리스로 겨누었다. 기원전 492년 전쟁을 하기 위해 그리스로 떠났지만, 그리스 본토에 도착하기도 전에 페르시아 군대는 폭풍우를 만나 전군이 전복되어 사망했다. 2년의

▲ 다리우스는 각 민족 고유의 종교와 신앙을 존중하고 유대인이 예루살렘에 신전을 재건하는 것, 각 민족이 자신의 신전을 세우는 것을 허락했다. 그의 이름이 이집트 신묘의 명문에 나올 정도이다.

짧은 휴식 이후 그는 다시 그리스로 군대를 보냈지만 실패의 불운을 바꾸지 못했다. 이는 다리우스의 업적에 오점을 남겼다.

다리우스의 일생을 보면 후세 사람들은 찬탄을 하지 않을 수가 없다. 그가 3대륙에 걸친 대제국을 세워서가 아니라 방대한 영토에 세운 일련의 제도 때문이다. 페르시아제국은 세계 역사상 첫 번째의 방대하고, 복잡한 제국으로 그 이전에는 귀감을 삼을 수 있는 나라가 없었다. 다리우스는 '대통일, 작은 자치'의 원칙으로 몇 개의 문명을 하나로 연결해 제국을 장기간 지속시켰다.

세계 역사상 다리우스가 문치와 무공을 중시한 첫 번째 제왕은 아니지만, 여러 문명국가를 하나의 체계로 통일하여 세계적인 안목으로 국가를 통치한 첫 번째 사람이라 할 것이다.

찬드라굽타

Chandragupta Maurya
인도 마우리아왕조의 국왕
기원전 324~300년 재위

찬드라굽타가 아들 빈두사라에게 물려준 것은 과거 그 어떤 국왕보다 넓은 영토와 권세, 그리고 영광스런 제국이었다.

인도 역사학자

자이나교

자이나교는 인도 전통종교의 하나이다. 자이나교는 이성이 종교보다 높다는 사상을 신봉한다. 정확한 신앙, 지식과 품행이 사람들을 해탈로 이끈다고 생각할 뿐아니라 영혼의 사상 경계에 이른다고 여긴다. 신도들은 서인도 지역에 집중해 있고 주로 상업, 무역 혹은 공업에 종사한다.

인도 마우리아왕조에 대해 얘기하면 사람들은 인도 역사상 가장 위대한 제왕 아소카왕을 떠올릴 것이다. 하지만 또 다른 인물로 마우리아왕조의 건립에 걸출한 공헌을 한 제왕으로 아소카 왕에게 영토를 확충할 기초를 다져주고 기본적인 통일을 이룬 마우리아왕조의 찬드라굽타를 들 수 있다.

찬드라굽타 왕은 알렉산더 대왕이 인더스 강 유역을 잔인하게 짓밟을 당시 인도의 공작새를 조련하는 집안에서 태어났다. 당시 알렉산더 대왕의 공격에 힘을 합쳐 저항하지 못한 인도의 왕들은 순식간에 무너지고 말았다. 하지만 알렉산더 대왕의 장군들은 기나긴 전쟁과 고향에 대한 그리움으로 더 이상의 전쟁을 거부했고, 결국 알렉산더 대왕은 대리인을 남긴채 내키지 않는 마음으로 이 뜨거운 땅을 떠났다.

그러나 인도의 훌륭한 역사는 이제 막 그 막을 열었다. 알렉산더에게 저항하는 봉기가 일어났고 봉기군의 핵심 지도자가 바로 찬드라굽타였다. 그는 사람들을 이끌고 알렉산더의 대군을 인도에서 쫓아내고 마우리아왕조를 세웠다. 야심만만한 찬드라굽타는 그 후 여러 곳을 옮겨 다니며 전쟁을 벌였고 갠지스 강 유역의 마가다왕국을 점령했다. 인더스 강 유역과 갠지스 강 유역은 인도 역사상 처음으로 통일되었다.

평생 자이나교를 신봉한 찬드라굽타는 선행을 하고 덕을 쌓으며 비폭력을 주장했다. 그는 재위기간 동안 상대적으로 종교정책에 관용을 베풀고 복잡한 민족 갈등을 완화시켜 국가의 통일과 사회 안정 유지에 큰 역할을 했다.

찬드라굽타가 역사에 직접 미친 영향력은 미비했다. 그보다는 그의 아들 사무드라굽타와 손자 아소카 왕이 그의 기반을 계승해 더욱

발전시켰다. 아소카 왕 시대에 이르러 인도(인도반도 최남단은 제외)는
이미 기본적으로 통일되었고 마우리아왕조는 인도 역사상 첫 번째
로 정권을 통일했다.

　비록 찬드라굽타는 그의 후대만큼 큰일을 해내지는 못했지만 그
가 이룬 견실한 기초가 없었다면 아소카 왕이 그처럼 찬란한 성과를
거두지 못했을 것이다.

◀ 찬드라굽타는 평생 자이나교를
신봉하여 관용적인 종교정책을
펼쳤으며 복잡한 민족 갈등을
완화시켰다.

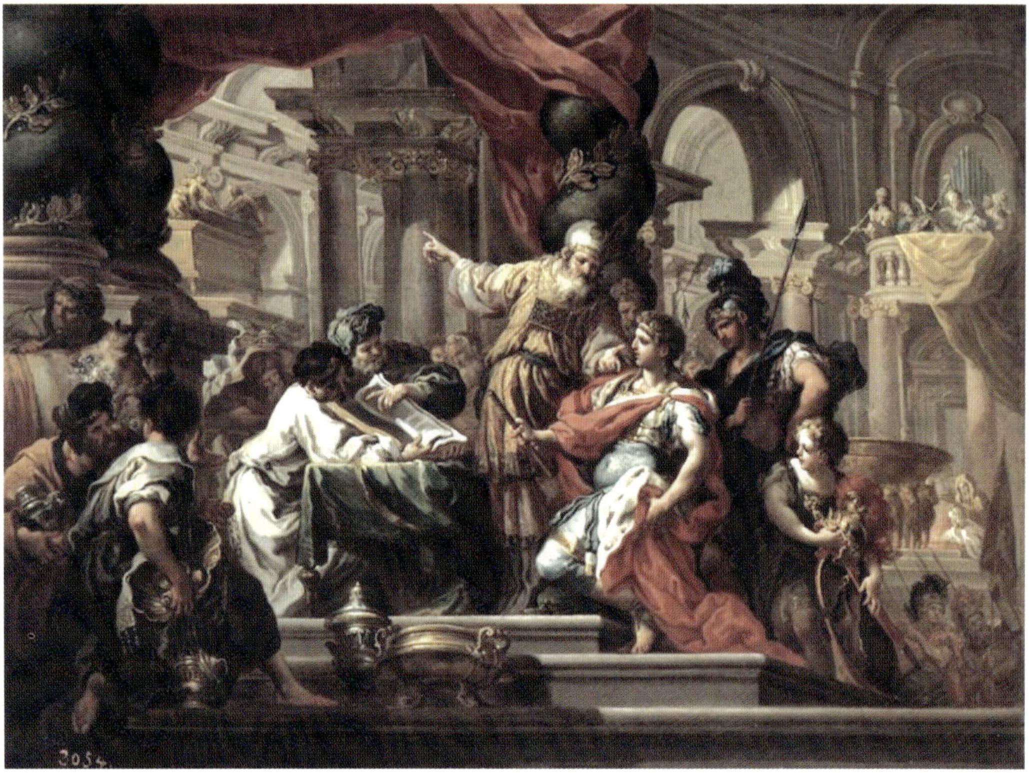

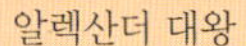

▲ 예루살렘 성전의 알렉산더 대왕

알렉산더 대왕

Alexander the Great
마케도니아 국왕, 알렉산더제국의 황제
기원전 356~323년

재산을 남들에게 나눠주고 희망은 자신에게 남겨두어라. 희망이 나에게 무궁무진한 부를 가져다 줄 것이다.

알렉산더 대왕

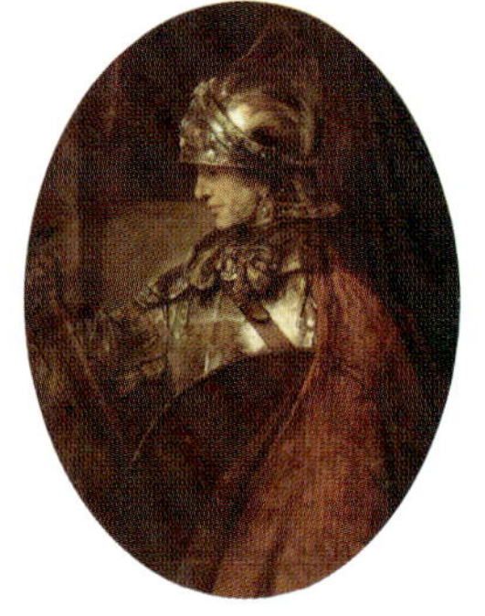

▲ 알렉산더 초상화

인류 역사에 이런 위인이 있었다. 그는 세계 고대의 유명한 군사가이자 정치가였다. 평생 영토를 확장하고 정복했으며 전쟁에서 줄곧 패배를 모르는 승리를 기록했다. 그의 이름은 이미 시공의 제약을 뛰어넘어 위대한 용사의 대명사가 되었다. 그가 바로 알렉산더 대왕이다.

기원전 356년 알렉산더는 그리스 북부 마케도니아왕국의 정치가 필리포스 2세의 가문에서 태어났다. 필리포스 2세는 대단히 매력적인 군왕이었다. 그는 개혁을 통해 왕권을 한층 강화하고 국가의 정치·경제·군사력을 향상시켜 마케도니아를 순식간에 그리스의 패주로 만들었다. 그 자신도 337년의 코린트 동맹을 통해 그리스의 최고 통치자가 되었지만 페르시아제국을 공격하려고 할 때 살해당했다. 하지만 그의 강인한 의지, 영원히 굴복하지 않는 정신, 최고 권력을 차지하려는 욕망은 아들 알렉산더에게 중요한 영향을 끼쳤다.

▲ 알렉산더는 페르시아를 정복한 후 약탈과 살육으로 자신의 명성을 높이지 않았다. 그는 다리우스 3세의 아내와 딸을 석방하고 그들의 지위를 지켜주고 대우해 줘 개방적인 사고방식과 뛰어난 정치 기교를 구현했다.

　알렉산더는 지혜와 모략이 뛰어나고 용감했으며 전쟁에 탁월했다. 16세 때부터 아버지를 따라 전쟁을 벌였으며 18세 때 단독으로 군대를 지휘하여 카이로네이아 전투에서 승리를 거두고 그리스를 정복했다. 기원전 336년 필리포스 2세가 살해되자 20세의 알렉산더가 왕위를 계승해 세계를 두려움에 떨게 한 정복전쟁을 시작했다. 그는 우선 그리스 도시국가의 봉기를 평정한 후 목표를 오랜 숙적 페르시아에 두었다.

　기원전 334년 마케도니아와 그리스 연맹의 최고 통치자가 된 알렉산더는 페르시아제국을 향해 원정을 시작했다. 그는 페르시아 군대보다 훨씬 적은 35,000명의 사병을 이끌고 소아시아로 진입해 그라니코스에서 자신의 군대보다 몇 배나 많은 페르시아 군대를 기적적으로 물리쳤다.

그 후 그는 소아시아를 정복하고 순조롭게 시리아를 점령한 뒤 이어서 이집트를 정복했다. 역대 통치자들에게 천연의 양식 창고로 여겨져 왔던 이집트는 아예 싸움을 하지도 않고 투항했다. 이곳에서 알렉산더와 그의 군대는 짧은 휴식을 가진 후 계속해서 동쪽으로 정복전쟁을 벌였다. 기원전 331년 알렉산더는 200여 년간 존재한 페르시아제국을 철저하게 멸망시켰다.

알렉산더는 나머지 일생을 새 영토를 건설하는 데 사용할 수도 있었다. 하지만 전쟁의 신으로서 그는 정복전쟁을 계속할 것을 선택했고 아프가니스탄으로 진격해 인도의 일부 지역을 점령했다. 이처럼 10년의 정복전쟁을 통해 알렉산더는 로마제국 이전에 이미 유럽, 아시아, 아프리카 세 개 대륙에 걸친 가장 방대한 제국을 건설했으며 찬란한 성과를 이루었다. 하지만 지나친 피로로 군사들이 더 이상 전쟁을 계속하려는 의지를 잃어버리자 알렉산더는 부득이하게 명령을 거두고 철군할 수밖에 없었다.

물론 알렉산더의 공적이 군사 정복에만 그치는 것은 아니다. 그의 원정은 영토를 확대하는 데 의미를 두긴 했지만 그 과정에서 의도하지 않게 그리스와 중동문화의 사자 역할도 수행했기 때문이다. 그의 원정으로 그리스문화가 빠르게 전파되었고 중동지역이 그리스화되

▼ 전쟁의 피비린내, 젊은 알렉산더는 영예와 정복에서 빠져나오지 못했다.

었다. 동시에 피정복지의 사상도 그리스에 영향을 끼쳤다. 두 민족 문화의 교류는 결국 훗날 로마제국에 영향을 주었다.

알렉산더는 정복 과정에서 수많은 도시를 건설했다. 가장 유명한 곳은 이집트의 알렉산드리아 시이다. 알렉산드리아 시는 유명한 학술문화의 중심이 되었을 뿐 아니라 세계에서 유명한 도시 가운데 하나가 되어 역사상 중대한 영향을 끼쳤다. 알렉산더가 세운 제국이 그리스 문명의 전파와 동서양의 경제와 문화 교류에 영향을 끼친 점이 그의 군사 정복보다 훨씬 가치 있는 일이라 할 수 있다.

기원전 323년 6월 아직 33세도 채 안 된 알렉산더는 바빌로니아에서 갑작스런 병으로 왕위계승자를 정할 틈도 없이 세상을 뜨고 말았다. 그가 죽은 후 그의 어머니, 아내와 자식은 모두 살해되었고 그가 세운 알렉산더제국도 순식간에 붕괴되었다.

알렉산더의 일생은 정복전쟁이 전부였다. 그가 유럽, 아시아, 아프리카 3개 대륙에 걸친 방대한 제국을 건설할 수 있었던 것은 그의 천재적인 군사적 재능 덕이었다. 10년의 정복전쟁 중 그에게 대적할 자가 없었으며 전쟁에서 단 한 번도 진 적이 없었다. 이는 기적이라 아니 할 수 없다. 나폴레옹은 그를 '역사상 가장 위대한 군사 천재'라고 평가했다.

물론 알렉산더가 군사적 재능만 뛰어난 것은 아니었다. 그는 전략적인 시각을 가진 정치가이기도 했다. 정복지역의 화폐를 통일하고 각국 간의 경제 교류를 극대화시켜 강화했다. 또한 전체 제국에 평등한 민족정책을 실시하도록 하고 솔선해서 이민족 여자를 아내로 맞이했다. 이런 조치를 통해 제국 내의 불화를 없앴다.

알렉산더가 세운 제국의 판도는 아마도 이후 로마제국만이 견줄 수 있을 것이다. 다만 한 가지 차이가 있다면, 로마제국이 이루어지는 데는 3세기가 걸렸지만 알렉산더가 제국을 세우는 데에는 불과 10년밖에 걸리지 않았다는 점이다. 알렉산더가 이룬 성과는 역사상 비교할 자가 없다.

알렉산더 대왕은 그가 세운 알렉산드리아 항처럼 역사상의 기적으로 영원히 뛰어난 빛을 발할 것이다.

로마제국

로마제국(기원전 27년~기원후 395년)은 고대 세계에서 가장 큰 국가 가운데 하나이다. 로마제국은 로마 통치하의 모든 토지로 표시할 수 있다. 로마의 확장은 로마를 도시국가의 개념을 초월해 하나의 제국으로 만들었다. 로마제국의 첫 번째 황제는 옥타비아누스이다.

▲ 당대 염립본이 그린 〈역대제왕
도〉 일부분

진시황

▲ 진시황의 초상화

　기원전 221년 진나라는 마지막 제후국 제나라를 멸망시키고 중앙 정권의 통일국가를 세웠다. 진왕 영정은 중국 역사상 첫 번째 황제라는 뜻으로 스스로 시황제라고 칭했다.

　진시황의 성은 영嬴이고 이름은 정政이다. 진나라 장양왕의 아들로 기원전 259년에 조나라에서 태어났다. 때문에 조정이라고도 부른다. 영정은 13세에 왕위에 올랐는데 당시 정권은 상나라 여불위와 환관 노애가 장악하고 있었다. 기원전 238년 21세의 영정이 친정을 하게 되었다. 친정 후 그는 즉시 여불위, 노애 등 권세를 쥐고 있던 신하를 제거하고 군사와 정치를 장악했으며 이사, 울요 등을 중용*

했다. 기원전 238년부터 그는 전국을 통
일하는 전쟁을 시작했다. 진시황은 차례
로 위·한·초·조·연·제 등 여섯 나
라를 점령하고 기원전 221년 중국 역사
상 첫 번째로 통일된 다민족 전제주의의
중앙집권국가 진나라를 세웠다.

진시황은 중국을 통일한 후 옛 제도를
폐지하고 일련의 개혁을 단행했다. 그는
관료제를 개편하여 자신의 정무 집행을
보조하게 했다. 전국을 36개 군현으로
나누어 중앙에서부터 지방의 모든 관리
까지 균일하게 조정에서 직접 임명하고
면직했으며 세습하지 않아 대대적으로
중앙집권을 강화했다. 이 제도는 이후
대대로 국가를 다스리는 기준이 되어 이
천여 년 간 지속되었다.

천하를 통일한 후 '글과 마차의 바퀴
를 통일한' 진시황은 전국에 명령을 내
려 문자를 쓸 때 일률적으로 소전*을 사
용하게 했다. 이는 중국 역사상 첫 번째
문자 대변혁으로 중국문화의 발전을 촉
진시켰다. 또한 화폐와 도량형도 통일해
전국에서 동일한 금화와 동전을 유통하
고 표준 도량형을 규정했다. 이러한 일련의 조치는 중국의 상업 교
류를 발전시켰다.

이밖에 외족의 침입을 방지하기 위해 북부와 남부 변방의 방위를
강화했다. 기원전 215년 몽염을 보내 북방의 흉노를 공격해 하도지
역을 수복하고 북부 변경의 위협을 해결했다. 또한 수만 명의 백성
을 동원해 북부 변경의 성벽을 연결해 서쪽의 임조부터 동쪽의 요동
까지 이르는 만리장성을 건설했다. 남쪽으로는 백월을 정복하고 회

▲ 청대 화가 원요가 그린 〈아방궁
도〉

---

* 중용: 중요한 자리에 임용함.
* 소전: 십서체의 하나. 당시 이사가 대전을 간략하게 변형하여 만든 것. 조선시대에는 시험 과목으
로 실시하기도 함.

계군을 세웠다. 기원전 214년 진시황은 남월을 점령하고 계림, 상, 남해 삼군을 세웠고 이로 인해 중원의 선진문화와 생산 기술이 남방으로 전해져 남방 경제 문화의 발전을 이끌었다.

중국 역사상 진시황처럼 많은 업적을 이룬 황제는 없었다. 하지만 동시에 그처럼 극악무도한 큰 죄를 지은 자도 없다. 그는 도서를 불태우고 유학자들을 생매장한 '분서갱유'를 일으켜 문화를 파괴했을 뿐 아니라 사람들의 사상을 억압했다. 그밖에도 대규모 토목공사를 시행해 궁궐을 짓고 묘지를 세웠다. 아방궁과 여산 영묘는 그 대표적인 건물이며, 1974년에 발견된 진시황 병마용은 '세계 제8대 인공 기적'이라 불린다.

기원전 210년 진시황은 순행 도중에 죽고 그의 아들 호해가 뒤를 이었다. 왕위에 오른 호해는 아버지보다 더 심하게 백성을 박해해 결국 대규모 농민 봉기를 야기시켰다. 기원전 206년, 진나라 2대 황제는 살해당하고 진 왕조도 멸망했다.

세계 역사상 진시황처럼 방대한 제국을 세운 제왕으로 키루스 · 카이사르 · 알렉산더 등 여러 명이 있다. 하지만 그들이 이룬 성과는 진시황에 미치지 못한다. 그들이 세운 제국은 역사의 뒤편으로 사라졌지만 진시황이 세운 진나라의 흔적은 지금까지도 여전히 중국에서 그 존재의 그림자를 찾아볼 수 있기 때문이다.

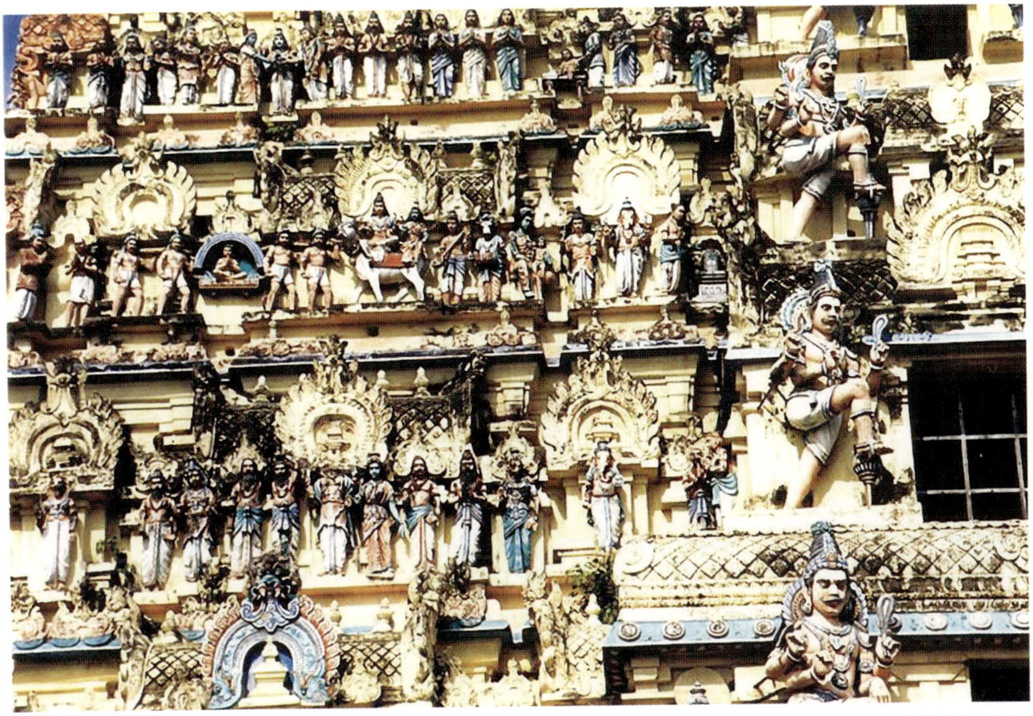

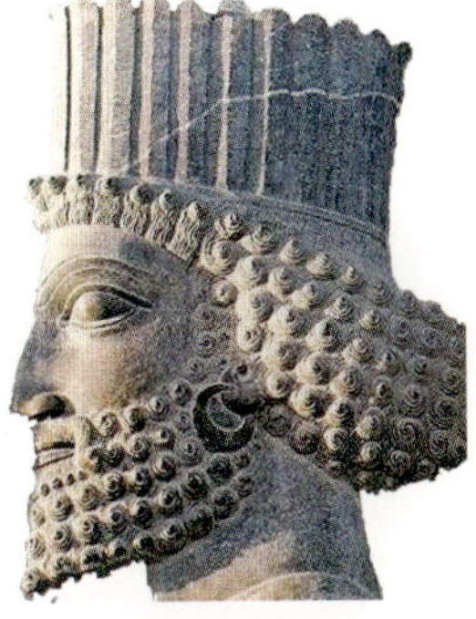

▲ 고대 인도의 불교적인 색채가 가득한 조각예술

아소카 왕

Asoka
인도 마우리아왕조의 군주
?~기원전 232년

보고하는 사람은 때와 장소를 불문하고 내가 식사 중이든, 후궁에 있든, 내실에 있든, 화장실, 다리 위, 화원에 있든 상관없이 나에게 백성들에 관한 일을 보고하여라. 나는 언제든지 백성의 일을 처리하겠다.

아소카 왕

▲ 아소카 왕의 조각상

아시아에서는 역사상 페르시아제국, 마우리아제국, 진나라 등 강성한 제국들이 많이 출현했다. 모두 한 때 빛을 발했고, 뚜렷한 영향을 끼친 국가들이다. 제국의 출현에 따라 제국을 세운 정복자와 통치자도 역사의 무대에 생생하게 등장했다. 찬드라굽타 · 진시황 등은 모두 그 가운데서도 뛰어난 자들이다. 이번에 소개할 주인공은 이런 위대한 창립자 가운데 하나인 아소카 왕이다.

▲ 상가미타는 아소카 왕의 딸을 위해 스리랑카에 비구니 승단을 세우러 파견된다. 석가모니가 나무 아래 앉아서 도를 완성했다는 보리수나무의 어린 가지를 꺾어와 대사원 내에 심은 것이 지금까지 존재하며 국보로 여겨지고 있다. 이때부터 스리랑카는 불교를 믿기 시작했다.

아소카 왕은 '근심이 없는 왕'이라고도 불린다. 출생 연도는 알려져 있지 않고 인도 마우리아왕조의 세 번째 왕이자 고대 인도의 창립자 찬드라굽타의 손자이다. 찬드라굽타는 마가다국의 귀족으로 기원전 327년 군을 이끌고 인도를 침입한 마케도니아 군대를 물리쳤다. 또한 북인도의 넓은 영토를 차지하여 마우리아왕조를 세웠다. 그가 죽은 후 그의 아들 빈두사라가 왕위를 계승했다.

빈두사라가 왕위에 있는 동안 마우리아왕조의 영토는 한층 확대되었고 이후 마우리아왕조가 천하를 통일하는 데 탄탄한 기초가 되었다. 하지만 왕조의 내부는 여전히 갈등이 깊었고 무장 폭동이 빈번했다. 기원전 273년 빈두사라가 태자를 정하기도 전에 질병으로 목숨을 잃자 아소카 왕은 왕위 쟁탈 전쟁에 참여했다. 4년간의 살육을 거쳐 기원전 269년 마침내 아소카 왕이 형제와 가족들의 피를 밟고 왕위에 올랐다. 즉위 이후 아소카 왕은 할아버지와 아버지의 유지를 받들어 통일과 확장전쟁을 계속하며 마우리아왕조의 새로운 시대를 열었다.

전쟁과 정복은 잔혹했다. 아소카 왕의 잔혹한 성격은 통일전쟁을 피비린내로 가득 채웠다. 천재적인 군사 재능을 지닌 아소카 왕의 군대는 대적할 자가 없었다. 기원전 262년, 순조롭게 정복전쟁을 치르던 그에게 남은 곳은 동해안의 칼링가국밖에 없었다. 이곳만 정복하면 인도를 통일할 수 있었다.

역사에 따르면 칼링가국 정복은 아소카 왕의 통치기간 중 가장 규모가 크고 잔혹한 전쟁이었을 뿐 아니라 아소카 왕 통치 정책의 전환점이 되었다. 칼링가국은 물자가 풍부하고 인구가 많은 인도 동해안 소국이었다. 아소카 왕이 군사를 이끌고 쳐들어 오자 그들은 완강하게 저항했다. 이에 분노한 아소카 왕은 군사들에게 살육을 명했고 결국 칼링가국을 멸망시켰다. 포로로 잡혀 온 칼링가인이 15만 명에 이르렀고 사망자와 부상자는 셀 수 조차 없었다. 칼링가국은 핏물이 강을 이루었고 아소카 왕은 다시 한 번 전쟁에서 승리를 거두었다.

칼링가국을 정복한 후 아소카 왕의 인도 통일은 기본적으로 완성되었다.(최남단의 마이소르 제외) 이때부터 인도는 통일제국으로 세상에 모습을 드러내었다. 하지만 아소카 왕은 제왕의 높은 자리에 오르고도 결코 득의양양하지 못했다. 칼링가국 정복의 악몽에서 헤어나지 못했기 때문이다. 피로 물든 강이 그의 마음을 뒤흔들었고 경악과 고통을 가져왔다. 끊임없는 참회 중 그는 결국 정복전쟁을 포기하기로 결정을 내리고 살아있는 동안 다시는 전쟁을 하지 않겠다고 맹세했다.

번민에 빠진 아소카 왕은 이런 자신에게서 벗어나고 통치에도 유익한 종교 철학을 찾았는데, 불교의 정직·인내·인자와 비폭력의 규범이 바로 그것이다. 그는 전력을 기울여 불교를 제창했고, 오래지 않아 불교를 국교로 정하여 왕궁과 각지에 석주와 석비를 세울 것을 명해 그 위에 조령을 새겼다. 이것이 유명한 아소카 왕의 마애와 석주 조칙이다.

이밖에 아소카 왕은 각지의 고승을 불러 불교 경전을 편찬 정리하였고 사원과 불탑을 짓는 데 재산과 토지를 기증했다. 그 후 그는 불교 사상 세 번째로 대집결을 하여 교파 내의 파벌 분쟁을 없앴다. 이와 동시에 스리랑카·미얀마·중국·시리아·이집트 등 주변국과 지방에 불법을 전파하러 불교 단체를 보냈다. 이는 불교가 세계적인 종교로 자리 잡는 기초가 되었다.

아소카 왕은 솔선수범하여 방대한 국가를 비폭력으로 통치했다. 그는 군사·행정·사법의 최고통치권을 장악하고 태자에게 조정을 보좌하게 했으며, 변경지역은 왕자에게 총감독을 맡기는 방식으로 관할을 정했다. 또한 병원을 세우고, 수리사업을 새로 벌이고, 도로

불교

불교는 고대 인도의 석가모니가 창립했다. 불교와 기타 종교의 차이점은 석가모니가 전능한 신이 아니고 사람들을 인도할 뿐 그들을 해탈하게 만들 수는 없다는 점이다. 사람은 스스로 주재할 뿐이다. 불교의 교의는 '네 가지 진리'가 주를 이룬다. 즉, '고·집·멸·도'이다. 불교는 네 가지 진리로 사람의 고난이 형성된 원인 및 구제의 방법을 설명한다. 후에 아소카 왕의 제창으로 기독교, 이슬람교와 함께 세계 3대 종교 가운데 하나가 되었다.

와 다리를 건축하고, 잔혹한 법령을 폐기했으며 심지어 수렵을 엄격하게 금했다.

아소카 왕은 불교를 보급하며 자신을 '모든 신의 총애자'라고 선언하여 자신의 통치에 합리적인 의미를 부여했다. 불교의 인내·순종 및 무욕의 교리는 그의 통치에 도움을 주었다. 그의 지도하에 각 민족과 각 지역의 교류 또한 크게 강화되었다. 마우리아왕조는 점차 번성했고 결국 인도 역사상 첫 번째로 강력한 통일제국이 되었다.

기원전 236년, 아소카 왕이 세상을 뜨고 20년도 지나지 않아 마우리아왕조는 와해되고 말았다. 다행히도 불교는 아소카 왕의 죽음과 함께 쇠퇴하지 않고 오히려 인도에서 매우 성행한데다 점차 발전을 거듭해 세계적인 종교가 되었다. 특히 동아시아와 동남아의 문화에 깊은 영향을 끼쳤다. 아소카 왕이 불교의 발전에 한 공헌은 석가모니를 제외하고는 비할 자가 없다.

아소카 왕은 처음으로 고대 인도를 통일했다. 그는 장기간에 걸친 혼란스러운 국면을 끝내고 백성들에게 안정을 가져다주었으며 각 민족 간의 교류와 발전을 강화하여 인도 문명을 빠르게 발전시켰다. 또한 힘닿는 데까지 불교를 제창하여 결국 세계적으로 영향력이 있는 종교로 만들어 인류의 정신세계에 '영양분'을 공급했다. 그가 이룬 이 모든 공적은 역사를 뛰어넘어 영원토록 사라지지 않을 것이다.

▶ 인도 황제의 초상화. 후대의 사람들은 불교를 신봉하여 출가한 역대 군주를 불타로 봉했다.

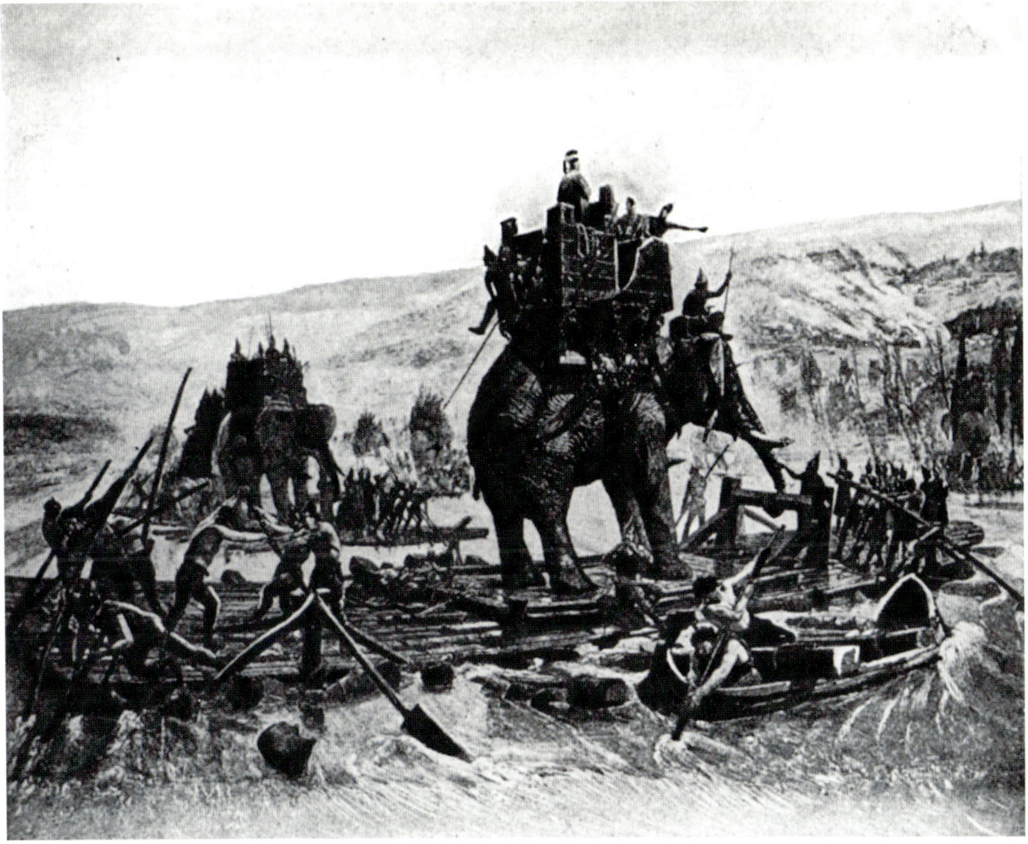

▲ 군대를 이끌고 알프스 산을 넘고 있는 한니발 바르카

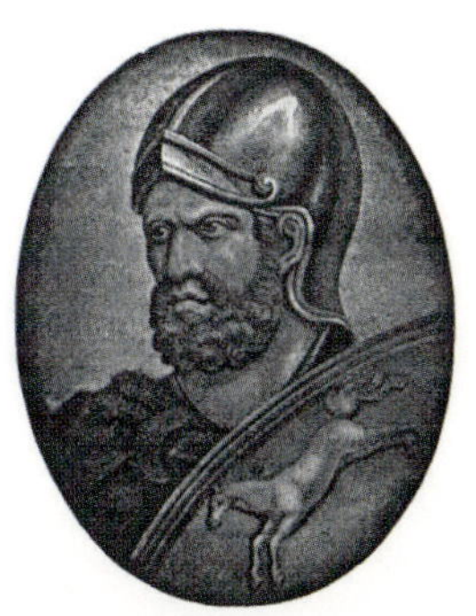

한니발 바르카

Darius Ⅰ

Hannibal Barca
카르타고의 행정관
기원전 247~183년 혹은 182년

이천여 년의 역사가 한니발이 세계적으로 유명한 군사 전략가 가운데 하나임을 증명한다.

▲ 한니발

제2차 세계대전에서 나치 독일의 육군 원수 롬멜(Elwin Rommel)은 용감하고 싸움에 뛰어나 수차례 군사 기적을 일으켰다. 사람들은 그를 '20세기의 한니발' 이라고 불렀다. 여기서 말하는 한니발은 기

원전 3세기 카르타고의 행정관으로 유명한 '전략의 아버지'를 가리킨다.

한니발 바르카는 북아프리카의 고대국가 카르타고에서 유명한 장군 하밀카르 바르카의 아들로 태어났다. 그는 어린 시절 아버지를 따라 스페인 원정을 떠나 평생 카르타고의 숙적인 로마와 싸우겠다고 맹세했다. 어려서부터 엄격한 군사 훈련을 받은 한니발은 군사와 외교 방면에서 두각을 나타냈다. 기원전 221년에 스페인 지역의 군사 통솔자로 임명되어 종횡무진 전장을 누비며 찬란한 전적을 세웠다.

한니발의 명성이 날로 높아지자 카르타고의 귀족들은 그의 권력이 지나치게 커져 자신들의 이익을 위협하지 않을까 두려워했다. 그

▶ 한니발이 카르타고 군대를 이끌고 적을 향해 돌격해 적진 깊숙이 들어가 연이어 승리를 거두다.

들은 기원전 216년 카르타고와 로마의 전쟁 때 한니발의 군대를 지원하지 않았다. 한니발의 군대는 전장에서 물러나 이태리 남부로 도망쳤다. 다음 해 로마 군이 북아프리카에 상륙했을 때 한니발은 귀국하여 지원하라는 명을 받았으나 이미 국면을 만회할 힘이 없었다. 카르타고 군은 패배하고 전쟁 종결을 위해 강화를 요청했다.

비록 전쟁에 패했지만 한니발은 그동안 세운 뛰어난 공에 힘입어 기원전 196년 카르타고의 최고 행정장관으로 임명되어 정치가의 생애를 시작했다. 그는 우선 행정관의 위신을 회복하고 전쟁에서 패배한 후 로마에 지불해야 할 대량의 배상금에 대해 일련의 개혁 조치를 취했다. 그는 백성들의 세금을 대폭으로 늘리지 않는다는 전제하에 전쟁 배상금을 나눠서 갚기로 했다. 세금을 늘리지 않는다는 것은 당시 정국의 혼란, 정치 부패에 처해있던 카르타고에게 매우 곤란한 일이었다. 하지만 한니발의 개혁으로 성과가 나타났고 이는 그의 내정 방면의 비범한 능력을 보여준 것이다.

하지만 한니발의 개혁으로 예전만큼 수익을 올리지 못한 귀족들은 정책을 강력하게 반대했다. 게다가 정적이 근거 없이 날조한 질책과 모함으로 한니발은 절체절명의 위기에 빠졌다. 결국 한니발은 셀레우코스로 망명해 고향과 결별했다. 후에 소아시아지역에서 유랑하다가 결국 그를 증오하는 로마인에게 체포되어 음독자살을 하고 만다.

한니발의 일생은 역경으로 가득했다고 할 수 있다. 그는 불의에 용감하게 맞서고, 경제개혁으로 뛰어난 성과를 내어 카르타고의 몰락을 늦추었다. 하지만 이를 막을 수는 없었다. 조국에 대한 그의 충성심은 오늘날까지도 귀감이 되고 있으며 사람들은 그를 민족 영웅이라 부른다.

한무제

▲ 한무제 유철

그는 문과 무에 모두 정통했다. 그가 세운 가장 큰 공은 진시황 이후에 시작된 봉건 중앙집권제도를 공고히 다지고 발전시킨 것이다. 그는 한나라의 경제와 문화를 모두 번영시켰으며 정치가 동중서, 문학가 사마상여, 사학자 사마천, 군사가 곽거병과 위청, 외교가 장건 등 수많은 인물을 배출했다. 그의 통치하에 중국의 봉건사회가 처음으로 찬란하게 번영했다. 그가 바로 중국 역사상 가장 뛰어난 업적을 세운 황제 한무제 유철이다.

기원전 156년은 한나라에 있어서 매우 특별한 해였다. '문경지치'의 경제가 왕위를 계승했을 뿐 아니라 이후 중국에서 가장 뛰어난 황제가 될 아기가 태어난 해이기 때문이다. 이 아이가 바로 한나라 제5대 황제 유철이다. 경제는 열 번째 아들 유철의 탄생을 길조로 여겼으며 유철은 날 때부터 지혜롭고 호감이 가 그런 경제의 기대를 저버리지 않았다. 그는 고모의 도움으로 7세에 태자로 봉해졌고 기원전 141년 황위에 올라 반세기에 달하는 통치를 시작했다.

훗날 최고의 권력을 행사하게 되었지만 한무제의 정권은 단숨에 이루어지지 않았다. 그는 본래 왕위에 오르자마자 대대적인 개

▼ 사무를 의논하고 형벌을 행하는 한나라

혁을 실행해 '문경지치'를 이어가려 했으나 조모인 두태후에게 저지당했다. 당시에는 조모에게 대적하기에 역부족이었기 때문에 그는 역량을 축적하며 때를 기다렸다. 기원전 135년 조모가 죽자 무제는 마침내 전세를 바꿀 기회를 맞아 원대한 계획을 펼치기 시작했다.

두태후에게 줄곧 억압되었던 한무제는 권력의 중요성을 뼈저리게 깨달았다. 중앙집권을 강화하고 위엄을 확립하기 위해 주부언의 제안을 받아들여 '추은령'을 반포해 승상의 군사실력을 약화시켰다. 또한 철저하게 법에 따라 통치해 친척이나 귀족도 예외를 두지 않았다. 그밖에 법가 정신을 구현했으며 이후 역대 황제들이 이를 계속 이어갔다.

강산을 통일하는 것은 쉬우나 인심을 모으는 것은 어렵다고 했다. 진시황의 분서갱유와 달리 한무제는 동중서의 제안에 따라 다른 모든 학문은 배척하나 오직 유가의 학문만 존중했다. 때문에 유학은 중국 사회의 정통 사상이 되었고, 중국 특유의 유학적 정치·경제·문화 현상이 형성되었다. 무제는 중국 역사상 처음으로 유가 학설로 사상과 문화를 통일한 황제였다. 인재를 중시한 그는 교육을 강화하기 위해 태학과 효렴을 설립하고 이에 따라 문인을 선발했다. 덕분에 재위기간 동안 많은 인재를 배출해 찬란한 번영기를 맞이할 수 있었다.

한무제의 경제정책을 살펴보면 화폐를 통일하고 제후들의 동전 주조를 허락하지 않으며 상인들에게 재산세를 징수하고 철, 소금 같은 고이윤 상품을 관에서 관리했다. 또한 수리사업을 펼치고 서북부에서 둔전정책을 실행하여 국가의 경제력을 향상시켰다.

한나라는 210년간 지속되었는데 그 중 한무제의 통치기간은 55년이었다. 한나라의 번영을 이끈 한무제의 성과 가운데 가장 두드러진 것은 영토 확장이다. 한무제는 흉노와 44년간 대치했는데 이는 역사상 전례가 없는 일이었다. 이뿐 아니라 동쪽·남쪽·동남쪽·동북쪽으로 영토를 확장하여 베트남·운남·귀주·동북 삼성·해남과 복건을 모두 한나라의 판도 내에 영입했고 심지어 세력 범위를 오늘날의 중앙아시아까지 뻗어나갔다. 한무제가 확장한 영토는 진시황이 통일한 변경지역보다 두 배나 넓었다. 이것이야말로 진정한 의미의 대국이다. 한무제는 중국 역사상 처음으로 중국의 판도를 다진 황제이다.

▲ 〈광무제수섭수도〉 명대 구영작품

한무제는 대외 관계에서도 탁월한 성과를 올렸다. 장건을 서역으로 보낸 그는 성공적으로 '실크로드'를 개척해 실크·우물 파는 기술·야철·칠기 만드는 기술 등을 전하고 서역에서 오이·당근·포도·한혈마 등을 들여와 전국 각 부족 백성들의 단결을 촉진하고 서양과의 교류를 강화했다.

한무제는 처음으로 '죄기소'로 자아비판을 한 황제이기도 하다. '죄기소'란 일종의 어용문서로 백성과 조정의 갈등이 심화되어 내전이 벌어지려 하면 왕이 직접 자신의 과오를 써서 천하에 공포하여 백성의 용서를 구하는 것으로, 백성들을 기쁘게 해 하늘의 뜻을 돌리는 방법을 말한다. 한무제는 말년에 우둔해져 심각한 재난을 일으키고 백성들의 반감을 샀다. 결국 기원전 89년 〈윤태죄기소〉를 써 중국 역사상 처음으로 정식 죄기소를 쓴 황제가 되었다.

진시황과 한무제는 비슷한 점이 많다. 둘 다 사상문화를 확립하고, 정치제도와 영토확장 등 후대에 귀감이 되는 일을 많이 했다. 또한 정벌을 좋아하고 유람을 즐기며, 의심이 많고 주살을 많이 하고, 토목술과 신선을 좋아했다. 일반적으로는 한무제가 진시황의 사업을 계승하고 발전시켰다고 할 수 있다. 하지만 그가 진시황이 이룬 기초 위에 그보다 더 뛰어난 업적을 세웠음은 부인할 수 없다.

한무제는 유방 이후 한나라에 큰 공헌을 한 왕이지만 그에 대한 후세 사람들의 평가는 엇갈린다. 그를 주도면밀하고 원대한 계획을 가지고 한나라를 전성기로 이끈 업적이 많은 황제로 보는 사람이 있는가 하면 제멋대로이고 미신에 빠진데다가 엄격한 형벌로 나라를 통치하여 백성들에게 부담을 준 황제로 보는 사람도 있다. 어쨌든 한무제 시기에 한족이 주체가 되어 다민족을 통일하여 기반을 다지고, 중국이 고도로 발달한 문명과 부강한 국가로 세계에 이름을 알리기 시작한 것은 부인할 수 없다.

카이사르

Julius Caesar
로마 원수
기원전 100~44년

차라리 작은 어촌의 촌장이 될지언정 평범하게 로마로 돌아가고 싶지는 않다. 왔노라,
보았노라, 이겼노라. 갑작스런 죽음이야말로 가장 좋은 죽음이다.

카이사르

▲ 젊은 시절의 카이사르 조각상

▼ 카이사르가 전사들의 개선을 맞
이하는 장면을 그린 1864년의
유화작품

카이사르는 권력과 위엄의 상징으로 많은 제왕들로부터 존경을
받았다. 그의 몸은 비록 사라졌지만 그의 영향력은 역사와 시공을
뛰어넘어 영원히 존재한다.

기원전 100년 7월, 카이사르는 로마의 한 귀족 가정에서 태어났
다. 좋은 교육을 받고 자란 그는 젊은 시절부터 로마공화국에서 공
을 세우겠다는 뜻을 세웠다. 꿈을 이루기 위해 연설을 공부한 것이
이후 그가 정치적 기초를 닦는 데 도움이 되었다. 젊었을 때 정부 인
사가 뇌물을 받은 것을 고소해 명성을 얻은 그는 정계에 들어선 후
재정관·감독관·시정관·대제사장·대법관·삼성 총독 등 중요한
직무를 맡았다. 재직기간에는 정부의 독재를 반대하고 다른 사람들
에게 아낌없이 베풀었다. 강개한 성
품·뛰어난 웅변술·공무에 적극적
인 태도로 그는 백성과 부하 관병들
의 사랑을 받았다.

카이사르가 정치에 입문했을 때
로마는 정세가 급변하는 혼란스런
시기였다. 공화국 정치 체제는 방대
한 로마제국을 다루지 못해 어쩔 줄
몰라 했고 로마제국은 이런 혼란을
잠재울 수 있는 인물이 필요했다.
이 모든 것은 카이사르의 정치 생애
에 좋은 기회가 되었다.

기원전 61년, 스페인 총독으로 임
명된 카이사르는 부임 후 군대를 이
끌고 오늘날의 포르투갈과 안달루

시아지역을 공격해 로마의 통치 영역을 확대했다. 이 전투에서 카이사르는 대량의 부를 축적했고 그를 따르는 사병들에게도 많은 전리품을 하사해 사병들의 사랑을 받았다. 이때부터 카이사르와 고대 로마의 역사는 새로운 전환점으로 들어서기 시작했다.

일 년 후 승리를 하고 돌아온 카이사르는 국내에서 가장 실력 있는 인물이 되었다. 그 후 그는 다른 두 실력파 인물 폼페이우스, 크라수스와 함께 '삼두정'을 결성했다. 이는 역사상 '제1차 삼두정'이라고 불린다. 두 사람의 지지에 힘입어 카이사르는 로마의 집정관이 되었고 해임 후 갈리아 총독이 되었다.

카이사르는 갈리아에서 7년을 지냈다. 이 7년은 그의 인생을 송두리째 변화시키고 로마공화국의 역사도 바꿨다. 그의 최대 목표인 갈리아 정복을 위한 전쟁은 기원전 59년 그가 로마 집정관이 된 후에 시작되어 10년간 계속되었다. 카이사르는 현재의 프랑스·벨기에·스위스·독일·네덜란드 등을 공격했고 전쟁이 끝났을 때 이미 라인 강까지 자신의 통치 범위를 확대했다.

카이사르는 전쟁터에서 혁혁한 공을 세우고 빠른 속도로 성장했

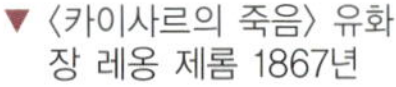

▼ 〈카이사르의 죽음〉 유화
　장 레옹 제롬 1867년

지만 '삼두정'의 다른 두 사람과 급격한 갈등을 빚은 동시에 원로원의 적대를 유발했다. 기원전 49년 1월 피할 수 없는 내전이 발발했다. 카이사르는 군대를 이끌고 원로원과 4년에 달하는 전쟁을 벌인 끝에 기원전 45년 3월 절대적인 우세로 승리를 거두었다. 그는 폼페이우스를 숙청하고 이집트·소아시아·아프리카 등을 되찾았다. 카이사르는 자신이 로마를 세우는 데 필요한 전제제도에 가장 어울리는 사람이라는 결론을 내렸다. 10월 그는 로마로 돌아와 명실상부한 군사 독재가가 되어 '조국의 아버지'로 추대되었다.

취임 후 카이사르는 무한 권력을 장악하고 중앙집권제도를 만들었다. 동시에 통치를 공고히 하기 위해 일련의 개혁을 진행했다. 예컨대 군대를 재정비하고 여러 차례 전쟁에 참가했던 노병에게 토지를 분배하고, 역법을 개혁하고 원로원을 재조직했으며 공민권을 피정복민족에게까지 확대했다. 또한 관원의 규정은 백성들의 선거로 정했다. 이 같은 개혁은 로마를 번영으로 이끌었다. 카이사르의 모든 개혁 가운데 가장 큰 영향력을 발휘한 것은 바로 역법 개혁이었다. 그의 역법은 극히 일부분만 수정해 지금까지도 사용된다.

안타깝게도 카이사르는 만족할 만한 입헌 정치체제를 세우지 못했고 기원전 44년 3월 15일 원로회에서 반대파에게 암살당했다.

카이사르는 탁월한 실력으로 로마의 국경을 크게 확장해 로마제국의 창시자가 되었다. 하지만 카이사르의 더 큰 공적은 정치에 있다. 그는 시대의 발전에 발맞춰 사회 통치에 적당한 독재 정치체제를 세웠다. 개혁을 통해 로마의 폐단을 없애고 로마 역사의 발전을 추진했다. 카이사르는 유럽·아시아·아프리카 세 개 대륙에 걸친 고대 로마의 통솔자로 걸출한 정치가이자 군사가였으며 전설적인 영웅으로 영원히 기억될 것이다.

로마 원형 경기장

로마 원형 경기장은 세계 7대 기적 가운데 하나이다. 유적지는 이탈리아 수도 로마시 중심에 있다. 고대 로마 당시 개선한 장군과 사병들을 즐겁게 하고 위대한 고대 로마제국을 찬미하기 위한 목적으로 72년부터 82년 사이에 지었다. 겉모습은 둥근 원형이지만 조감도로 보면 타원형이다. 로마 원형 경기장에는 약 5만 명을 수용할 수 있다.

가정

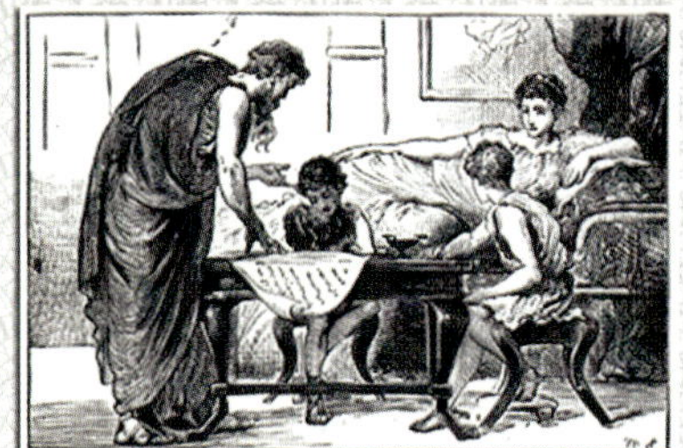

고대 로마시대의 생활 풍경

학교

노예 시장

옥타비아누스

▲ 옥타비아누스의 두상이 새겨진
금화

　기원전 44년 전쟁의 신 카이사르가 원로원에게 암살당했을 때 그
의 유일한 후계자 옥타비아누스는 아폴로니아에서 전투를 감독하고
있었다. 그의 심복 안토니우스는 후계자의 위치를 호시탐탐 노리고

있었다. 젊은 옥타비아누스는 전쟁에서 뛰어난 공을 세운 안토니우스에 비하면 한없이 약해 보였다. 하지만 이 볼품없는 소년이 방대한 로마제국을 세우고 로마 역사상 첫 번째 황제가 되었다.

부유한 가정에서 태어난 옥타비아누스는 카이사르의 조카로 아버지는 원로원의 의원이었다. 태어난 지 얼마 되지 않아서 아버지가 돌아가시자 옥타비아누스는 재혼을 한 어머니를 따라 계부 밑에서 자랐다. 총명하고 용감한 성격으로 카이사르의 사랑을 받은 그는 결국 카이사르의 후계자로 지정되었다. 외삼촌과의 관계 덕택에 15세에 대제사단에 선발되었고 그 후 정치적인 능력을 끊임없이 향상시켰다.

카이사르가 죽은 후 옥타비아누스는 자신이 계승해야 할 것은 재산뿐만이 아니라 권력과 지위임을 깨닫고 급히 로마로 돌아와 권력쟁탈 전쟁에 뛰어들었다. 이후 십여 년간 로마는 내전 시기로 들어섰다.

19세의 옥타비아누스는 이 전쟁에서 비범한 정치적 재능을 펼쳐 보였다. 로마로 돌아온 후 그는 카이사르의 명성을 이용해 그의 심복을 모은 후 원로 귀족의 세력을 빌려 안토니우스에게 정치·군사적 공격을 감행했다. 그리고 두 차례의 결정적인 전쟁에서 안토니우스의 대군을 크게 이겼다. 당대 최고의 실력자였던 안토니우스는 결국 이 '젊은이'의 대단한 실력을 깨닫고 로마 집정관의 위치에 오른 그와 타협할 수밖에 없었다.

기원전 43년 옥타비아누스, 안토니우스와 레피두스(카이사르의 심복 대장)는 전쟁을 멈추고 각자의 세력 범위를 확정하도록 협의했다. 또한 카이사르를 죽인 사람을 함께 찾아내기로 했다. 살인자를 찾는 과정에서 옥타비아누스는 원로원 가운데 공화파를 제거하고 원래 안토니우스에게 편입된 갈리아를 빼앗았다. 공화파가 사라진 로마는 독재의 길을 걸을 수밖에 없었다. 최고 독재자의 위치를 차지하기 위해 옥타비아누스, 안토니우스와 레피두스는 새로 각축을 벌였다.

옥타비아누스는 우선 창끝을 레피두스에게 겨눴다. 전쟁을 벌여 레피두스의 군대를 궁지로 몰아넣은 다음 순조롭게 그의 군권을 빼앗았다. 이 당시 이집트 여왕에게 빠져 헤어 나오지 못하고 있던 안토니우스는 심지어 자신의 유산상속권까지 이집트 여왕에게 넘겨주

▲ 〈접견〉 로마 통치자 옥타비아누스를 접견하는 신하와 백성. 영국 화가 알마 타데마(Alma Tadema, 1836~1912) 작품

었다. 이 모든 일은 옥타비아누스의 승리에 더욱 유리하게 작용했다.

기원전 32년 옥타비아누스는 카이사르의 유지에 따라 원로원의 지지를 받으며 안토니우스와 이집트에 정식으로 선전포고를 했고 전쟁은 2년 동안 계속되었다. 결과는 안토니우스의 완벽한 패배로 끝났고 이집트는 로마의 영토로 귀속되었다. 예부터 통치자들에게 양식 창고로 여겨졌던 이집트의 복종은 이후 옥타비아누스의 영토 확장에 물질적인 기초가 되었다.

로마는 다시 통일이 되었고 옥타비아누스는 로마의 유일한 지도자가 되었다. 하지만 그는 아직 독재를 할 수 없었다. 옥타비아누스는 한 발 양보해 기원전 27년 권력을 내어놓고 공화제를 회복시켰다. 이를 통해 옥타비아누스는 원로원의 신임을 샀고 '아우구스투스(지극히 존엄한 자라는 뜻)'라는 호칭을 얻고 합법적으로 로마의 군정대권을 얻었다. 그 후 옥타비아누스는 원수제를 창립하고 대제사를 맡았다. 이때부터 옥타비아누스는 로마의 군사·행정·종교를 장악한 독재자가 되었다.

옥타비아누스는 통치를 공고히 다지기 위해 일련의 개혁을 단행했다. 그는 카이사르처럼 우선 개혁의 목표를 원로회에 두었다. 끊임없이 원로회의 규모를 축소하고 원로들의 실제 권력을 빼앗은 뒤 그들에게 지위는 높으나 권한은 없는 허울 좋은 직분을 주었다. 이 뿐 아니라 자신에게 반대하는 자들을 배척하고 직접 구성한 원로자문회의를 설립했다. 그 후 그는 행정 구역을 개조해 원래의 행정 구역을 두 가지 형식으로 나누어 하나는 자신이 직접 관할하고 다른 하나는 원로원이 관할하게 했다. 또한 자치시 제도를 실시해 퇴역군인들에게 나눠 주는 등 중앙집권을 강화했다.

군대는 옥타비아누스 독재의 기초였다. 그는 군권을 독점하고 자신의 말에 완전히 복종하는 군대를 세웠을 뿐 아니라 근위군과 상비군으로 분류했다. 상비군은 수준 높은 훈련을 받고 자주 전선에 나가 전쟁을 접했다. 그는 카이사르의 전통을 이어받아 끊임없이 영토를 확장해 스페인 서북부까지 정복했었다. 하지만 그의 가장 큰 공적은 게르만, 다뉴브 강 하류와 유프라테스 강 지역을 정복하고 그곳에 행성을 세운 것이다. 다행히 옥타비아누스는 무력을 사용해서 함부로 침략하는 사람이 아니었다. 전쟁은 적당한 선에서 멈추어 로마에 과도한 경제적 부담을 안기지는 않았다.

사회적으로는 토목에 힘써 대형 공공 장소를 건설하고 교통과 오락 시설을 개선했다. 이로써 일이 없는 많은 이들이 새로 일거리를 얻었고 사회 질서가 유지되었으며 백성들로부터 신임을 얻게 되었다. 이밖에 신전을 건설해 종교 숭배를 회복하려 애썼다. 또한 생육을 장려하여 로마의 인구를 증가시키고 법령을 반포하여 사회 질서를 유지시켰다.

▲ 옥타비아누스에게 자비를 구하는 이집트 여왕 클레오파트라

서기 14년 로마 세계의 '아우구스투스' 옥타비아누스는 게르만을 돌아보던 중 병에 걸려 죽었다. 향년 77세. 하지만 그가 세운 로마 왕조는 그의 죽음과 함께 붕괴되지 않았다. 왕위는 양자 티베리우스에게 계승되었고 그 후 로마제국은 200년간 평화를 누리다 안토니우스왕조에 이르러 더욱 발전했다.

옥타비아누스의 일생을 돌아보면 결정적인 순간에 인품을 이용해 위기를 기회로 삼았음을 발견할 수 있다. 그는 우선 카이사르의 명망을 이용해 원로원의 지지를 얻어 안토니우스에게 저항하고, 그 후 카이사르의 피살에 대한 백성들의 분노를 이용해 공화파를 제거했다. 이어서 원로원의 지지를 이용해 정적 안토니우스를 제거했다.

옥타비아누스의 공은 그가 최고 권력을 획득한 데 머물지 않고 그가 실행한 일련의 개혁에 있다. 그는 왕관을 거절했지만 왕권은 거절하지 않았다. 차분하게 국가기구를 자신의 독재 수단으로 바꾸었다. 영토를 확대했지만 욕심을 부리지 않았고, 토목 건설을 크게 벌였지만 백성들을 혹사시키지 않았다. 더 중요한 점은 그가 죽기 전에 왕위 계승에 대한 왕조 법칙을 확립해 후계자 문제로 논쟁이 벌어지는 것을 막았다는 점이다. 기원전 2년 옥타비아누스는 '로마의 아버지'라는 호칭을 얻었다.

트라야누스

Trajan
로마 황제
53~117년

그는 로마제국을 가장 넓게 확장시켰다.

트라야누스가 유명해진 것은 온 세상이 주목한 트라야누스 기념 기둥 때문만은 아니다. 외지인과 양아들이 왕위를 물려받을 수 없는 로마의 전통을 바꾸었기 때문이다.

트라야누스는 로마인들이 외지로 여기던 스페인의 군인 집안에서 태어나 아버지를 따라 군대에서 많은 실전 경험을 쌓았다. 97년은 트라야누스에게 매우 특별한 한 해였다. 로마 황제 네르바가 통치를 공고히 하기 위해 군사적 재능과 실력이 뛰어난 트라야누스를 양자로 삼은 것이다. 다음 해 네르바가 병으로 세상을 뜨자 트라야누스가 왕위를 이었다. 그의 즉위는 '양자도 왕위를 계승할 수 있음'을

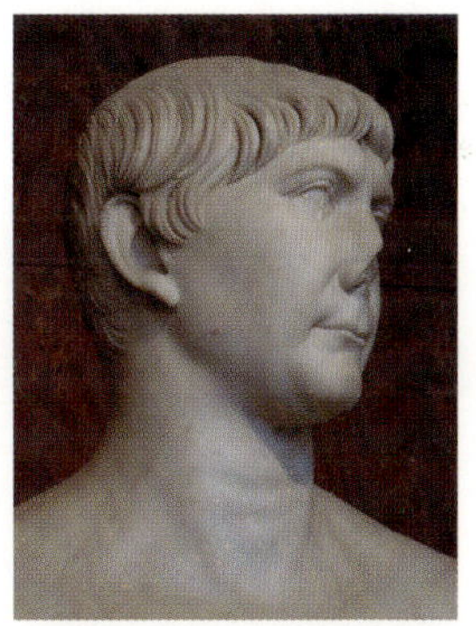

▲ 훼손된 트라야누스의 두상

트라야누스 기둥

트라야누스 기둥은 로마의 기념비적인 건축 가운데 하나이다. 트라야누스가 서아시아인을 정복한 공을 널리 알리기 위한 목적으로 113년에 세워졌다. 기둥은 대리석으로 만들어졌으며 전쟁의 전 과정과 2,500여 명의 모습이 새겨졌다. 이 기둥은 후에 연구가들이 당시의 역사를 연구하는 데 중요한 역할을 했다.

제도로 받아들인 것이며 이를 표명하고 확립한 사건이었다.

트라야누스는 행정적 재능이 뛰어난 집정관이었다. 그가 국내에서 실행한 일련의 정책들은 군대와 원로원의 지지를 얻었을 뿐 아니라 민중의 사랑을 받았다. 이전에 원로원과 황제 간에 서로 억압하려 한 일을 교훈으로 받아들인 그는 먼저 원로원의 지위를 존중하겠다고 밝혀 원로들의 걱정을 없애 주었다. 그 후 각 지방의 명망 있고 권세 있는 귀족들을 원로원에 가입시켜 원로원의 기초를 한층 확대했다. 지방에서는 새로 행정제도를 개혁하고 지방과 중앙 관계의 기초를 개선해 각 행성에 신임하는 신하를 보내 관리했다.

트라야누스는 또한 다리·항구·광장·도로 등 많은 공공시설을 세웠다. 현재 로마의 트라야누스 광장도 바로 이때 만들어진 것이다. 이와 동시에 그는 '국가 자선금' 제도를 만들어 가난한 백성들을 위해 썼다. 원로원은 트라야누스에게 '최고의 황제'라는 호칭을 붙여주었다.

트라야누스는 우수한 군사 통솔자이기도 했다. 그는 즉위한 지 3년도 안 되어 다키아와 두 차례나 전쟁을 벌여 국왕 데케발루스의 통치를 뒤엎고 다키아를 로마의 한 행성으로 만들어버렸다. 그 후 로마의 대다수가 다키아로 옮겨갔다. 현재의 루마니아가 바로 이 로마의 식민지 다키아이다. 그 후 트라야누스는 아라비아 반도 서북단 나바테아왕국을 정복해 로마의 행성으로 만들었다.

마지막으로 트라야누스는 아르메니아를 공격하고 이어서 메소포타미아를 삼키고 파르티아의 수도인 크테시폰을 공략한 뒤 페르시아만 입구까지 진출했

▼ 트라야누스의 정복

다. 그는 이곳에 세 개의 행성 즉 아르메니아성·아수르성·메소포
타미아성을 재건했다.

트라야누스의 영토 확장으로 로마제국의 판도는 사상 최대가 되
었다. 동쪽으로는 티그리스 유프라테스 강 유역에서 시작해 서로는
대서양까지, 북쪽으로는 서아시아, 남쪽으로는 이집트와 북아프리
카까지 로마제국의 영토가 되었다.

117년 트라야누스는 안티오크를 정복하고 돌아오는 길에 소아시
아의 셀리누스에서 병에 걸려 죽었다. 생전에 그는 대규모의 전쟁을
일으켰지만 사후에 ‘전쟁광’ 이라든가 ‘백성을 고생시키고 물적 자
원을 낭비했다’ 는 악명을 얻지 않았다. 반대로 ‘인자한 왕’ 이라는
아름다운 호칭을 얻었다.

▲ 트라야누스가 군대를 이끌고 일
련의 전쟁을 일으키자 로마제국
의 판도는 엄청나게 확장되었다.

◀ 고대 로마 조각상

하드리아누스

Hadrian
로마제국 황제
76~138년

하드리아누스는 로마제국의 문명 발전 과정 중 가장 중요한 인물이라고 말할 수 있다.

"하드리아누스가 통치하던 시기는 로마제국의 국제제도가 관료화되는 중요한 발전 단계로 이때 로마제국은 문명사회를 향해 크게 한 걸음을 내디뎠다."

이는 역사서에 나오는 고대 로마제국의 황제 하드리아누스에 대한 기록이다. 그는 탁월한 성과를 올린 황제이자 언변이 뛰어난 학자, 잔인무도한 폭군 등 여러 가지 모습을 한 몸에 지닌 보기 드문 인물이었다.

하드리아누스는 76년 스페인에서 태어났다. 당시 그의 친척 트라

▲ 하드리아누스

야누스가 고대 로마의 집정관으로 있었다. 91년 하드리아누스는 조국을 떠나 로마 원로원의 의원이 되었고 트라야누스와의 친밀한 관계에 기대어 단번에 높은 지위에 올랐다. 후에 하드리아누스는 트라야누스의 증손녀와 결혼해 그들의 관계는 더욱 밀접해졌다. 아들이 없었던 트라야누스는 임종 시 하드리아누스를 양자로 받아들이고 그에게 왕위를 물려주었다.

당시 로마제국은 늘 정복전쟁 중이었고 국내의 정세는 불안했다. 하드리아누스는 즉위 후 가장 먼저 동방전쟁을 멈추고 파르티아 국왕과 동맹을 맺었다. 그는 대규모 공격을 멈추기 위해 트라야누스 시기 정복한 아수르와 메소포타미아를 돌려주었을 뿐 아니라 아르메니아에 대한 통제를 포기하고 로마에 의존하는 독립된 작은 왕국으로 만들었다. 로마제국의 동쪽 변경은 유프라테스 강으로 축소되었다.

하드리아누스는 지금의 독일 남부에 라인 강 상류와 다뉴브 강 상류를 관통하는 방어선을 만들어 북부 게르만인의 침략을 방어했다.

▲ 하드리아누스의 두상이 조각된 동전

◀ 이집트 안티노오폴리스 유적. 하드리아누스가 총애한 미소년 안티노우스가 물에 빠져 죽자 그를 기념하기 위해 하드리아누스가 안티노오폴리스를 세웠다. 이것은 19세기 회화 작품이다.

이밖에 스코틀랜드인의 침입을 막기 위해 영국 북부에 동쪽에서 서쪽으로 '하드리아누스'를 세웠다. 그 후 로마제국은 생기를 되찾고 안정되어 사회경제가 빠른 속도로 발전하기 시작했다.

하드리아누스의 통치시기는 로마제국의 제도가 관료화되는 중요한 단계였다. 그는 기사의 지위를 크게 향상시켜 관료 계층을 만들기 시작했고 아우구스투스가 창조한 원수 고문을 보통의 관료기구로 만들어 황제 집정의 도구로 삼았다.

만일 황제가 되지 않았다면 하드리아누스는 우수한 문학가·예술가·수학자 또는 천문학자가 되었을 것이다. 그는 다방면에 대단히 조예가 깊었으며 로마제국의 모든 황제 가운데 문화적 수양이 가장 뛰어난 사람이었다. 게다가 여행을 매우 좋아해 당시 로마제국의 각 지역에 그의 족적을 남겼다.

하드리아누스는 호기심과 허영심이 지나쳤다고 한다. 그에 대해 '한 순간 대단한 황제가 되었다가, 다른 한 순간 웃기는 변사가 되었다가, 다시 질투심이 강한 폭군이 되었다. 물론 그의 행위의 궁극적인 목적은 공정과 온화였다.' 라는 기록이 있다. 이밖에 동성애자였던 그는 황제의 지위를 그의 동성 연인에게 물려주었다.

고대 로마제국의 다른 황제들과 비교하면 하드리아누스는 유약해 보인다. 그의 통치시기에 로마제국은 비록 대규모로 영토를 확장하지는 못했지만 한 발 물러남으로써 국가는 원기를 회복하고 백성들은 부담이 줄어 편안하게 생업에 종사했으니 그 역시 위대한 제왕이라 할 수 있다.

카니슈카

Kaniska
쿠샨왕조의 왕
78~102년 재위

쿠샨왕조의 카니슈카 왕은 이웃 나라를 통합하고 넓은 영토를 다스렸다.

〈대당서역기〉

때때로 역사는 주인공만 바뀌고 놀랄 만큼 똑같이 반복되는 경우가 있다. 인류 역사상 비슷한 길을 밟은 두 명의 왕이 있으니, 바로 아소카 왕과 카니슈카 왕이다. 그들은 거대한 왕조를 세운 후 내면으로 눈을 돌려 불교를 숭상하고 전파했다.

카니슈카는 원래 쿠샨왕조에서 인도로 파견한 장군으로 뛰어난

▲ 카니슈카 금화

군사적 재능 덕분에 국왕의 신임을 얻었다. 75년 쿠샨왕조의 왕이
죽자 국내는 혼란에 빠졌고 이는 카니슈카에게 좋은 기회가 되었다.
그는 이틈을 타 군사를 일으키고 3년간 전쟁을 치른 뒤 쿠샨왕국을
통일했다.

쿠샨왕조의 통일 후 카니슈카는 월지족의 전통에 따라 대외 확장
전쟁을 벌였다. 당시 쿠샨왕조에 대적할 국가는 인도와 파르티아제
국밖에 없었다. 이 당시 인도 국내는 갈등이 심각하고 내전이 끊이
지 않아 국력이 상승 중인 쿠샨국을 신경 쓸 겨를이 없었고 파르티
아는 내리막길을 걷는 중이었기에 쿠샨을 저지할 힘이 없었다. 쿠샨
왕조는 정복전쟁의 좋은 기회를 맞이한 것이다.

카니슈카는 군을 동·서·남 세 방향으로 나누어 힘차게 전진해
아시아와 유럽 대륙을 가로지르는 대제국을 세웠다. 제국의 경계는
동쪽으로 갠지스 강 중류부터 서쪽으로는 이란 동부까지, 남쪽으로
는 남아시아 대륙까지 이르렀다. 제국을 세우자 카니슈카는 정치 중
심지를 인도로 옮겼다. 이때부터 쿠샨국은 실크로드의 중반부를 점
령해 동서양의 각국
과 무역 및 문화 교
류를 시작했다.

카니슈카는 말년에
불교를 신봉하기 시
작해 많은 사원을 세
우고 불법을 널리 알
렸다. 승려의 지위도
높여 아슈바고샤 등
유명한 불교 대가들
이 수도로 모여들었
다. 그 후 카슈미르
에서 제4차 불교 결
집을 해 이전의 불교
경전을 새로 정리하
고 수정해 200권의
〈아비달마대비바사
론〉을 편집했다. 카

▶ 카니슈카는 대·소승불교를 모
두 포용하는 정책을 채택했다.
그의 곁에는 대·소승불교 종사
가 있었다. 그는 불교를 숭상했
지만 다른 종교에도 관용을 베
풀었다.

니슈카 시기에는 불교뿐 아니라 다른 종교도 흥성했다. 이는 그의 포용력 있는 종교정책과 관련 있다.

카니슈카는 인도에서 독재를 실시하고 왕권을 끊임없이 신격화했다. 그의 독재는 그 이전까지 인도 역사상 거의 없던 일이었지만 쿠샨왕조 내부에는 자유 권력의 도시국가가 존재했다. 불교 신자였다고 해서 카니슈카의 호전적인 성격은 변하지 않았다. 그는 방대한 제국을 세운 후 다시 북쪽으로 영토를 확장하고 싶었다. 국내에 반전 정서가 가득했지만 그는 북방 원정의 길을 나섰다. 그리고 불행히도 도중에 병에 걸려 일어나지 못하고 반전인사에게 암살당했다.

쿠샨제국의 전성기는 카니슈카가 죽으면서 막을 내렸다. 3세기 후 사산페르시아가 힘을 잃고 쿠샨제국은 영토가 크게 줄어들었으며 국가도 분열되어 5세기에 흉노족에게 멸망했다.

▲ 디오클레티아누스의 별궁

디오클레티아누스

Diocletian
로마 황제
243~316년

내가 살로나이에서 직접 재배한 배추를 자네가 보았다면 다시는 나에게 지금의 즐거움을 포기하라고 권하지 않을 걸세.

막시미누스의 복위 제안을 거절하며 디오클레티아누스가 한 말

▲ 고대 로마 동전에 새겨진 디오클레티아누스의 두상

"네다섯 명의 대신들이 자신의 공동 이익을 위해 서로 연합해 얼마나 많이 왕을 속였던가! 왕은 자신의 특수한 지위 때문에 어떤 일도 진상을 알 수 없다. 대신들의 눈으로 모든 것을 볼 수밖에 없고 그들의 왜곡된 보고를 들을 수밖에 없다…가장 훌륭하고 지혜로운 왕도 신하에게 배반당하고 그들의 탐욕스런 부패 속으로 빠져들고 말았다." 이는 로마 황제 디오클레티아누스의 진심어린 한탄이다.

디오클레티아누스의 원래 이름은 디오클레스였다. 하층 노동자의

아들로 군에 들어갔다가 두각을 드러낸 그는 284년 로마제국의 황제 누메리아누스가 죽자 새로운 황제로 추대되었다. 다음 해 또 다른 로마 황제 카리누스가 암살당하자 로마제국의 유일한 통치자가 되어 디오클레티아누스로 이름을 바꾸었다.

디오클레티아누스는 갈리아와 아프리카의 봉기를 진압하고 게르만족을 공략해 변경의 안전을 도모했다. 나라 안팎의 여러 가지 문제를 해결한 후 그는 모든 에너지를 내정 개혁에 쏟았다. 우선 공화제의 잔여세력을 숙청하고 원로원의 실제 권력을 빼앗아 권력을 자신이 이끄는 기구로 집중시켰다.

그런 다음 국가를 4개의 행정구역으로 나누어 각각 네 명의 집정관이 관할하는 '사두정치체제'를 만들었다. 동과 서를 두 명의 '황제(아우구스투스)'와 두 명의 '부황제(카이사르)'가 관리한 것이다. 292년 디오클레티아누스는 정식으로 이 제도를 시행해 그와 막시미누스가 황제 즉, 아우구스투스를 맡고 부황제 카이사르는 갈레리우스와 콘스탄티우스가 맡았다. 그 중 제국의 최고 권력은 디오클레티아누스에게 있었다.

그 후 디오클레티아누스는 자신을 황제라는 새로운 호칭으로 바꿔 불렀고, 보석 장식을 한 왕관과 의복을 입고 신하들에게는 무릎을 꿇고 머리를 조아려 옷에 입을 맞추게 했다. 이때부터 로마제국은 개혁을 거쳐 군주제를 확립했고 디오클레티아누스는 처음으로 명실상부한 황제가 되었다.

군사 방면에서 디오클레티아누스는 외적의 침입을 예방하고, 원정을 나가며, 국내의 반란을 평정하는 데 주력했다. 그는 군대를 변방군과 순찰수비군 두 종류로 나

▼ 로마 황제 디오클레티아누스의 궁전 유적

디오클레티아누스 궁

디오클레티아누스가 퇴위후 머문 디오클레티아누스 궁은 로마제국 군주독재 강화의 상징이다. 궁은 거주 기능만이 아니라 내부에 영묘, 여관과 병영을 설치했고 건물 전체에 비범한 기운이 가득하다.

누었다. 군단의 군사는 줄이고 군단의 수는 늘렸다. 행정과 군사 개혁이 경제에 미치는 압력을 개선하기 위해 그는 이전의 세금 징수 전통을 바꿔 조세제도를 통일하고 실물 세금 징수를 실시했다. 또한 토지를 소유한 사람은 인두세와 토지세를 납부하게 하고 토지가 없는 사람은 인두세만 내게 했다. 남자는 세금을 전부내고 여자는 반만 내었으며 관리 · 노병 · 무산자와 노예는 면세였다.

디오클레티아누스가 실시한 일련의 개혁은 성공적으로 실시되어 강력한 국가기구에 이득이 되었으며 잠시나마 안정적으로 제국을 통치할 수 있었다. 하지만 이 개혁들은 객관적인 규율에 위배되었고 오래지 않아 제대로 작용하지 못했다.

305년 재위한 지 만 20년이 된 디오클레티아누스는 오래동안 앓아온 병때문에 퇴위해 로마 사상 처음으로 스스로 퇴위한 왕이 되었다.

▲ 실페스테르 1세(오른쪽)와 콘스
탄티누스

콘스탄티누스 대제

Constantine the Great
로마 황제
280~337년

기독교를 유럽의 주요 종교로 발전시켜 기독교 역사상 예수를 제외하고 가장 큰 공헌을
한 사람으로 여겨진다.

콘스탄티누스 대제가 기독교를 신봉하지 않았더라면 그는 세계사
에 지금처럼 깊은 영향을 미치지 못했을 것이다. 기독교가 콘스탄티
누스 대제를 배출한 것인지 그가 기독교를 발전시킨 것인지 말하기
어렵다. 분명한 것은 그가 기독교를 신봉한 첫 번째 로마 황제로 로
마를 통일하고 법규 제도를 제정해 로마제국을 강하게 만든 동시에
탄압받던 기독교의 위치를 단기간에 끌어올려 유럽에서 주도적인
지위를 차지하는 종교로 만들었다는 점이다.

콘스탄티누스는 280년 경 유고슬라비아의 나이수스에서 태어났

▲ 콘스탄티노플의 교회

다. 그의 아버지는 디오클레티안 황제 때 고위 장교로 지내다 후에 황제의 보좌에 올랐다. 몇년 후 아버지가 돌아가시자 콘스탄티누스는 군대의 보호를 받으며 서로마를 통치하는 황제가 되었다. 하지만 제국 내 일부 장군들의 반대에 부딪쳤고 6년에 이르는 내전이 일어났다. 서기 312년 콘스탄티누스는 마지막 도전자를 물리치고 서로마제국을 통일했다.

콘스탄티누스는 당시 로마제국의 동부를 통치하고 있던 리키니우스와 초기에는 긴밀하게 협력했으나 결국 정치적 야심 때문에 갈라서고 말았다. 323년 리키니우스를 공격한 콘스탄티누스는 승리를 거두고 로마제국의 유일한 왕이 되어 337년 세상을 뜰 때까지 통치했다. 그는 독재 정권을 강화하기 위해 로마를 통일한 후 일련의 개혁을 실시했다.

정치적으로는 네 황제의 공동 통치를 폐지하고 제국을 4개의 행정 구역으로 나누어 자신의 아들과 조카가 이 지역들을 통치하게 했다. 동시에 수도를 비잔틴으로 옮기고 성을 더 크게 지은 뒤 이름을 콘스탄티노플로 바꾸었다. 그 후 콘스탄티노플은 천여 년 간 로마제국의 수도가 되었다.

▼ 콘스탄티노플 조감도

군대와 정치 개혁 방면에서 콘스탄티누스는 근위병을 궁정 호위대로 대체하고 직접 조정했다. 또한 변경 군대의 실력은 약화시키고 황권을 강화시켜 서기 63년부터는 황권이 절정에 달했다.

그의 개혁 중 노예주의 노예 제재에 관한 법령 규정은 주목할 부분이다. 노예주는 자신의 노예를 죽일 권한이 있고, 노예는 세세대대로 노예주의 토지에서 노동을 하고 도망갈 수 없다고 규정했는데 이는 중세 농노제의 기초가 되었다. 이 밖에 그는 화폐제조, 제빵 등의 수공업 종사자들을 종신직으로 규정하고 노동조합을 조직해 제약을 가해 도시 길드제도의 길을 열었다.

이것만으로도 콘스탄티누스가 세계 역사에 영향을 끼친 제왕임에 충분하지만, 그가 인류에게 더 큰 영향을 끼친 것은 기독교이다. 로마는 다종교, 다문명 제국이었다. 신앙의 자유를 누리던 로마인의 눈에 '일신론'의 기독교는 전혀 다른 종교였다. 하지만 가난한 백성들은 평등, 상부상조 등을 주장하는 기독교의 교리에 주목했고 기독교는 민간에 전파되기 시작했다. 평등을 추구하는 기독교 정신에 따라 신자들은 통치자에게 협조를 하지 않았고 이 때문에 여러 차례 권력자들에게 박해를 받았다.

그 후 2세기 동안 기독교에 관용적인 정책을 펼친 왕이 나타나 기독교는 불행 끝에 크게 발전했다. 3세기에 기독교 신자는 600만여 명으로 늘어났고 각지에 교회가 세워졌다. 신자 수가 증가하면서 신자의 계층도 확대되었고 심지어 관리와 황족 자제 중에도 기독교를 믿는 이들이 생겼다. 신자의 발전은 기독교의 교의에도 변화를 가져왔다. 그러나 교의는

▼ 콘스탄티누스 대제는 〈밀라노 칙령〉을 반포하여 기독교를 합법적이고 자유로운 종교로 확정하고, 몰수했던 교회 재산을 환원했으며, 일요일을 주일로 정했다.

점차 통치 계급의 이익을 보호하는 수단으로 이용되었다. 여기까지가 콘스탄티누스 이전의 상황이다.

　콘스탄티누스가 정확하게 언제부터 기독교를 믿기 시작했는지는 알 수 없다. 일설에는 그가 서로마제국을 통일하기 전날 밤 계시를 받고 그리스도의 비호 아래 승리를 거두었다고 한다. 어찌되었든 콘스탄티누스는 독실한 신자가 되었다. 그가 기독교를 위해 한 첫 번째 공헌은 〈밀라노 칙령〉을 선언해 기독교를 합법적이고 자유로운 종교로 공인한 것이다. 몰수했던 교회의 재산도 돌려주었고, 일요일을 주일로 정하고, 수도자들의 납세의무를 면해주었으며, 직접 교회의 분쟁을 해결해 교의를 통일했다. 또한 그의 통치 아래 수많은 교회가 지어졌다.

　비록 기독교를 국교로 선포하지는 않았지만 공직자는 기독교 신앙 여부가 승진의 조건 가운데 하나였고 이는 무의식중에 기독교의 확대에 영향을 미쳤다. 그는 법령과 정책으로 기독교를 보호했고 교회에 특권을 부여했다. 325년 기독교의 파벌을 통일하기 위해 기독교 역사상 첫 번째 회의, 즉 니케아 공의회를 열었다. 회의에서 통과한 '삼위일체설'을 담은 〈니케아성경〉은 기독교 학설의 정통이 되었다.

　콘스탄티누스는 임종 전에 세례를 받아 기독교 신자로 세상을 떠났다. 그 이후 기독교는 거대한 변화를 겪고 점차 제국 내 가장 큰 종교가 되었다. 미국의 학자는 "우리가 현재 알고 있는 기독교의 창립자는 서기 1세기의 예수 그리스도가 아니라 서기 4세기의 콘스탄티누스 대제이다."라고 말했다.

　로마 역사상 처음으로 기독교를 믿은 황제 콘스탄티누스 대제는 천년을 이어갈 로마제국의 기초를 다졌고 더 나아가 자신의 신앙과 국가의 이익을 서로 결합하여 로마제국의 정신 신앙을 세웠다. 사회 발전을 이끈 그의 통치 방법은 후세의 모범이 되기에 충분하다고 할 수 있다.

니케아 공의회는 기독교가 소아시아의 니케아에서 거행한 기독교 대공의회이다. 기독교 역사상 두 차례 니케아 공의회를 열었었다. 서기 325년 콘스탄티누스 대제가 주관한 첫 번째 니케아 공의회에서는 〈니케아 신경〉을 반포했다. 니케아 공의회 이후 기독교 신자의 규모가 더욱 커졌다.

▲ 359년 샤푸르 2세는 시리아에 진입해 콘스탄티누스 2세의 반격을 물리쳤다.

샤푸르 2세

Shapur Ⅱ
페르시아 사산왕조 황제
309~379년

나는 페르시아의 왕, 왕 중의 왕, 별들의 동반자, 해와 달의 형제이다.

샤푸르 2세

페르시아왕조는 3~4세기까지 발전하며 다양한 종교가 나타났는데 그 중 배화교, 기독교, 마니교가 가장 번성했다. 신앙은 사산왕조의 통치에 직접적인 영향을 끼쳤다. 사산왕조의 최전성기 통치자는 강력하고 엄격하게 기독교를 공격했고 배화교를 페르시아의 가장

▲ 샤푸르 2세

높은 지위에 올려놓고 보호했다. 이 통치자가 바로 페르시아 사산왕조의 제10대 국왕 샤푸르 2세이다.

샤푸르 2세는 호르미즈드 2세의 유복자라고 전해진다. 그는 태어나기도 전에 페르시아의 국왕으로 결정되어 세계사상 보기 드문 '태아 국왕'이 되었다. 신하들이 매번 알현의 예를 취할 때마다 그의 어머니가 대신 예를 받았는데 때로는 침대 사방에 신하들이 무릎을 꿇고 경의를 표하는 진풍경이 벌어지기도 했다.

샤푸르 2세는 그의 신하와 백성들을 실망시키지 않았다. 그가 직접 정치에 나선 후 페르시아는 당시 가장 권위있는 국가가 되었다. 샤푸르는 영토를 동서남북으로 확장한다는 방침을 세웠고 계획은 탁월한 효과를 거두었다. 그는 우선 전쟁의 창을 수년간 마음속에 우환으로 품어 온 아라비아제국으로 향했다. 직접 정벌에 나선 그는 강력한 아라비아인들의 맹렬한 기세를 꺾었다. 또한 아르메니아의 내란을 이용해 순조롭게 북쪽을 점령한 뒤, 동쪽에서는 흉노족의 침입을 성공적으로 격파했을 뿐 아니라 동맹을 맺어 함께 로마를 공격했다. 서쪽에서 벌인 로마와의 전쟁은 샤푸르 2세의 일생 가운데 가장 뛰어난 군사 정점을 이뤘다.

페르시아와 로마는 티그리스·유프라테스 강 유역과 아르메니아를 두고 여러 차례 마찰을 빚었다. 363년, 샤푸르 2세는 로마를 향해 최대 규모의 전쟁을 일으켰다. 샤푸르 2세가 대동한 군대는 로마 황제 율리아누스가 이끈 8만 대군을 물리쳤고 이 전쟁에서 철수하던 율리아누스가 사망했다. 전쟁 후 샤푸르 2세는 신임 로마 황제 요비아누스와 '30년 계약'을 맺었다. 이때부터 티그리스·유프라테스 강 서쪽의 토지와 아르메니아는 합법적으로 페르시아의 영토가 되었다.

▶ 사자를 사냥하는
샤푸르 2세

샤푸르 2세가 세계에 미친 더 큰 영향은 기독교를 박해하고 단속한 것이다. 사산왕조의 조상은 배화교의 사제에서 기원한다. 그들이 국가 정권을 장악한 후 배화교는 국교가 되었다. 나중에 기독교 신자가 늘어나서 배화교의 주도적 지위에 영향을 미치자 기독교 신자의 팽창을 막기 위해 샤푸르 2세는 국내에서 기독교의 활동을 저지하기 시작했다. 그는 수많은 기독교 신자를 학살하고 많은 교회와 성물을 훼손했다. 운 좋게 박해를 피한 기독교도들은 비싼 인두세*를 내고 잠시 한숨을 돌릴 기회를 얻었다. 이런 박해는 샤푸르 2세가 죽을 때까지 계속되어 페르시아의 기독교 신자들에게 심각한 재난을 가져왔을 뿐 아니라 전체 중동지역에서 기독교의 위상을 완전히 바꿔 놓았다.

주목할 점은 샤푸르 2세가 일으킨 전쟁이 국내 경제의 발전에는 영향을 미치지 않았을 뿐 아니라 오히려 정복지의 선진 기술을 이용해 국내 공업의 발전을 이끌었다. 로마 포로에게서 선진 방직기술과 비단기술을 받아들인 일이 좋은 예이다.

샤푸르 2세는 싸움에 강했으며 탁월한 군사와 정치 재능을 지니고 있었다. 그의 통치하에 페르시아는 전성기에 들어섰고 로마와 맞설 실력이 되었다. 하지만 철저하게 기독교를 박해하여 기독교 신자에게 심각한 피해를 입혔다. 그는 페르시아 백성의 우상이자 기독교 세계의 악몽이라 말할 수 있다.

◀ 샤푸르 2세와 샤푸르 3세의 조각상

---

* 인두세: 납세능력의 차이를 고려하지 않고 각 개인에게 일률적으로 매기는 세금.

사무드라 굽타

Samudragupta
인도 굽타왕조의 군주
335~380년 재위

백성들은 즐겁고, 호적이나 관법이 없으며, 가고 싶으면 가고 살고 싶으면 살고, 나라를
다스리는데 형벌이 필요 없다.　　　　　　　　　　　　　굽타왕조에 대한 묘사

320년 경 갠지스 강 상류지역의 굽타 가족은 인도 첫 번째 봉건 왕조인 굽타왕조를 세웠다. 두 번째 군주 사무드라 굽타는 굽타왕조의 발전에 매우 중요한 영향을 끼쳐 '인도의 나폴레옹', '시인 국왕'이라 불린다.

사무드라 굽타는 굽타왕조 첫 번째 군주 찬드라 굽타와 리차비왕국의 공주 쿠마라데비의 혼인 동맹의 결실이다. 그는 즉위 후 굽타왕조의 영토를 확장하기 시작했다.

사무드라 굽타는 '세 걸음' 전략을 실행했다. 첫 번째 걸음은 서쪽 정벌로 갠지스 강 상류와 인더스 강 유역 동부지역을 정복했다. 두 번째 걸음은 동쪽으로 갠지스 강을 따라 내려와 비옥한 갠지스 강 삼각주를 삼켰다. 세 번째는 남쪽으로 발길을 뻗어 세력 범위를 팔라바왕국까지 뻗쳤고 문명이 낙후한 데칸고원의 소국들이 그에게 무릎 꿇었다.

육지를 정복한 후 그는 모든 에너지와 목표를 바다로 돌렸다. 그가 파견한 사신의 족적이 동남아의 말레이시아 반도 · 수마트라 · 자바까지 남아있다. 이밖에도 그는 무역과 종교 활동을 이용해 동남아의 많은 미개발 지역에 인도 문화의 낙인을 찍었다.

브라만교는 대정복을 완성한 정복자의 업적을 칭송하기 위해서 말을 희생 제물로 바치는 큰 제사를 거행했다. 사무드라 굽타도 통치기간 동안 이 제사를 한 차례 지냈다. 그의 탁월한 군사 성과에 어느 유럽 학자는 그를 '인도의 나폴레옹'이라 불렀다.

사무드라 굽타는 문치 방면에도 뛰어난 면을 보였다. 군사와 정치의 큰일을 처리하는 외에도 여가 시간에는 수많은 시를 지어 '시인 국왕'이라는 호칭을 얻었다. 또한 문인을 중용하고 문화를 지지하며 학술 방면에 공헌을 한 사람을 격려했다. 덕분에 궁중대신 가운데 유명한 학자들을 많이 배출했다.

사무드라 굽타는 재위기간 동안 나라의 중앙지역에는 중앙집권제를 시행하고 기타지역은 총독이나 지방 왕공이 다스리게 해 반독립 상황을 유지시켰다. 또한 브라만교를 신봉하여 고승들이 각급 행정에서 일정 지위를 차지했다. 굽타왕국의 관료기구는 비교적 단순해 한 사람이 몇 가지 업무를 겸한데다가 문무의 구분이 없었다. 또한 고정 군대가 없어 전쟁을 할 때는 각 신하들이 병력을 제공했다. 다른 한편 굽타제국의 백성들은 세금이 비교적 적고, 형벌제도가 느슨하여 민풍이 순박했다.

서기 380년 사무드라 굽타가 죽고 그의 아들 찬드라 굽타 2세가 뒤를 이었다. 찬드라 굽타 2세는 정벌을 계속했고 굽타왕조는 번영의 정점으로 향했다.

◀ 사무드라 굽타

에자나

Ecuador chana
악숨왕국 왕
320~360년 재위

당신들이 에티오피아에 간다면 통치를 하면서 박해를 전혀 하지 않은 국왕을 발견할 것
이다. 그곳은 정의의 땅이다. 하느님이 그곳에서 당신들의 고난에 휴식을 제공했다.
악숨왕국에 대한 무함마드의 인상

세상 사람들에게 '신비의 땅'으로 여겨져 온 아프리카는 19세기
서양 식민통치자의 침입으로 그 신비의 베일이 벗겨졌다. 동시에 사
람들의 의혹도 풀렸다. 아프리카라는 이 신비의 땅에는 많은 왕국이
존재했고, 한 때 중동정치의 균형을 깬 적도 있었다. 그 중 가장 대
표적인 것이 악숨왕국이다. 4세기 로마 · 페르시아 · 중국과 함께 세

계4대 강국이었던 악숨왕국 전성기의 국왕 에자나는 '만왕의 왕' 으로 불린다.

악숨왕국은 아라비아 반도에서 온 이민자와 현지 토착민이 어울린 후대가 세웠는데, 특수한 지리적 위치 때문에 이집트 문명의 영향을 많이 받았다. 서기 기원(예수가 태어난 해)을 전후로 일어나기 시작해 3세기에 대외 확장을 시작했다. 왕국이 점차 상승세를 타고 크게 발전할 때 위대한 국왕 에자나가 황위를 계승했다. 악숨왕국에게는 마치 호랑이에 날개를 단 격이었다.

에자나는 악숨왕국을 40여년동안 통치했다. 이 기간 동안 그는 국력을 계속 확장하고 서쪽과 북쪽의 에티오피아 고원 내륙과 강, 동쪽의 아라비아 국경내의 소국들을 정복했다. 악숨왕국의 전성기 때 영토는 동쪽 아라비아 반도 서남부부터 서쪽으로 나일강 상류, 남쪽으로 소말리아, 북쪽으로 이집트 남단에 이르렀다.

전쟁은 악숨왕국의 영토를 확장했을 뿐 아니라 막대한 부와 노예를 제공해 경제가 크게 발전하고 목축업·수공업·농업 모두 동시기 다른 나라보다 선두에 섰다. 그중 계단식 경작과 조선업은 특히 뛰어났다. 당시 악숨왕국은 코끼리를 훈련시켰는데 에자나의 정복 전쟁에 대적할 자가 없었던 이유는 모두 코끼리라는 특수한 무기 덕분이었다.

▼ 에티오피아의 고대 벽화

네구스 제도

에자나가 군주전제를 강화하기 위해 실시한 정치 제도이다. 국왕이 전쟁에서 얻은 토지를 귀족과 공신에게 나눠주면 이들이 다시 소 귀족에게 나눠줘 엄격한 등급 체계를 형성했다. 국왕은 이런 등급 귀족 및 토지에 절대적인 지도권을 가졌다. 원로원의 권력을 공중에 띄우고 국왕은 국가의 유일한 생사 대권을 가진 사람이 되었다.

에자나는 강력한 제국을 세운 후 정치적으로 '네구스 제도'로 군주 집권을 강화했다. 또한 문화방면에는 문자 개혁을 실시해 자음자모의 표기법을 없애고 모음으로 표기하는 방법을 사용했다. 이 신형 문자는 지금까지 전해져온다. 에자나는 기독교를 받아들여 교회와 수도원을 짓고 전도했다. 그의 도움으로 기독교는 원시종교를 대신하게 되었다.

악숨왕국은 에자나의 지도 아래 선진국가의 문화성과를 흡수하고 경제력을 강화해 그 당시에 가장 뛰어난 국가가 되었다. 에자나도 역사상 로마 황제, 페르시아 사산 황제와 동등한 지위를 차지했다.

▲ 교회 진입을 저지당하는 테오도
시우스 1세

테오도시우스 1세

Theodosius I
고대 로마제국 황제
347~395년

테오도시우스 1세는 로마제국을 통치한 마지막 군주이다. 그 후 로마제국은 분열과 혼란에 빠졌다.

인류역사상 고대 로마제국은 전례가 없는 신화를 창조했다. 통일 로마를 통치한 마지막 군주 테오도시우스 1세의 명성은 로마제국의 분열과 함께 영원히 사람들의 머릿속에 남아 있다.

플라비우스 테오도시우스는 지금의 스페인 갈라이키아의 기독교 가정에서 태어났다. 그는 어릴 때부터 장군인 아버지를 따라 군에 들어가 여러 차례 외족의 침입에 대항했다. 368년에는 아버지와 함께 브리타니아 지역의 무장 반란을 평정한 후 현지에서 개혁조치를

▶ 참회하는 테오도시우스 1세

취했지만 나날이 쇠약해지는 로마제국은 이미 국면을 만회할 수 없을 정도였기에 개혁은 뚜렷한 효과를 거두지 못했다.

374년 테오도시우스는 전쟁터에서 세운 공에 힘입어 모에시아의 군지휘관이 되었다. 하지만 오래지 않아 그의 아버지가 모함을 받아 처형당하자 고향으로 돌아와 은둔 생활을 했다. 379년 로마에 전쟁이 일어난 후 테오도시우스는 다시 황제에게 기용되어 공동 황제로 동로마 지역과 일리리아군(오늘날의 유고슬라비아 · 헝가리 및 오스트리아)을 통치한다.

테오도시우스 1세는 왕위에 오른 뒤 뛰어난 군사적 재능과 비범한 외교수단을 이용해 야만족의 반란을 평정하여 복종시키고 제국의 통일과 안정을 지켰다.

독실한 기독교 신자로 교회의 국가 안에서의 통치 지위에 대해 결연히 반대한 테오도시우스 1세는 왕위에 오른 지 얼마 되지 않아 제1차 콘스탄티노플 회의를 소집했다. 회의에서 그는 니케아 신조를 수정하고 '성령이 신성을 지닌다'고 선고해 아리우스파를 이단으로 확정했으며, 삼위일체의 신학 교의를 기독교 전통 교의로 정식 확립했다.

이밖에도 주교의 각 교구 내 사법 심판권을 보장하여 '콘스탄티노플 주교는 로마 주교와 동등한 지위와 명예를 누린다. 왜냐하면 콘스탄티노플은 새로운 로마이기 때문이다.'라고 선포해 콘스탄티노플 주교의 우월한 지위를 분명하게 확정했다.

테오도시우스 1세는 로마제국의 분열을 늦추었다는 점에서 유럽, 나아가 세계 역사에 중요한 영향을 끼쳤다.

▲ 알라리크는 아테네에서 로마를 물리치고 서고트왕국을 건설해 국왕의 자리에 올랐다.

알라리크 1세

서고트인은 원래 서로마의 북부지역에서 생활하다 후에 흉노족의 침입을 받고 서쪽으로 이주했다. 계속되는 이주로 서고트인과 로마인 간에 갈등이 심화되었고 전쟁은 피할 수 없게 되었다. 378년 전쟁은 서고트인의 승리로 끝을 맺었다.

로마황제 테오도시우스 1세는 어쩔 수 없이 서고트인을 변경에 배치하고 지키게 했다. 수년 후 변경을 지키는 군에서 뛰어난 족장 알라리크가 나왔다.

알라리크는 다뉴브 강에서 태어났다. 젊었을 때 부족의 이동 생활을 경험한 그는 후에 변경 수비군 내 뛰어난 장군이 되었다. 395년은 서고트와 로마제국에 있어서 특별한 한 해였다. 테오도시우스 1

▲ 알라리크 1세

94

세가 죽자 서고트인이 로마 제국에서 벗어나 자치를 선언하고 알라리크를 왕으로 추대한 것이다. 그 후 알라리크는 로마를 향해 전쟁을 일으켰다.

알라리크가 이끈 군대는 승승장구하며 그리스와 스파르타 등 중요 도시를 하나씩 점령했고 광적인 약탈을 일삼았다. 그리스는 이웃나라들의 비참한 국면을 목격하고 주동적으로 알라리크에게 속죄금을 바치고 백성들을 역경에서 구하기도 했다. 하지만 잇따른 승리로 오만 방자해진 알라리크도 천적 스틸리코의 등장에는 어쩔 수 없이 약탈한 재물을 가지고 철수할 수밖에 없었다. 이와 동시에 동로마의 황제는 알라리크의 기세에 두려움을 느끼고 지배권을 바쳤다.

◀ 알라리크 국왕의 일과. 프랑스 11세기 역사화

402년 알라리크는 다시 정복전쟁을 일으키지만 이탈리아에서 스틸리코에게 다시 한 번 참패를 하고 만다. 그 후 서로마 황제 아르카디우스는 알라리크의 군대를 이용해 동로마를 통일하려고 알라리크와 협의를 하고 동맹을 맺는다. 하지만 408년에 아르카디우스가 죽은 뒤 서로마는 통일 계획을 취소하고 알라리크에게 맹약을 취소하자고 제안한다. 알라리크는 서로마에게 경제적으로 보상해 줄 것을 요구했고 스틸리코의 권유로 서로마는 알라리크의 조건을 받아들여 교전 상태는 잠시 평화를 찾았다.

하지만 오래지 않아 스틸리코가 무고하게 피살되자 그의 군대는 복수를 위해 알라리크의 대오에 들어왔다. 알라리크는 그 후 받지 못한 보상금을 빌미로 전쟁을 일으켰다. 곧 이탈리아는 알라리크의 손안에 들어왔고 로마도 포위권에 들어왔다. 로마인은 어쩔 수 없이 거액의 황금을 주고 평화를 얻고자 했으나 거절당했다.

410년 서고트인이 로마를 공격했다. '불멸의 도시' 로마는 점령할 수 없다는 신화가 깨지고 말았다. 그 후 갈리아의 아키타니아를 점령하고 이를 수도로 서고트왕국을 세웠다. 중요한 점은 서고트인은 아키타니아의 문화와 생활방식을 바꾸지 않았다는 것이다.

서고트왕국을 세운 후 알라리크는 다시 시실리와 북아프리카를 공격했지만 악천후 때문에 실패하고 만다. 유감스럽게도 알라리크마저 오래지 않아 세상을 뜨고 말았다.

▶ 승승장구하던 알라리크 1세는 시실리 섬과 북아프리카에 전쟁을 일으킨 후 병으로 세상을 뜬다.

▲ 〈아틸라의 축제〉 모탄. 1870년
작품

아틸라

Attila
훈족의 가장 위대한 지도자이자 황제
406~453년

그의 통치시기에 훈족은 방대한 제국을 건설했다. 탁월한 전적을 기반으로 역사학자들은 그를 '하느님의 채찍' 이라고 불렀다.

418년, 훈족과 로마인이 정전협의를 맺는 과정에서 젊은 아틸라는 인질이 되어 로마로 후송되었다. 로마 사람들은 아틸라를 통해 로마 문화를 훈족들에게 전해 국가 영향력을 강화하려 했다. 덕분에 아틸라는 로마에서 좋은 교육을 받았다.

당시 로마인들은 대단히 사치스러운 생활을 했지만 젊은 아틸라는 로마의 호화로운 삶에 동화되지 않았다. 반대로 그는 로마의 정치체제와 외교정책을 연구하는 데 모든 주의를 집중했다. 이는 후에

▲ 아틸라

97

▶ 교황을 회견하는 아틸라의 벽화. 이태리 화가 라파엘(1483~1520년)

훈족의 국가를 통치하는 데 탄탄한 기초가 되었다.

432년 루아가 훈족을 통일했지만 2년 뒤 세상을 뜨고 조카 아틸라와 블레다가 왕위를 계승했다. 두 형제의 통치 아래 막강한 실력을 쌓은 훈족은 비잔틴이 훈족의 반역자를 보호했다는 구실을 대고 영토확장 전쟁을 벌였다. 훈족의 맹렬한 공격에 버티지 못한 비잔틴은 다음해 조공을 바치고 상업도시를 개방하기로 타협했다.

이후 5년 동안 훈족은 이웃 페르시아제국까지 전쟁의 손길을 뻗었지만 순조롭지 못하자 눈길을 다시 비잔틴으로 돌렸다. 오래지 않아 훈족은 도나우 강 유역을 점령하고 콘스탄티노플 지역을 공격했으며 심지어 갈리아 지역까지 원정을 갔다. 비잔틴은 다시 훈족과 정전 타협을 하고 비싼 대가를 치렀다. 공납금으로 전보다 3배 많은 황금을 바치고 포로의 속죄금은 금화 12개로 올려야 했다. 훈족은 욕심을 채운 후에 철수했다. 얼마 뒤 아틸라는 블레다를 죽이고 훈족의 유일한 왕이 되었다.

그 후 아틸라는 전쟁의 목표를 서유럽에 두고 알프스 산을 넘어 이탈리아 본토를 침입하고 서로마제국 황제를 추방했다. 제국의 변경은 더 넓어져 동쪽으로 아랄 해, 서쪽은 대서양 해안, 남쪽은 도나우 강, 북쪽은 팔라 해의 넓은 영역이 훈족의 속국이 되었다. 아틸라는 이 국가들을 훈족 귀족과 함께 관리하며 평상시에는 공납금을 바치고 전시에는 병사를 보내 참전하게 했다.

교황과 회견하는 아틸라

탁월한 전쟁 실력 때문에 유럽, 특히 북유럽의 고문헌에서는 그를 위대한 군주로 불렀고, 사학자들은 그를 '하느님의 채찍'이라고 불렀다. 아틸라가 죽은 후 그의 계승자는 권력을 빼앗기 위해 서로 다투었고 무질서에 빠진 훈족제국은 오래지 않아 무너지고 말았다.

클로비스

Clovis
프랑크 국왕
466~511년

그는 재위기간 동안 프랑크왕국의 판도를 다졌다.

▲ 클로비스

　서기 511년 11월 27일 프랑크왕국의 클로비스는 쓸쓸히 사망했다. 그는 말년에 "나는 수많은 사람들 사이를 걷는 고독한 참배자와 같다. 가까운 이들은 이미 모두 떠났고, 내가 고난을 겪을 때는 아무도 나를 도와주지 않는다."라고 탄식했다.

　클로비스는 프랑크왕국의 창시자로 프랑크 지파의 수장인 힐데리히의 아들이다. 서기 481년 15세의 클로비스는 아버지의 뒤를 이어 프랑크의 지도자가 되었다. 당시에는 지도자가 되려면 반드시 갖추어야 하는 덕목이 있었다. 첫째, 용감하고 전투를 좋아해야 한다. 둘째 지혜로워서 권모술수를 잘 부릴 줄 알아야 한다. 셋째 성격이 잔

인해서 결단을 내려
야할 때 조금도 인정
을 두어서는 안 된다.
넷째, 가장 중요한 점
으로 정치가에게 반
드시 필요한, 장기적
인 전략을 보는 안목
이 있어야 한다. 불멸
의 업적을 쌓은 지도
자로서 클로비스는
이런 특징을 모두 갖
추고 있었다.

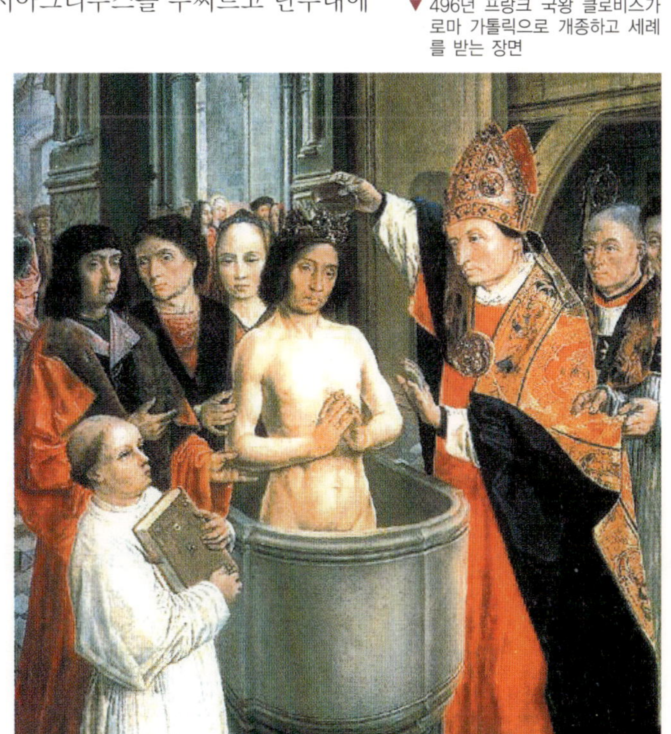

클로비스는 갈루아
를 정복하고 프랑크
를 통일하기 위해 끝없는 노력을 기울였다. 486년 그는 수아송에서
갈루아의 마지막 로마인 통치자 시아그리우스를 무찌르고 단두대에
보내 처음으로 중요한 승리를
거두었다. 이 전쟁의 전리품으
로 파리 부근의 토지를 차지한
그는 500년에 부르고뉴공국을
정복하고 오늘날 파리 동남부
의 라인 강 하류지역까지 손에
넣었다.

몇 년 뒤, 프랑스 서남부 지
역의 서고트왕국을 공격한 클
로비스는 로마제국 황제로부터
명예집정관이라는 칭호를 받았
다. 몇 차례의 전쟁을 치르며
프랑크왕국은 판도를 다져 나
갔다. 클로비스는 임종 전까지
프로방스를 제외한 전 갈루아
지역을 모두 장악했다.

가톨릭으로의 개종은 클로비

스가 세계 역사에 미친 3대 영향 가운데 하나이다. 493년 27세에 부르군트왕국의 클로틸다 공주와 결혼한 클로비스는 클로틸다의 권유로 496년 크리스마스에 3000명의 프랑크 전사를 이끌고 세례를 받고 가톨릭으로 개종했다. 클로비스의 개종은 가톨릭의 발전사나 프랑스의 발전사에 한 획을 긋는 큰일이었고 그가 내린 가장 현명한 결정이었다. 개종으로 교황과 동맹을 맺고 천주교회의 보호자가 되었으며 교회와 신자들의 지지로 더욱 대적할 자가 없게 되었기 때문이다.

클로비스가 세운 또 다른 중대한 업적은 바로 〈살리카 법전〉의 공포이다.(살리카는 해변이라는 뜻으로 클로비스는 프랑크인의 살리카 계파에 속한다) 이 법전은 프랑크인의 관습법을 주로 기록하고 있는데 후에 프랑스의 법률체계에 많은 영향을 끼치고 법률의 기초가 되었다.

아름답고 풍요로운 갈리아에서 프랑크인은 원래 갈리아의 여러 야만족 가운데 인구도 적고 문명도 그다지 발달하지 못한 부족이었다. 하지만 클로비스는 자신의 부족을 이끌고 이 땅에 '프랑크'라는 이름을 새겼다.

▶ 클로비스 시대의 종교 벽화. 클로비스의 개종으로 백성들과 게르만 정복자의 관계가 강화되었지만 동시에 클로비스와 기타 프랑크 부족 간의 관계는 소원해졌다.

유스티니아누스 1세

Justinian I
483~565년

유럽의 수많은 국가가 법률을 제정할 때 〈유스티니아누스 법전〉을 근간으로 삼는다. 법전은 성실하게 생활하고, 타인을 해치지 않으면 모두가 원하는 것을 얻고, 자신을 보호하기 위해 한 모든 일은 합법적이라고 말한다.

〈유스티니아누스 법전〉

로마의 황제 중 많은 이들이 평민 출신이었는데 유스티니아누스 1세도 그 중 하나이다. 그는 재위기간 동안 로마의 영토를 크게 확장했지만 그의 이름이 후대에까지 알려진 것은 그가 반포한 〈유스티니아누스 법전〉 덕분이다.

483년에 유고슬라비아에서 태어난 유스티니아누스는 농민 가정에서 태어났지만 좋은 교육을 받고 자랐다. 소년 시절 삼촌 유스티누스를 따라 군에 들어가 콘스탄티노플로 갔다가 삼촌의 도움으로 빠르게 성장했다. 후에 비잔틴 황제가 된 유스티누스는 자식이 없었기에 527년 유스티니아누스를 공동 황제로 임명했다.

유스티니아누스는 이때부터 565년 세상을 뜰 때까지 줄곧 유일무

유스티니아누스 1세는 재위기간 동안 장기간에 걸친 대외전쟁으로 군사와 경제력을 소모해 외족의 침입을 막지 못했다.

이한 황제가 되었다. 말년에 그는 신학 연구에 온 힘을 쏟고 정치에
대해서는 거의 관여하지 않았으며 565년 11월 14일에 세상을 떴다.

유스티니아누스가 즉위할 때 이미 몰락하기 시작한 로마는 동서
두 제국으로 나뉘었고 그는 동로마를 계승했다. 당시 서로마의 이태
리, 북아프리카, 스페인은 이미 게르만인에 의해 멸망했고 동로마제
국도 도처에 위기가 도사리고 있었다. 때문에 유스티니아누스는 즉
위 후 서로마의 잃어버린 국토를 되찾고 로마제국을 회복해 가톨릭
을 제국의 모든 곳에 전파하는 것을 정치 목표로 삼았다. 이를 위해
피나는 노력을 기울이는 그를 보고 당시 어떤 이는 휴식이 필요 없
는 악마라고 했다.

유스티니아누스가 부딪친 첫 번째 문제는 국내의 위기 해결이었
다. 그는 유스티누스를 따라 남북으로 정벌을 다니며 풍부한 실전
경험을 쌓았다. 532년 전쟁을 통해 페르시아의 위협을 해결하고 많
은 장수를 선발했는데, 벨리사리우스도 그중 한 사람이었다. 유스티

▼ 유스티니아누스 황제는 로마 법
률의 집대성으로 유명하다. 그
가 편찬한 법전은 그의 재위기
간 동안 실시되었다. 〈유스티니
아누스 법전〉은 로마가 법학 상
천재적인 창조성과를 보존했고
후에 많은 유럽 국가들이 법률
을 제정하는 데 원본이 되었다.

니아누스는 성격이 우유부단했는데 결정적인 순간에 드러나곤 했다.

같은 해 로마에서 '니카반란'이 일어났다. 분노한 군중이 전제, 횡령과 가혹한 세금에 강한 불만을 풀고 황궁으로 향했다. 유스티니아누스는 이를 해결하기는커녕 밖으로 나가려고도 하지 않고 심지어 성을 버리고 도망가려 했다. 다행히 그에게는 현명한 아내 테오도라가 있었다. 그녀의 위안과 독려, 벨리사리우스의 도움으로 그는 마침내 용감하게 백성들의 앞에 서서 반란을 평정했다.

533년 유스티니아누스는 로마제국을 회복하는 오랜 소원을 이루었다. 북아프리카를 정복의 첫 번째 목표로 잡은 그는 벨리사리우스를 파견해 16만 대군을 이끌고 반달왕국으로 원정을 떠나 전쟁의 서막을 열었다. 동로마 군대가 반달에 도착했을 때 반달의 국민은 아무것도 모르고 있었다. 로마군대는 힘들이지 않고 저항하는 반달인을 무찔렀다. 일 년 후 반달왕국은 멸망했다.

반달왕국에 대한 승리로 로마 군대의 기세가 크게 고무되었고 535년 동로마 군대는 벨리사리우스의 인솔 하에 다시 위풍당당하게 출정하였다. 그들의 다음 목표는 이태리였다. 일 년 후 로마 성은 함락되었다. 이어서 그들은 동고트왕국을 공격했고 540년 멸망시켰다. 554년 유스티니아누스는 서고트왕국의 내부갈등을 이용해 스페인으로 군사를 보내 동해안을 점령했다.

동로마는 몇 차례의 전쟁으로 전에 없이 영토가 확대되었다. 유스티니아누스는 예전의 로마제국을 회복하기 시작했으나 오랜 전쟁으로 국내 정국이 혼란에 빠졌다. 유스티니아누스는 대외 전쟁을 멈출 수밖에 없었고 국내 정세를 안정시켰다.

유스티니아누스는 대외 전쟁을 일으키는 동시에 인류 문명에 큰 영향을 미친 위대한 사업을 시작했다. 바로 제국의 법전인 〈로마민법대전〉을 편찬한 것이다. 528년, 유스티니아누스가 즉위한 다음해 그는 제국 법을 편찬하기 위해 위원회를 조직해 유명한 법학자 트리보니아누스에게 법전 편찬을 책임지게 했고 534년 법전이 완성되었다.

이 법전은 네 부분으로 구성되었다. 〈칙법휘찬〉은 〈유스티니아누스 법전〉이라고도 불리는데 전체

▼ 유스티니아누스 1세

법전의 핵심이다. 원로원에서 결의한 내용과 황제가 명령한 것 위주로 법령을 추가하거나 삭제한 후 편찬했다. 〈학설휘찬〉은 역대 로마의 유명한 법학자 저작 중의 정수로 만들었고 〈법학제요〉는 법률의 교재를 배워 법학자의 논문을 근거로 법학의 원리를 간단하게 설명했다. 〈유스티니아누스 신률〉은 유스티니아누스가 반포한 새로운 칙령으로 주요 내용은 행정법규 위주이다. 하지만 유산계승제도 방면의 규범도 다루었다.

이 법전은 유스티니아누스의 재위기간 실시되었다. 로마는 법학상 천재적인 창조성과가 〈유스티니아누스 법전〉에 의해 보존되었다. 〈유스티니아누스 법전〉은 후에 유럽의 많은 국가들이 법률을 제정하는 데 원본이 되었다. 아마도 세계에서 이토록 영향력이 큰 법전은 없을 것이다. 유스티니아누스는 법전의 완성으로 후대 사람들에게 '법률의 아버지'라고 불렸다.

유스티니아누스는 30여년의 재위기간 동안 장기적인 대외전쟁으로 많은 군사력과 경제력을 소모했기 때문에 계속되는 슬라브인, 불가리아인, 훈족 등의 침입을 막아내기가 어려웠다. 565년 유스티니아누스가 세상을 떠난지 얼마 되지 않아, 정복했던 지역의 대부분을 잃게 되었다.

역사적 각도에서 보면 유스티니아누스 대제는 상당히 성공했다. 그의 인도 아래 비잔틴제국은 전면적인 법제 시대로 들어섰고 이전 보병위주의 군대전술이 도태되고 대신에 무장기병단을 세웠다. 이는 비잔틴의 대외 확장전쟁 중 주요 지주였다.

유스티니아누스는 행정 개혁을 실시해 각 성의 총독에 대한 감시를 매우 엄격히 했고 사람의 품성과 재능을 알아 합리적으로 등용했다. 그는 원대한 건축 계획을 세우고 실시했다. 예컨대 훼손된 도시를 재건하고 수로를 개척하며, 방어 공사를 견고히 하고, 고아원, 여관, 교회 등을 건설하여 오늘날까지도 여전히 가볼만한 유적으로 남아있다.

▲ 문인들이 은거 시기에 좋아한 향촌 풍의 그림 배경가운데 학자들이 함께 모여 사색과 평론을 하고 있다. 수당의 황제는 예술가들에게 창작의 자유를 주고 존경을 표했다.

수문제

SuiWendi
중국 수나라 황제
541~604년

한나라의 멸망 후 중국은 150여 년 동안 분열시기를 겪었다. 한족의 통치 지위는 점차 오랑캐들이 대신하고 진한 시기의 찬란한 문화·예술·건축도 오랜 전쟁으로 심각하게 훼손되었다. 이때 역사를 바꾼 인물이 등장했으니 그가 바로 진한 이후 다시 중국을 통일하고 수나라를 세워 정권을 통일한 수문제 양견이다.

541년 양견은 북주의 군사 귀족 집안에서 태어났다. 아버지 양충은 북주의 대장군이었다. 양견은 군사적 재능이 뛰어나 14세 때 이미 군에서 직무를 맡았으며, 후에 전쟁에서 많은 영토를 획득하고 단숨에 높은 지위에 올라 승승장구했다. 선제가 죽은 후 황위는 어린 정제에게 돌아갔고 581년 양견은 정제를 폐위하고 오랑캐의 주

▲ 수문제 양견은 한나라의 뒤를 이어 다시 한 번 중국을 통일한 위대한 제왕이다.

나라를 뒤집은 뒤 수나라를 세우고 수문제가 되었다.

588년부터 수문제는 중국을 통일하기 위해 전쟁을 시작했다. 그는 우선 남쪽을 차지한 진나라를 치고 뒤를 이어 류구군도(지금의 대만)의 항복을 받아냈다. 589년 장기간의 분열이 끝나고 수문제는 다시 평화통일의 시대로 회복했다.

수나라 건립 초기에는 그동안 보류되었던 일들이 재건을 기다리고 있었다. 수문제는 즉위 후 정치제도를 개혁하기 시작했다. 중앙은 삼성육부제를 실시하고 지방은 주·현 양급제로 바꾸었다. 주에는 차리를, 현에는 현령을 개설하고 '회피' 원칙을 제정해 지방관은 가능한 한 현지 사람을 채용하지 않았다. 법률을 수정해 죄명을 대폭 줄이고 동일한 죄로 받은 형벌은 줄여서 중국 법제상 중요한 한 획을 그었다.

▲ 양견

이밖에 균전령을 반포해 농민이 적극적으로 일할 수 있도록 했으며, 양식의 증산을 이끌었다. 이때 설치한 양식 창고에 비축한 양식이 수문제가 죽은 후에도 33년간 남았다고 한다. 이 같은 조치를 거쳐 수나라의 국력은 점차 강화되었다.

수문제는 서경 대흥성(후의 장안성)과 동경 낙양성을 재건했다. 대흥성의 재건은 중국 고대 도시 건설 계획의 뛰어난 수준을 상징적으로 보여줄 뿐 아니라 당시 국가의 경제력과 과학 수준을 종합적으로 보여준다. 대흥성은 당시 '세계 제일 도시'로 불렸으며 이후의 도시 건설에 깊은 영향을 끼쳤다. 또한 우문개에게 황하와 양자강을 연결하는 대운하를 건설하게 해 남북경제를 소통시키고 남북의 문명을 연결했다.

수문제는 사상·문화의 번영과 융합에도 큰 공헌을 했다. 수나라의 통일로 장기간 정치적인 문제로 방해받았던 사상·문화가 발전하기 시작했다. 수문제가 왕위에 오른 후 유가와 법가를 겸한 통치의 기초위에 불가·도가의 요소를 더해 문화정책이 더욱 포용력을 갖추게 되었다. 그의 통치 기간에 각파 학자들은 제자를 거두고 강의하며, 책을 쓰고, 학설을 세우고, 학문을 연구하는 등 학술 분위기가 고조되었다. 또한 〈절음〉, 〈경전석문〉 등 여러 영향력이 있는 학술 저서가 나왔다.

수문제의 개혁 조치 중 중요한 개혁이 또 있다. 바로 과거제도이다. 과거제도는 고시의 방식으로 인재를 선발하는 제도로 사회 각

계층의 재능 있는 사람들에게 국가를 위해 능력을 발휘할 기회를 주었다. 수문제는 전대의 구품중정제를 폐지하고 관리세습제를 취소한 뒤 587년 과거고시로 관원을 선발하는 제도를 시작했다. 과거제도는 이후 끊임없이 개선되며 대대로 이어지다 청나라 말기에야 폐지되었다. 과거제는 중국 역사에 비교할 수 없는 큰 영향을 끼쳤다.

중국 고대 역사상 단명한 통일 왕조가 둘 있다. 하나는 진나라로 16년간 통치하고 2세대 만에 망했다. 다른 하나가 바로 수나라이다. 604년 수문제가 세상을 뜨고 황위를 둘째 아들 양광에게 물려주었으나 양광의 통치정책이 실패해 618년 반대파에 의해 살해당하고, 한때 매우 부강했던 수나라도 통치 28년 만에 멸망했다.

수왕조는 멸망했지만 이것이 중국 통일의 종결을 의미하지는 않았다. 오히려 수나라 통일의 기초위에 당나라가 번영을 이루었다. 당나라는 수나라가 형성한 영토를 물려 받았으며 이 기본틀은 천 여 년 간 이어졌다. 수문제가 세계적으로 영향력 있는 100대 제왕에 든 원인도 바로 여기 있다.

미국의 저명한 물리학자이자 역사에도 조예가 깊은 마크 하트는 중국의 수문제와 유럽의 카룰루스 대제를 비교하였다. 그는 카룰루스 대제가 서양에서 널리 알려졌지만 그 영향력은 수문제에 미치지 못한다고 했다. 왜냐하면 '서유럽의 많은 중요한 지역은…카룰루스에게 정복된 적이 없고' 게다가 '프랑크왕국은 곧 분열되어 다시 통일된 적이 없기 때문이다.' 하지만 수문제는 '성공적으로 중국을 통일했고' 그 통일국가가 '계속 지속되었기' 때문이다.

과거제

과거제는 수나라 원년(605년)부터 청나라 광서 31년(1905년)까지 1300여 년 간 실시되었다. 역대 봉건 왕조가 시험을 통해 관리를 선발하는 제도로 수당 이후 중국의 사회구조, 정치제도, 교육, 인문사상 모두 과거제의 영향을 받았다.

스이코 천황

▲ 스이코 천황

Empress Suiko
일본 여천황
554~628년

세상은 허구이나 오직 석가만이 진실이다.
한 나라에 두 군주가 있을 수 없고, 백성에게 두 주인은 없다.

쇼토쿠 태자
〈헌법17조〉

　일본 역사상 처음으로 스스로 천황이라 칭한 군주이자 첫 번째 여자 천황 스이코 천황은 전대미문의 개혁으로 일본을 신시대로 이끈 왕이다.

스이코 천황의 원래 이름은 '소가노 키타시히메'로 긴메이 천황의 셋째 딸이다. 후에 부모님의 명에 따라 이복 오빠인 비다쓰 천황과 결혼했다. 행운의 여신이 그녀의 편이었는지 스이코가 황후의 자리에 오른 뒤 일본의 불안한 정국이 그녀에게 유리한 방향으로 발전하기 시작했다.

스이코의 외삼촌이자 조정의 실권파 인물이 반란을 일으키고 권력다툼 끝에 그녀가 황제의 보좌에 올라 천황이 된 것이다. 당시 일본의 국내 정세는 매우 혼란했다. 부민제(즉 노예제)로 인한 갈등이 뿌리 깊었고 지방 권세가들의 세력이 끊임없이 팽창하여 정권과 이익을 두고 다투니 권력은 이미 황권에 있었다. 게다가 해외에서는 중국이 빠르게 발전하고 있어 일본은 하루 빨리 부패한 세력을 제거하고 개혁을 해야 했다.

하지만 예상 밖으로 스이코 천황은 즉위 다음해에 쇼토쿠 태자에게 조정의 대권을 넘겨주었다. 이는 그녀의 탁월한 선택이었다.

스이코 천황의 보좌로 쇼토쿠 태자는 일련의 개혁을 실시했다. 귀족의 재능과 공에 따라 등급을 나누어 보상을 해 귀족의 특권을 제한하는 데 효력을 발휘하고, 인재를 선발하고 임용하는 데 유리했을 뿐 아니라 천황의 위신을 향상시켰다. 그 중 유·불·법 제가사상을 종합한 〈헌법17조〉는 쇼토쿠 태자의 정치사상을 가장 잘 보여주었다. 〈헌법17조〉는 관료 귀족에 대한 정치규범으로 천황의 절대 권위를 강조하고 관리에 대한 요구 사항을 강화했으며 백성의 생활 조건을 개선하는 내용을 담고 있다.

스이코 시대의 정책 가운데 역사적으로 가장 큰 의의가 있는 일은 불교의 보편적인 보급으로 이때부터 불교숭상이 기본 국책으로 확정되었다. 쇼토쿠 태자가 직접 불경을 해석하고 절을 많이 지은 덕에 불교는 백성들의 마음에 파고들었고 결국 일본 최대의 종교로 발전했다. 불교의 성행은 일본과 아시아 대륙의 교류를 촉진시켰고 황실의 위신을 크게 높였다.

이밖에도 스이코왕조는 주변 국가와의 교류를 끊임없이 강화하였다. '견수사遺隋使'라는 호칭의 사자를 중국에 파견한 일이 좋은 예이다. 스이코왕조의 개혁은 일본을 선진 문화·선진 사상과 생산 기술로 이끌었고 일본 경제의 발전을 크게 촉진시켰다. 또한 외국 유학생들이 증가하면서 점차 일본 사회의 발전을 이끄는 주력군이 되

▲ 쇼토쿠 태자는 스이코 천황의 조카로 황위를 빼앗으려 한 적이 있었지만 스이코 천황은 즉위 후 그를 중용하여 일본의 첫 번째 번영 시대인 '아스카 시대'를 이끌었다.

어 일본은 역사상 처음으로 문화 번영기에 들어섰다. 이는 쇼토쿠 태자와 스이코 천황의 공이 크다.

6세기의 일본은 낙후된 노예제 국가에서 중세기의 봉건 국가로 전환을 시작하는 대개혁의 시대로 이후의 '다이카 개신大化改新'에 기초를 제공했다. 비록 스이코왕조의 개혁이 '다이카 개신'에 큰 영향을 끼치거나 일본의 경제기초를 바꾸지는 못했지만 일본 사회 개혁의 중요한 첫 걸음이었음은 분명하다.

스이코왕조가 문화와 정신 그리고 신념에서 이룬 개혁의 영향은 제도 개혁을 훨씬 뛰어넘는다. 그래서 사람들은 스이코 천황을 오래도록 기억하는 것이다.

▶ 쇼토쿠 태자와 그의 두 아들. 쇼토쿠 태자는 스이코 조정 개혁의 추진자였다.

우마르 1세

Omar I
아라비아 칼리프
586~644년

만일 당신의 통치자가 공정하다면 알라를 찬미하라. 하지만 그가 공정하지 않다면 그에게서 벗어나게 해달라고 알라에게 기도하라.

우마르 1세

7세기 척박한 아라비아 반도가 이슬람 마지막 선지자 무함마드의 지도아래 기적처럼 들끓었다. 선지자의 '일신론'은 수많은 신도를 만든 동시에 최고 통치자를 불쾌하게 했다. 무함마드는 부득이하게 자신의 신도들을 데리고 메디나로 도망갈 수밖에 없었다.

그 후 길고 고통스런 복음 전파로 무함마드는 많은 아라비아인들의 사상과 신앙을 바꾸고 아라비아를 통일했다. 하지만 그가 죽자 후계자 자리를 두고 싸움이 벌어져 아라비아 지역은 다시 분쟁에 빠졌다.

▲ 우마르는 아부 바크르의 뒤를 이은 제2대 칼리프이다. 그가 집정한 10년은 '찬란한 시대'로 그는 '신사적인 장관'으로 불렸다.

무슬림도 이로 인해 수니파와 시아파 두 파로 갈렸고 결국 수니파의 승리로 정권을 장악한 아부 바크르가 아라비아의 칼리프(선지자의 계승인이라는 뜻)가 되었다. 이 과정에서 한 사람의 지지가 큰 몫을 했으니 그가 바로 우마르 1세이다.

우마르의 원래 이름은 우마르 이븐 알 카타브이다. 무함마드와 함께 '메디나 탈출', '참호의 전쟁' 등 중요한 사건을 겪었고 강철 같은 의지로 무함마드가 가장 신임하는 신도 가운데 하나가 되었다. 아라비아의 통일 과정에서 그는 혁혁한 공을 세우고 아부 바르크와 동등하게 '선지자를 보필' 했다. 아부 바르크는 칼리프가 된 후 계승

무함마드

무함마드(약570~632년)는 이슬람교의 창시자로 무슬림이 공인한 마지막 선지자이다. 아라비아 각 부족을 통일해 이후 아라비아 제국의 형성에 좋은 기반을 닦아주었다. 그는 22년 동안 전교를 하면서 '알라의 계시'를 선포하고 책으로 엮었다. 이 책이 바로 이슬람교의 유일한 경전 〈코란〉이다. 무함마드가 창시한 이슬람교는 현재 수억의 신도들이 믿고 있다.

▲ 고대 아라비아 귀족들의 연회

자로 우마르를 지목하고 교육했다. 634년 아부 바르크가 세상을 뜨자 우마르가 칼리프를 계승했다.

종교국가의 지도자로서 우마르는 이슬람교를 정복지역에 전파하여 많은 사람들을 개종시켰고 이는 전쟁의 기폭제가 되었다. 아라비아 역사상 전무후무한 전쟁의 첫 번째 대상은 아라비아인을 줄곧 모욕하고 압박한 비잔틴제국과 페르시아제국이었다.

635년 아라비아 군대는 동서로 나누어 대규모의 군사행동을 전개했다. 동쪽군은 불모의 땅 시리아 사막을 거쳐 5만 비잔틴 대군을 물리치고 시리아의 수도를 점령했다. 풍족한 땅 시리아는 동쪽으로는 페르시아제국, 북쪽으로는 중앙아시아까지 뻗어있었다. 이 전쟁의 승리로 아라비아인들은 사기가 고무되었고 이후의 군사 확장에 전략적으로 중요한 위치를 점령했다.

642년 결국 페르시아의 주력군은 단번에 섬멸되고 1200년 역사의 막을 내렸다. 동시에 서쪽 군도 이집트·알렉산더 항·카이로를 점령해 '비잔틴의 양식창고'를 손에 넣었다. 7세기 중엽 시리아, 이집트는 아라비아제국의 일부분이 되었다.

우마르는 전국에서 통용되는 화폐를 주조하고 금고를 설치해 국가 재정 수입의 균형을 맞췄다. 정치적으로는 페르시아를 모방해 등급에 따라 연봉을 설정하고 온전한 사법기구를 설치했으며 이에 맞는 사법기관을 설

▲ 635~642년 사이 우마르는 동서 양방향으로 나누어 동시 출격하여 시리아·예루살렘·이라크·페르시아·이집트 등을 정복하고 광활한 국가를 세웠다.

립했다. 군사방면으로는 모든 아라비아 군대를 교외에 주재시켜 군의 전투력을 유지했다.

114

새로 개척한 영토에서 우마르는 도주한 자의 토지만 몰수하고 나머지는 일률적으로 원상태를 유지했다. 또한 현지 거주민은 원래의 종교 신앙을 유지하도록 허락했으나 이슬람교를 믿는 사람은 인두세를 면해주었다. 그런가 하면 아라비아인이 어떤 방식으로든 토지를 획득하는 것을 엄격하게 금했다. 이런 조치들로 아라비안인들은 정복지 백성들에게 인정을 받았고 '신제국'을 안정되게 통치할 수 있었다.

우마르는 622년 이슬람 역법을 처음으로 사용하기 시작했다. 〈코란〉은 이 시기에 새로 정리 편찬해 규범화된 통일 표준본이 만들어져 지금까지 사용된다.

644년은 아라비아인들에게 매우 특별한 한 해였다. 전쟁에서 끊임없이 승리를 거두어 영토가 확대되는 행운이 따랐지만 불행히도 그들의 위대한 칼리프 우마르가 기독교도에 의해 살해당한 것이다. 하지만 우마르가 죽은 후에도 아라비아인의 정벌은 멈추지 않았고 전쟁은 8세기 중엽까지 계속되었다.

우마르의 통치시기에 아라비아는 진정으로 국가다운 특징을 갖추게 되었다. 이슬람교는 전쟁과 함께 전파되고 확장되어 결국 세계적인 종교가 되기에 이르렀다. 이런 공적 덕분에 무함마드 이후 아라비아에 가장 큰 영향을 끼친 인물로 우마르를 꼽을 수 있다.

종교 지도자로서든 정치가·군사가로서든 우마르는 대단히 걸출한 인물이며 세계의 위대한 제왕의 자격이 충분하다.

◀ 우마르는 아라비아 반도의 통일을 공고히 다지고 새로 정복한 지역을 강하게 통제하기 위해 정치·군사·경제와 사법제도를 제정하고 아라비아국의 건립을 위해 기반을 다졌다.

▲ 하르샤왕조 건립 후 하르샤바르
다나는 북벌을 계속했다. 이후
수년간 남인도 정복을 시도해
대륙 통일의 패업을 완성했다.

하르샤바르다나

Siladitya
인도 하르샤왕조의 국왕
589~647년

하르샤바르다나는 서기 600년 이전에 출생했다. 지혜롭고 재능과 학문이 뛰어나고, 만물을 사랑했으며 삼보三寶를 숭상했다.

〈대당서역기〉

7세기 중국의 저명한 고승 현장은 인도로 불법을 공부하러 갔다. 인도에서 그 당시 통치자 하르샤바르다나의 예우를 받은 현장은 〈대당서역기〉에서 하르샤바르다나를 '쉴 새 없이 꾸준히 노력한다'라고 평했다.

인도 역사상 하르샤바르다나가 여러 명 있었지만 여기서 말하는

116

이는 굽타왕조 후에 다시 북인도를 통일한 하르샤바르다나를 가리킨다. 그는 하르샤왕조의 프라바카라바르다나의 둘째 아들로 15세에 형을 따라 전쟁터에 출정했다. 후에 형이 가우다왕국과의 전쟁에서 죽자 왕위를 계승했다. 등극 이후 그는 형을 위한 복수를 맹세하고 군사훈련을 강화했으며 국정에 반드시 직접 참여하는 등 노력하는 국왕이 되었다.

606년 하르샤바르다나는 수도 카나우즈를 중심으로 복수를 시작해 샤상카 등을 공격했다. 원수국인 가우다의 국왕은 목숨을 걸고 저항했지만 결국 637년 멸망했다. 그 후 하르샤바르다나는 일련의 통일전쟁을 진행해 죽기 전에 북인도 대부분을 통일했다.

북인도 통일 후 나라를 안정시키기 위해 치국에 더욱 신경써 여러 방면에서 높은 성과를 거두었다. 가장 영향력 있는 조치는 종교정책이었다. 그는 인도 쉬바신을 믿었지만 관대한 종교정책을 펼쳐 각 교파가 자유롭게 전도하도록 허락했다. 당시 인도에 성행한 불교는 더욱 예우를 받아 불탑·절을 많이 세우고, 토지를 승려들에게 하사했으며, 5년마다 종교 대집회를 거행하게 해 교파 간에 학술 교류를

7세기의 북인도

굽타왕조가 무너진 후 인도는 다시 무질서 상태에 빠졌다. 북인도는 마이트라카왕국, 타네스와르왕국, 가우다왕국, 말라바왕국 4대 강국으로 이루어졌는데, 끊임없는 정복전쟁으로 양대 진영을 형성했다. 604년 타네스와르의 왕자가 서부에서 훈족을 정벌할 때 국왕이 갑자기 세상을 뜨자 가우다와 말라바 진영이 기회를 틈타 타네스와르 진영을 공격했다. 급히 돌아온 왕자는 비록 민첩하게 대처했지만 가우다 국왕에 의해 암살당했다. 그의 동생 즉 후의 하르샤바르다나가 왕위를 계승하고 복수전을 펼쳐 결국 이 전쟁으로 북인도를 통일했다.

◀ 고대 인도의 벽화, 굽타제국 귀족 남녀의 생활을 표현했다.

독려했다. 이런 종교정책은 방대한 제국의 통치를 다지는 데 크게 기여했다. 또한 국고의 재산을 복리 사업에 써서 가난한 백성의 생활을 개선했다.

하르샤바르다나가 북인도에 번영을 가져올 수 있었던 것은 그 개인의 문화 수양과도 관련이 있었다. 그는 문화에 적극적으로 지원했으며 많은 문학가들을 보조하고 배양했다. 또한 그 자신도 문학 수양이 뛰어나 시와 희곡 등 많은 작품을 썼다. 현재는 그의 작품 중 〈라트나 발리〉, 〈프리야다르쉬카〉, 〈나가난다오〉 세편의 희곡이 전해진다.

하르샤바르다나는 인도 봉건사회 발전에 영향을 미쳤고 인도가 점차 봉건제의 성숙기에 들어서도록 촉진했다. 그는 후에 '고대 인도 7세기를 가장 유명하게 만든 군주'로 불렸다. 하르샤바르다나가 죽자 제국은 곧바로 붕괴되었고 북인도는 12세기 말까지 다시 혼란 상태에 빠졌다.

▶ 고대 인도 조각. 왕과 그의 신부

▲ 당대 염립본 작품. 정관 15년 (641년) 당태종 이세민이 문성공주를 데리러 온 토번 사자를 접견하는 모습을 묘사한 그림이다.

당태종 이세민

Emperor Li Shimin
중국 당나라 황제
599~649년

군주는 배요 뭇 백성은 물이다. 물은 배를 띄울 수도 있고 뒤집을 수도 있다.
예부터 중국인만 귀하게 여기고 오랑캐는 경시하였으나 짐만이 이 둘을 똑같이 여겼다.
이세민

이세민은 전술전략을 세우고 승부를 결정지어 당나라의 건립에 큰 공을 세운 걸출한 군사가이자 전략가였다. 건국 후에는 현명한 인재를 뽑고, 신하의 간언*을 거리낌 없이 받아들여 깨끗한 정치를 펼치고 백성을 편안하게 다스린 탁월한 정치가였다. 또한 서예와 문사에 능한 저명한 문학가이자 서예가이기도 했다. 주동양 선생은 "이세민은 공자 이후 중국에서 손꼽히는 위인이다."라고 평했다.

이세민은 이연의 둘째 아들로 개황18년(599년)에 태어났다. 어릴 때부터 총명하고 용감하여 부친에게 여러 차례 수나라에 저항할 것을 권했다고 한다. 이연이 봉기를 일으킨 후 이세민은 부친을 따라 여러 전투에 참여하며 공을 세웠다. 이세민은 싸움에 강하고 단련된

▲ 이세민

---

* 간언: 웃어른이나 임금에게 옳지 못하거나 잘못된 일을 고치도록 하는 말.

사령관이자 영명한 정책 결정자로 문무관원 가운데 명망이 높았다. 수나라 13년(615년) 11월 장안이 함락되고 이연은 왕양욱을 황제로 내세웠다가 618년 스스로 황제가 되어 이건성은 태자로, 이세민은 진왕으로 봉했다.

전국을 통일하기 위해 이세민은 다시 갑옷을 입고 전쟁에 나섰고 그가 이끈 부대는 연이어 승전보를 전했다. 이세민은 백성들의 마음 속에서 나날이 명망이 커졌다. 전쟁의 공이든 탁월한 선견이든 모두 형 이건성보다 한 수 위였다. 이세민에게 질투를 한 이건성은 그를 배척했지만 위기의 순간에 이세민이 선수를 쳐서 당고조 무덕 9년(626년)에 역사상 유명한 '현무문의 변'을 일으켰다.

3일 후 이세민은 황태자로 봉해지고 정부의 실권을 장악했다. 오래지 않아 당고조의 양위로 등극하고 당나라의 제2대 황제가 되어 연호를 '정관'으로 바꾸고 '태종'이 되었다.

당태종은 20년간 당나라를 통치하며 심혈을 기울여 국가를 잘 다스릴 방법을 생각했다. 그는 수나라가 멸망한 교훈을 잊지 않고 '백성을 편안하게 하고' '인재를 중용하고' '정치를 강화하는' 치국 사상을 확정했다. 또한 사람을 근본으로 삼고 균전제와 조용조를 실행했으며 수리를 중시하고 생산을 회복해 통치 첫 해부터 백성들의 삶이 풍족해지기 시작했다.

수양제가 나라를 망친 점을 교훈삼아 당태종은 정치상 삼권분립을 실행하고 삼성육부제를 개선해 통치기초를 공고히 다졌다. 그는 인재와 치국의 중요한 상관관계를 깨닫고 현명한 인재를 구하는 데 게을리하지 않았다. 인재 선발에 있어 덕과 재능을 겸비한 자를 중시하고 과거제도를 계속 개선해 응시 범위를 확대했다. 관리 선발을 보급하기 위해 부지런히 학교를 세워 국자학, 태학 이외에 지방에도 많은 학당이 생겼다.

당태종은 인재를 구하고 아꼈을 뿐 아니라 중용할 줄도 알았다. 더 중요한 점은 신하의 진언을 달게 받아들이고 심지어 간언을 하는 신하에게 상을 내려 독려하기도 했다. 설사 신하와 백성이 간언을 할 때 편파적이어도 벌을 내리지 않았다. 덕분에 방현령, 두여민, 위정, 장손무기 등 직언*을 하는 신하들이 많이 나왔다. 당태종은 충

---

* 직언 : 옳고 그름에 대해 자신의 생각을 기탄없이 말함.

신 위정이 제시한 많은 치국 방침을 받아들였을 뿐 아니라 '편안할 때 닥쳐올 위험을 생각하고, 사치를 버리고 검소'하라는 그의 충고를 받아들여 평생 이에 따라 통치했다.

이밖에 당태종은 스스로 앞장서서 근검절약을 제창하고 탐관오리를 엄하게 다스리는 등 경제가 크게 발전했다. 이 덕분에 당나라에 장안, 낙양, 광주, 항주, 양주 등 상업도시가 많이 생겼다. 그 중 장안은 당시 세계에서 가장 번화한 상업도시가 되었다.

외교적으로 당태종은 우선 북방을 위협하는 우환을 해결하고 후에 고창을 평정했다. 당태종은 당나라의 강력한 힘을 드러내기 위해 강경한 외교정책을 쓰지는 않았다. 오히려 각 민족이 화해하고 발전하도록 개방적인 민족정책과 외교정책을 펼쳐 북방 각 부족으로부터 '천가한*'이라고 불렸다. 그는 서역을 관할하는 최고 행정과 군사 기관을 설립하고 문성공주를 토번족에게 시집보내어 두 민족의 우호적인 관계를 강화했다.

역사상 당태종의 통치 시기를 정관의 치라고 부른다.

이세민은 한무제 이후 공을 많이 세운 황제이다. 그의 심혈을 기울인 경영아래 당나라는 공전의 발전을 이루고 경제가 번영했으며 백성들이 편안하게 생활하고 각 민족이 화목하게 지내, 중국의 경제·문화가 세계 선두 지위에 올랐다. 봉건사회 서한 이후 또 한 번 정점에 이른 정치를 펼쳐 후세 사람들은 그의 탁월한 공헌을 본보기 삼아 그를 '천년에 한 번 나올 황제'라고 불렀다. 그는 한무제보다 더욱 걸출한 재능과 웅대한 계략으로 창세와 치세 두 가지를 겸한 뛰어난 통치자이자 겸손하게 충고를 받아들이는 현명한 왕이었다.

---

* 천가한 : 천하의 칸 중의 칸

당나라의 과거제

수나라 때 만들어진 과거제는 당나라 때 한층 더 완벽해졌다. 당나라의 과거제는 상과와 제과 두 가지 유형이 있었다. 상과는 매년 정기적으로 거행되며 과목은 수재, 명경, 진사, 명법, 명자, 명산으로 나뉜다. 제과는 필요에 따라 시행된다. 과거 고시생은 태학이나 국자감에서 선발된 학생들이나 지방에서 선발된 사람들로 구성되었다. 고시는 보통 예부에서 주관했으며 당선 후 다시 이부에서 재시험을 본 후 성적에 따라 관직을 배분받았다.

무아위야(무아위야 1세)

Muawiyah
아라비아제국 우마이야왕조의 칼리프
600~680년

656년 아라비아의 제3대 칼리프 오스만이 아라비아의 용사 알리에게 피살당했다. 알리는 오스만을 암살한 후 제4대 칼리프가 되었고 전부터 칼리프라는 지위를 탐내던 시리아의 총독 무아위야는 오스만의 복수를 핑계로 내전을 일으켰다.

무아위야는 메카 귀족출신이다. 그의 아버지는 무함마드의 정적이었으나 후에 이슬람교로 개종하고 지도자가 되었다. 아버지의 탐욕스러운 성격을 닮은 무아위야는 아라비아의 내부 갈등을 이용해 정권을 빼앗을 기회를 노렸으나 성공하지 못했다. 어쩔 수 없이 무아위야는 서쪽으로 방향을 바꾸고 알리와의 정면 대적을 피했다. 무아위야는 곧 이집트를 손에 넣고 시리아까지 더해 아라비아제국의 패주가 되었다.

661년은 무아위야에게 매우 뜻 깊은 한 해였다. 정적 알리가 암살당하고 그가 칼리프가 된 해이기 때문이다. 사람들의 호감을 사기 위해 그는 거짓으로 알리의 아들을 자신의 후계자로 삼았지만 뒤로는 모든 기회를 이용해 자기 아들을 교육했다. 즉위 후 계속 활동을 확장한 그는 알라의 이름으로 신도들을 단결시켜 전쟁에 나섰다.

종교 통일의 기치아래 그가 이끈 군대는 강력한 힘을 자랑했다. 동쪽의 군대는 승승장구하며 중앙아시아의 대초원에 도달했고 동남쪽의 군대도 그에 뒤지지 않고 빠른 속도로 인더스강 유역으로 진입했다. 서쪽 군대는 처음에는 순조롭게 소아시아를 공격했으나 콘스탄티노플에 대한 두 차례의 포위 공격에 모두 실패하고 결국에는 강

▲ 샤세리오 작품

화조약의 형식으로 전투를 끝냈다. 무아위야는 영토를 확장하고 많은 신도를 얻어 현지 종교에 강한 타격을 입혔다.

영토가 방대해지자 자신의 지위를 확보하기 위해 무아위야는 정치개혁을 진행했다. 지방 총독, 서기관, 법관 등 체제의 기초부터 국가 관료체계를 개선했다. 중앙에서는 그가 신임하는 대신들이 각 부문의 사무를 관리하고 지방에서는 지역을 나누어 다스렸으며, 각각 세무관을 설립해 직접 책임을 지게 했다. 군사 개혁도 실시해 상비군을 세우고 자신이 직접 지휘했다. 무아위야는 개혁을 통해 정치와 군사 대권을 장악했다. 하지만 귀족회의는 여전히 권력을 가지고 있었고 총독도 독립적이었다.

무아위야는 제국의 수도를 다마스커스로 정한 뒤 이슬람교의 중심을 시리아로 옮기고 우마이야왕조를 세웠다. 680년 무아위야가 죽고 그의 아들이 칼리프의 지위를 계승했지만 여전히 많은 사람들이 무아위야의 통치를 반대했다. 이 때문에 '시아파'가 형성되었고 결국 우마이야왕조는 '시아파'에게 전복되었다.

무측천

Empress Wu
중국 황제
624~705년

무측천은 중국 역사상 유일하게 명확한 문서기록이 있는 여자 황제이다. 본명은 무조武照로 수나라 재상 양사달의 딸과 당나라 개국공신 무사 획의 사이에서 태어났다. 비록 권세 있는 신흥귀족의 가문에서 자랐지만 문벌이 성행한 당나라 초기에 어머니의 신분이 후처라는 이유로 무측천은 사람들로부터 경시를 당했다. 이로 인해 그녀는 어려서부터 권력에 대한 무한한 욕망을 가지게 되었다.

무측천은 당나라 고조 무덕 7년(624년)에 태어났다. 천부적으로 총명하고 언변이 뛰어나 아버지의 사랑을 받으며 글을 배웠다. 15세에 이미 꽃처럼 아름다운 용모에 글 솜씨도 뛰어났다고 한다. 정관 11년(637년) 무측천의 미모와 영특함, 그리고 재능을 익히 들어온 태종이 그녀를 궁으로 불러들였다. 무측천은 궁에서도 태종의 사랑을 차지해 '매랑'이라는 호를 받아 왕실의 서재에서 시중을 들게 되었다. 그녀는 이곳에서 많은 책을 읽으며 점점 관료사회의 권모술수와 정치에 통달해갔다.

▲ 무측천의 초상화

정관 20년 태종의 병이 위중해지자 무측천은 태자와 함께 태종의 곁에서 간호를 하다 몰래 마음을 주고받기 시작했다. 태종이 세상을 뜬 후 무측천은 감업사로 보내졌지만 그렇다고 그녀의 앞길이 막힌 것은 아니었다. 그녀는 왕황후의 도움으로 다시 궁에 돌아올 수 있었다. 왕황후는 명문가의 후예로 조모가 이연의 여동생이고, 부모가 모두 당나라 황실의 육친이었지만 자식을 낳지 못해 총애를 받지 못했다. 총애를 받던 숙비와 쟁탈을 벌이던 왕황후는 자신의 힘만으로는 부족함을 깨닫고 고종을 종용해 감업사에서 무측천을 데려왔던 것이다. 이 결정은 무측천의 일생뿐 아니라 당나라 왕조의 운명을 바꿨다.

황후와 숙비의 사랑 쟁탈전 덕분에 순조롭게 회궁한 무측천은 우선 소의로 봉해졌다가 아들 이홍을 낳은 후에는 귀비로 봉해졌다. 하지만 그녀는 이에 만족하지 않고 황후의 자리를 탐내기 시작했다. 그녀는 우선 왕황후의 손을 빌려 숙비의 총애를 빼앗은 후 직접 자신의 딸을 죽이고 황후에게 책임을 전가했다. 동시에 조정의 중신들을 구슬린 뒤 그들과 연합해 왕황후의 측근들을 배척했다.

무측천은 왕황후를 없애려면 우선 그녀의 지지자들을 제거해야 한다는 것을 잘 알고 있었다. 후궁투쟁은 정치투쟁이 되었다. 655년 10월, 무측천은 결국 왕황후를 폐위시키고 자신의 곁에 충실한 동맹자들을 두어 이후 정권을 독점하는 데 도움이 될 기반을 닦았다.

무측천은 고종의 총애를 이용해 정치에 적극 참여해 모든 정사를 훑어보았다. 정사를 조리있게 처리하는 그녀의 실력에 신하들도 탄복하지 않을 수 없었다고 한다. 동시에 그녀는 자신에게 반대하는 사람도 제거해야 함을 잊지 않았다. 655년부터 659년까지 그녀는 조정에 있는 정적을 대부분 숙청하고 자신의 세력을 다졌다. 660년 고종이 중병에 들자 조정의 일은 모두 무측천이 장악했다. 그녀는 배후에서 앞으로 나오기 시작했고 그 후 황후에서 천후가 되었다. 이때부터 고종은 형식적인 허수아비가 되었고 무측천이 당나라 정권을 장악했다.

황제의 자리를 쟁취하기 위해 십여 년 동안 무측천은 온 힘을 기울여 할 수 있는 모든 조치를 취했다. 그녀는 권력에 대한 욕심을 채우기 위해 반항하는 사람들을 잔혹하게 진압했다. 자신의 아들을 독살하는 잔인한 방법도 마다하지 않아 조정 중신들의 반대에 부딪치기도 했다. 690년 무측천은 순조롭게 황위에 올라 명실상부한 여황제가 되어 국호를 '주'로 바꾸고 스스로 '성신 황제'라 칭했다.

무측천은 등극한 후 걸출한 재능으로 이전에는 실행하지 못했던 일들을 치밀하고 빈틈없이 이루어갔다. 자기 혼자의 힘만으로는 역부족임을 깨닫고 인재 등용의 길을 넓히기도 했다. 시험감독관제도를 만들고 원외관을 설립했으며 심지어 재능 있는 사람이 스스로 추천하는 것을 허락하고 과거제에 전시와 무거제도를 추가했다.

무측천은 농업 생산의 발전도 매우 중시했다. 수리시설을 세우고 지방 농경지의 개간 상황과 농민의 풍족함에 근거해 관원을 장려하고 농사 외에 양잠을 권하는 등 진보적인 제안도 했다. 그녀가 통치하는 동안 농업과 수공업이 크게 발달했고, 인구가 두 배로 증가했다. 변경 문제에 대해서는 매우 과감한 조치를 취했다. 군사를 파병해 토번 귀족의 침입과 소란을 진압하고 안서도호부와 북정도호부를 설립해 철저하게 국경을 방어했다. 이밖에 변경 군인들에게 둔전정책을 실시해 전쟁의 부담을 줄여주었다.

무측천은 정권을 다지기 위해 가혹한 관리를 기용하고, 밀고를 장려하는가 하면, 무씨의 종친을 중용하고, 말년에 불교를 숭상해 사원을 세우며 물적 인적 자원을 남용하는 등 많은 잘못을 저질렀다. 하지만 이러한 잘못도 그녀가 세운 공을 덮어버리지는 못했다.

705년 승상 장간지는 무측천의 병세가 악화되자 태자 이현을 황제로 세웠다. 같은 해 겨울 무측천은 세상을 뜨고 제호를 없애라는 유언을 남겼다.

섬서성 간릉에는 두 개의 비석이 있다. 왼쪽에는 고종의 성덕을 기록한 비가 있고, 오른쪽에는 글자가 새겨져 있지 않은 무측천의 무자비가 있다. 무자비는 넓이가 2.1미터, 무게가 90여 톤에 달하며 용과 사자, 말이 새겨져 있는 크고 웅장한 비석이다. 비문이 없는 것에 대해 여러 가지 추측이 있지만 최근의 학자들은 처음에는 비문이 있었으나 아마 어머니의 공을 칭송하기를 원치 않은 당나라 중종이 원래의 비를 지하에 묻어 버렸을 것으로 추측한다.

　　무측천의 재위기간 동안 당나라의 경제는 꾸준하게 발전하고 사회가 안정되었으며 백성들의 삶이 풍족해져 이후의 '개원 성세'에 탄탄한 기초가 되었다. 봉건시대 남성 우월 사회에서 무측천이 수많은 난관을 극복하고 중국 역사상 첫 번째 여황제가 된 것 자체가 칭찬할 만한 일이다. 게다가 재위기간 동안 정관 시기의 제도를 이어서 발전시켰을 뿐 아니라 더욱 공고히 다져 봉건 전제제도를 한층 더 강화하는 큰 공까지 세웠다. 송경령은 "무측천은 봉건시대 걸출한 여자 정치가이다."라고 평가했다.

▲ 무측천은 14세에 후궁으로 들어와 한걸음씩 도약해 황제의 자리에까지 오른 중국 역사상 보기 드문 인물이다.

레오 3세

Leo Ⅲ
동로마제국 황제
약675~741년

비잔틴의 흥망성쇠를 연구하려면 용기가 필요하다. 이는 우리의 생명이 끝나는 순간까지 계속 연구해야할 과제이기 때문이다.

카메론

아라비아제국은 비잔틴제국의 악몽이었다. 아라비아제국이 세상에 모습을 드러낸 후 아시아에 있는 비잔틴제국의 모든 영토(소아시아 반도는 제외)를 빼앗았기 때문이다. 717년 아라비아 대군이 다시 콘스탄티노플에 접근했다. 하지만 뜻밖에도 이번 공격은 한 군인의 아름다운 미래에 기회를 제공해 주었다. 이 군인은 훗날 레오 3세가 되었다.

많은 로마 황제가 전쟁을 통해 왕위에 올랐는데 레오 3세도 예외가 아니었다. 그는 시리아 혈통의 군인으로 후에 전쟁에서 세운 공으로 소아시아의 장군이 된다. 717년 아라비아인이 콘스탄티노플을 공격하자 국민들은 나약한 황제 테오도시우스에게 불만을 품었다. 결국 레오가 군인의 지지를 업고 정권을 탈취한 뒤 동로마제국의 최고 자리에 올랐다.

레오 3세는 등극 후 전면

▲ 레오 3세의 두상으로 도안된 금화

적인 방어전을 펼쳤다. 그는 콘스탄티노플 고유의 지리조건을 이용해 아라비아 군의 주위를 맴돌았다. 거기다 추운 기후는 아라비아 군의 목숨을 하나씩 빼앗았다. 장시간 포위된 상태에다 추위로 인해 아라비아 군대의 기강이 흐려졌다. 자연조건, 시기, 인적요건 모두 로마인에게 유리했고, 드디어 로마가 반격할 시기가 되었다.

718년 겨울 레오 3세의 군대는 두 길로 나누어 아라비아인을 공격했다. 한편에서는 아라비안 군대를 콘스탄티노플 항구 안으로 유인하고 다른 한편에서는 화염으로 아라비아 군함을 불살랐다. 심각한 손실을 입은 아라비아인은 전면 퇴각했고 그 후 오랫동안 영토를 확장하지 못했다. 이 전쟁은 와해되기 직전의 비잔틴을 구했을 뿐 아니라 레오 3세를 백성들의 우상으로 만들었다.

그 후 레오 3세는 상승세를 이용해 아라비아인에게 점령되었던 소아시아 서부지역을 회복했다. 비잔틴의 군사력은 끊임없이 강화되었고 아라비아인의 확장전쟁을 저지했다. 비록 아라비아를 성공적으로 물리쳤지만 레오 3세는 비잔틴의 미래에 대해 분명히 알게 되었다. 비잔틴 체제의 폐단을 개선하지 않으면 침범당하는 역사는 되풀이 될 것이기 때문이다.

하층 군관에서 황제가 된 레오 3세는 국가체제에 존재하는 문제에 대해 잘 알고 있었다. 그는 당시 상황에 맞춰 개혁을 실시하며 부국강병을 궁극적인 목표로 삼았다. 우선 세수를 개혁해 국가의 재정수입을 증가시켰다. 그 후 군관과 사병의 대우를 개선해 군내제도를 완벽하게 했다. 또한 군인의 생활을 개선하기 위해서 토지를 군관과 사병에게 나누어 주었다. 그러나 이와 같은 조치들은 교회의 이익을 침범했고 개혁은 갈수록 어려워졌다.

레오 3세는 개혁을 성공시키려면 반드시 교회에 손을 대야 함을 잘 알고 있었다. 그는 교회의 폐단을 이용해 선전포고로 성상을 파괴했다. 726년 첫 번째 성상 파괴운동 명령을 내렸다. 교회가 저항하자 그는 기회를 틈타 교회의 토지를 몰수하고 동시에 수도원과 수도자의 수를 줄였다. 몰수한 교회의 토지는 군사 귀족과 궁정 귀족에게 나누어 주었다. 개혁은 이들 수혜자의 지지 하에 계속되었다.

7세기의 기독교

기독교는 7세기에 이르러 상당히 강한 세력을 갖추었으나 동시에 많은 폐단이 생겼다. 첫째, 수도자들의 수가 급증했으며 이들이 국토의 절반 이상을 차지했다. 게다가 세금을 낼 필요도 없어 국가의 모든 세금은 백성의 차지가 되었다. 둘째, 우상숭배의 풍조가 교회 내에서 성행했고 기독교는 백성들의 이런 풍조를 이용해 대량의 부를 축적했는데, 이는 기독교의 '일신론' 이론을 심각하게 위협했으며 교회 내부에도 분열이 생기기 시작했다.

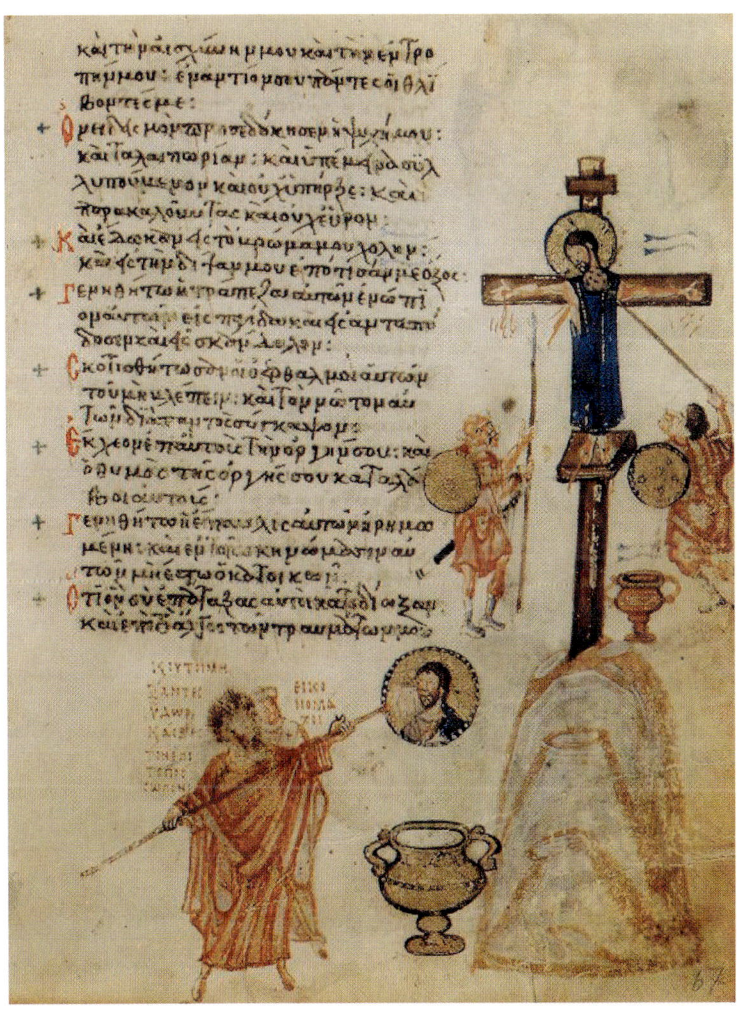

개혁이 진전됨에 따라 교황을 수뇌로 하는 보수 신도의 반항도 점차 격렬해 졌다. 심지어 무장폭동으로까지 변했지만 레오 3세는 동요하지 않았다. 그는 과감하게 군을 파병해 폭동을 진압하고 730년 교황의 특권과 관할권을 취소했다. 이 운동은 117년간 지속되고서야 끝났다.

레오 3세는 개혁을 통해 국가의 세수를 증가시켰을 뿐 아니라 군의 실력도 상응하게 강화시켰다. 740년 다시 아라비아인의 침입을 물리치고 강력한 이사우리아왕조를 세웠다.

▲ 만수르가 후세에 남긴 제도는 이미 더 이상 가치가 없어졌다. 하지만 그가 주도해 건설한 바그다드는 지금까지도 티그리스·유프라테스 강 유역의 대도시로 남아있다.

알 만수르

al-Mansur
아라비아제국의 칼리프
707~775년

아바스왕조는 알 만수르가 세우고, 알 마문이 중흥시켰으며 알 무스타심에서 끝났다.
아바스왕조의 칼리프에 대한 사학자 아리비의 평가

무아위야는 평생전쟁을 치르며 칼리프의 위치를 쟁탈하고 우마이야왕조를 세웠다. 하지만 백년 후 이 정권은 점차 부패하고 백성들의 저항으로 멸망의 위기에 처했다.

747년 아부 무슬림이 백성들을 이끌고 봉기를 일으키자 지위가 높은 아바스 가문이 이에 호응해주었다. 750년 아바스가 연합한 군이 우마이야왕조를 멸망시켰다. 칼리프로 봉해진 아부 아바스는 아바스왕조를 세웠다. 그는 '도살자' 라 불릴 정도로 잔인한 사람이었다. 다행히도 아바스는 4년 만에 세상을 뜨고 754년 만수르가 왕위를 계승했다.

▲ 알 만수르

만수르의 원래 이름은 아부 자파르 아바스이다. 만수르는 그가 공
을 세워 명성을 떨친 후 얻은 이름으로 '승리자'라는 뜻이다. 만수
르는 선지자 무함마드의 숙부 아바스의 5대손으로 이라크에 많은
땅을 가지고 있었다.

만수르에 대해 알려면 우선 아바스왕조의 개국 원훈이자 천재 군
사가 아부 무슬림에 대해 알아야 한다. 아바스왕조가 세워진 후 아
부 무슬림은 호라산의 총독으로 임명되었다. 751년 그는 중국 당나
라 고선지의 군대를 격파하고 중앙아시아에서 아라비아제국의 패권
을 확립했다. 알 만수르가 왕위를 계승한 후 그에게 불만을 품은 아
브드 알라를 물리치기도 했다.

하지만 아부 무슬림은 왕보다 더 많은 공을 세운 탓에 알 만수르
의 질투심을 불러일으켰다. 알 만수르는 그를 이집트로 강제 이주시
키려다 거절당하자 이를 핑계로 그를 죽였다. 필요할 때는 이용하고
필요가 없어지자 야박하게 버린 것이다. 아부 무슬림을 살해한 후
알 만수르는 그를 옹호했던 시아파, 신바드파 등 정적들을 제거했
다. 이후 알 만수르는 뒷날에 대한 걱정 없이 왕위에 앉아 천하를 누
릴 수 있게 되었다.

정권의 안정을 위해 알 만수르는 페르시아의 군주 전제체제를 모
방했다. 이를 기초로 더욱 강한 전제체제를 세우고 각종 수단과 방
법을 가리지 않고 아바스 왕실을 신격화시켰다. 칼리프는 선지자인
대리인이 아니라 인간 세상에서 알라신을 대표하는 자이며, 관료체
제를 개선하고 페르시아 호라산인을 핵심으로 하는 다민족 군대를
세웠다. 또한 우마이야왕조 때 인두세를 없애고 토지세 위주로 바꿨
으며 수리 사업을 중시해 농업과 상업 발전을 지지했다.

만수르가 후대에 남긴 공헌 중 하나가 바그다드를 세운 것이다.
역사상 많은 제왕이 도시 발전에 큰 공헌을 했다. 콘스탄티누스 대
제하면 콘스탄티노플이, 카를 4세하면 프라하가 생각난다. 762년 알
만수르는 바그다드로 수도를 옮겼다. '박물의 도시'라고 불린 이 아
름다운 도시는 반세기도 지나지 않아 이슬람 세계의 중심이 되었고
동시기의 장안, 콘스탄티노플과 함께 이름을 알렸다. 1980년대까지
바그다드는 항상 번화한 도시였다.

알 만수르의 통치시기에 아라비아제국은 전성기에 들어섰고 그
자신도 '승리자'라는 별칭을 얻었다. '신이 내린 도시' 바그다드가
세계에 이름을 알리는 동시에 만수르의 명성도 오랜 세월 이어졌다.

피핀 3세

피핀 3세가 살던 시대에는 교황의 세력이 국왕을 능가해 국왕과 교황 간의 권력 다툼이 비일비재했다. 그는 교황의 지지자 가운데 한 사람으로 교황이 국가의 최고 권력을 갖는 것을 인정했다. 그의 이러한 관점은 프랑스뿐 아니라 유럽에도 깊은 영향을 끼쳤다.

사람들은 피핀 3세를 '단신왕 피핀'이라고 부른다. 로마제국을 세운 샤를 마뉴의 아버지인 동시에 카롤링거왕조의 창시자인 피핀 3세가 역사에 미친 영향은 두 가지 방면에서 나타난다. 우선 국왕과 교황의 권력을 새로 분배했다. 교황이 국가 위에 존재하는 국가 권력의 최고 대표이고 국왕도 교황의 명을 들어야 한다고 규정했다. 이미 강력한 세력을 가지고 있었던 로마 교황은 피핀 3세 덕에 세력이 더욱 커졌으며, 이는 프랑스 역사에도 깊은 영향을 끼쳤다.

▲ 피핀 3세

당시의 사회 환경으로 보아 가장 실력 있는 국왕 피핀 3세와 가장 권위 있는 로마교회의 결합은 신흥군사 패주와 전통 정신 권위의 결합을 상징했다. 이 덕분에 프랑스는 복잡한 유럽의 환경 속에서 두각을 드러내게 되었고 게르만족 문화와 로마 기독교 문화의 완벽한 결합은 중세기 유럽 문화의 가장 두드러진 특색이 되었다.

이후 역대 프랑스 군주들은 모두 스스로를 교황의 세속 보

◀ 피핀 3세와 아들 샤를마뉴(즉 후의 샤를마뉴 대제)

호자라고 칭했다. 이런 현상은 극도로 발전해 후에 교황청이 프랑스를 배후로 삼아 이탈리아를 통일하는데 가장 큰 장애물이 되었다. 비록 피핀 3세의 교회 후원이 국가 안정에 도움이 되었지만 장기적으로 보면 프랑스가 로마 교황세력의 속박에서 벗어나 신속히 발전하는 데는 대단히 불리했다.

피핀 3세는 전쟁을 중시한 왕이었다. 그가 통치하는 동안 전쟁의 불길이 오늘날의 프랑스·이탈리아·독일·스페인까지 번졌다. 748년과 753년 그는 작센 공국의 반란을 평정하고 이 지역에 카롤링거 왕조의 낙인을 깊게 찍었다. 749년에는 바바리아인의 저항을 성공적으로 진압했고 그 후 피레니안 산 남쪽과 프랑스 남부 지중해 연안지역을 손에 넣었다.

피핀 3세는 프랑스 역사상 유명한 카롤링거왕조를 창시했고 1100여 년간 유지된 교황청을 세워 후에 샤를마뉴가 서유럽을 재패하는 데 탄탄한 기반을 마련해 주었다.

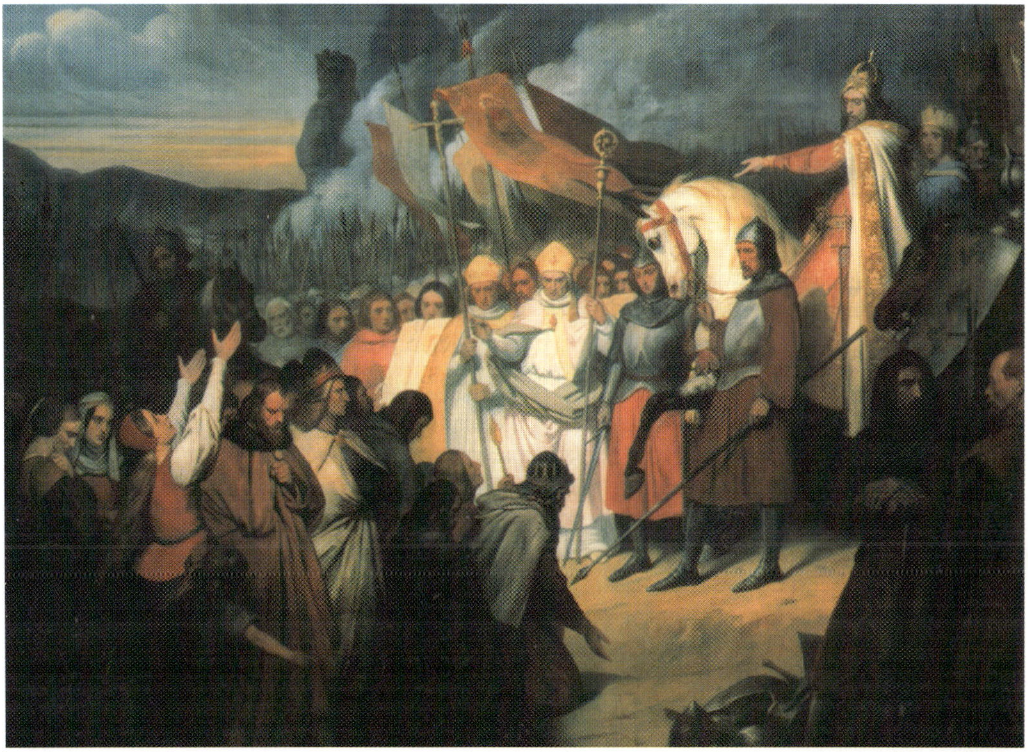

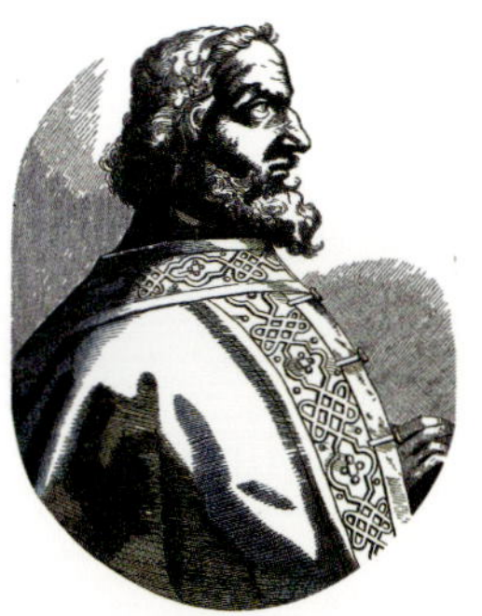

▲ 샤를마뉴는 용맹하고 전투를 즐겨 그가 재위하고 있던 14년간 롬바르드 · 작센족 등과 크고 작은 50여 차례의 전쟁을 벌이고 유럽 대륙의 반 이상을 통제했다.

샤를마뉴 대제

Charlemagne the Great
프랑크제국의 국왕
742~814년

그는 신성로마제국의 판도를 뛰어넘었다. 가톨릭의 가장 위대한 지지자이자 수호자인데다 교회를 통해 학문과 예술을 장려했다.

▲ 샤를마뉴

중세기 프랑크왕국의 국왕인 이 사람이 통일을 위해 전쟁터에서 보여준 모습을 보고 사람들은 그를 '야만인' 또는 '거인' 이라고 불렀다. 그의 통치 아래 신성로마제국은 찬란한 한때를 보냈다. 그가 바로 로마제국의 창시자 샤를마뉴 대제이다.

샤를마뉴는 프랑크왕국의 귀족 집안에서 태어났다. 체구가 건장하고 사람들에게 친절하며 소박한 생활을 즐긴 그는 독실한 가톨릭

▲ 서기 800년 교황 레오 3세가 로마 성 바오로 성당에서 프랑크 국왕 샤를마뉴에게 왕관을 씌워주고 '로마인의 황제'라고 불렀다.

신자였다. 그의 아버지는 피핀 3세이고 할아버지는 카를 마르텔이다. 피핀은 외족의 침입에 대항하는 과정에서 몰락한 메로빙거왕조를 무너뜨리고 새로운 카롤링거왕조를 세워 위대한 프랑크의 지도자가 되었다.

카를 마르텔이 세상을 떠난 후 왕위를 계승한 피핀 3세가 768년에 죽자 그의 뜻에 따라 샤를마뉴와 동생 카를로만은 왕국을 둘로 나누어 각각 즉위했다. 771년은 샤를마뉴에게 특별한 해였다. 그의 동생 카를로만이 죽고 29세의 샤를마뉴가 동생의 영토를 차지하여 프랑크의 유일한 통치자가 된 것이다.

샤를마뉴가 왕위를 물려받을 때 프랑크왕국은 프랑스·벨기에·스위스·네덜란드와 독일의 일부 지역으로 구성되어 있었다. 포부가 큰 샤를마뉴는 이에 만족하지 않고 시기를 잘 이용해 영토 확장전쟁을 일으켰다. 그는 우선 이탈리아를 공격해 순조롭게 이탈리아 북부의 바빌론을 영입했다.

그 후 다시 독일을 공격했지만 이번에는 행운의 여신이 그를 보살펴주지 않았다. 독일 북방 작센족의 완강한 저항에 부딪친 것이다. 772년 시작된 전쟁은 804년에야 끝이 났다. 가톨릭을 모든 정복지에 전파하려던 샤를마뉴에게 작센족은 끝까지 저항했고 결국 사분의 일이나 되는 사람이 피살되고 말았다. 하지만 전쟁은 유럽의 선진 문명을 피정복지에 전파하기도 했다.

동부와 남부 변경의 안전을 확보하기 위해 샤를마뉴는 게르만과 스페인과도 전쟁을 벌였다. 재위기간 동안 그는 크고 작은 50여 차례의 전쟁을 일으켰고 다른 종족과 문화의 사람들이 모두 그의 통치에 무릎을 꿇었다. 영토는 오늘날의 프랑스·독일·스위스·오스트리아·이탈리아·네덜란드·벨기에와 스페인의 일부까지 확장되었다. 로마 이후 유럽에서 가장 큰 대제국이었다.

샤를마뉴 대제는 원활한 통치를 위해 교황과 밀접한 관계를 유지해 왔다. 그는 가톨릭의 가장 위대한 지지자이자 수호자였다. 800년

의 크리스마스 밤 샤를마뉴의 일생 중 가장 찬란한 시각이 다가왔
다. 교황 레오 3세가 샤를마뉴 대제를 로마 황제로 선포한 것이다.
이때부터 '프랑크제국'은 '샤를마뉴제국'이 되었다.

샤를마뉴 대제의 공적과 재능은 군사상에만 드러난 것이 아니다.
그는 정치·경제·문화와 사법에도 많은 공을 세웠다. 특히 문화와
교육 방면에 뛰어난 성과를 거두었다. 당시 그리스·로마는 이미 쇠
락했고 샤를마뉴제국의 백성들은 거의 모두 문맹이었다. 문화와 교
육을 발전시키기 위해 샤를마뉴 대제는 학교를 세우고 유명한 학자
들을 초대해 가난한 집안의 자제들을 입학시키고 우수한 사람을 선
발해 관리로 채용했다. 그는 또한 고대 라틴어와 그리스어로 된 원
고를 수집해서 옮겨 썼다. 이 기록들은 후에 약간 수정된 후 지금까
지 사용되고 있다.

그 밖에도 수도원에 도서관을 세워 고대 그리스 로마 작가의 작품
을 소장했다. 유럽에서 가장 뛰어난 건축가·조각가와 화가들이 그
의 초대를 받고 수도원과 교회를 원하는 대로 꾸몄다. 게르만인의
문화 수준도 향상되어 이 시기를 후세 사람들은 '카롤링거 문예부

카롤링거 문예부흥

카롤링거 문예부흥은 서기 8세기 전후 유럽의 1차 문화개혁 운동이며 '유럽의 첫 번째 각성'이라 불린다. 문예부흥은 카롤링거왕조의 특수한 정치와 종교의 배경에 도움이 되었다. 또한 서로마제국을 폐허 속에서 발전시키고 이후의 문화 발전과 진보에 기초가 되었으며 유럽 문화의 기본 틀을 잡았다.

흥'이라고 불렀다.

813년 겨울 샤를마뉴 대제는 사냥 도중 사슴에게 다쳐 다음해 2월 세상을 떠났다. 향년 72세였다. 샤를마뉴 대제가 집정한 46년간 (768~814년) 프랑크왕국은 전성기를 누렸다. 그는 인자하고 명망 있는 군주로 특히 정치적 통찰력이 뛰어났다. 하지만 현명한 그도 실수를 저질렀다. 왕위 계승 문제를 준비하지 않은 것이다. 그가 죽은 후 제국은 분열되기 시작했고 그의 손자는 협상을 하고 왕국을 셋으로 나누어 결국 오늘날의 서유럽 구조가 형성되었다.

샤를마뉴는 유럽의 정치·문화·교육의 발전에 큰 공헌을 한 위대한 제왕이었다.

▶ 샤를마뉴 대제

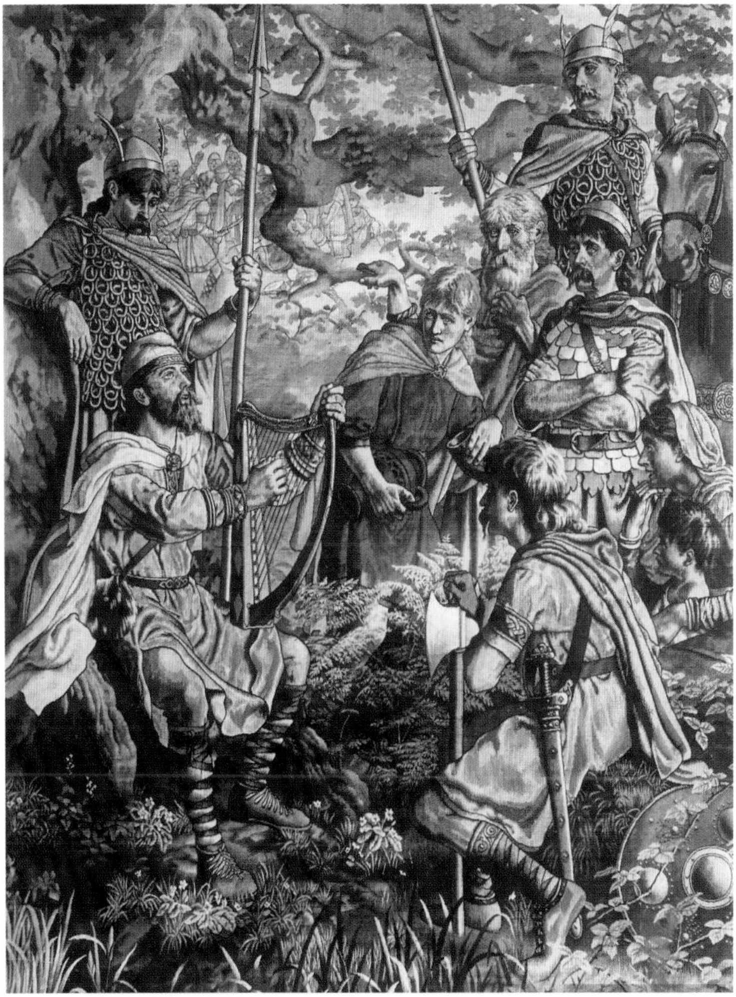

◀ 9세기 초 알프레드 대왕은 일곱 개의 나라로 나뉘어 있던 잉글랜드왕국을 통일해 영웅이 되었다.

알프레드 대왕

Alfred the Great
잉글랜드 작센 지방 국왕
849~899년

나는 세상에서 알프레드 대왕 만큼 무한한 자손을 가질 가치가 있는 사람은 없다고 여긴다.
볼테르

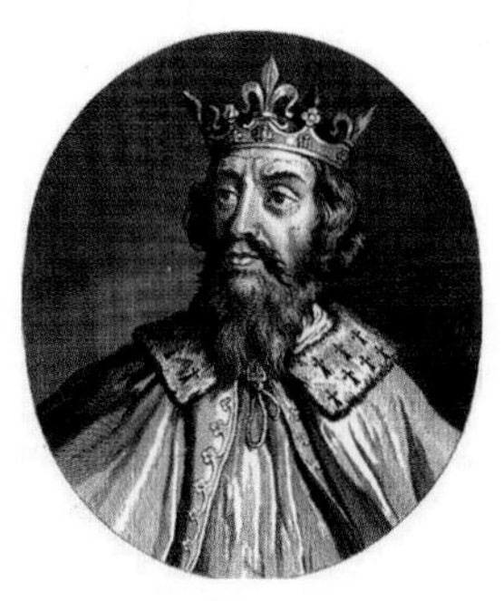

▲ 알프레드 대왕

8세기 후반 잉글랜드는 역사상 가장 어두운 시기에 들어섰다. 전

▶ 〈알프레드 대왕과 농부〉 덴마크 해적과 겨루다 패배한 후 어느 농가에 숨어든 알프레드 대왕이 실수로 파이를 망치고 농부에게 꾸중을 듣는 모습을 묘사했다.

노르만인

바이킹이라고도 한다. 원래 덴마크, 노르웨이와 아이슬란드의 해적을 가리킨다. 탐험을 좋아하고 호전적이다. 8세기 때 처음 약탈을 시작했고 침략국에 동화되어 기독교로 개종했다. 하지만 그들의 호전적인 성격은 변하지 않았다. 후에 노르만족은 여러 차례 용병으로 아라비아인, 비잔틴인과 나란히 전쟁에 참여해 유럽 역사상 찬란한 전적을 남겼다.

투를 좋아하는 노르만인이 끊임없이 잉글랜드를 침범해 제멋대로 노략질을 한 것이다. 국가의 이익을 보호하기 위해 원래 각자 정치를 하던 잉글랜드의 여섯 나라가 각종 경로를 통해 내부 단결을 강화하기 시작했다.

828년 하나로 통일된 잉글랜드가 마침내 웨섹스 국왕 엑버트의 노력으로 노르만인 앞에 마주섰다. 하지만 여전히 노르만의 잔혹한 행위를 저지하기에는 부족했다. 바로 이런 상황에서 알프레드가 등장했다.

웨섹스 국왕 에셀울프 왕의 아들인 알프레드는 일찍이 로마에서 공부했다. 그의 형 에셀레드가 즉위한 후 노르만인의 침략은 한층 광적으로 심해졌고 알프레드도 전쟁에 휘말리게 되었다. 그가 첫 번째로 참가한 전쟁에서 잉글랜드가 노르만을 크게 이겼다. 백성들은 승리의 기쁨을 맛보았고 저항에 대한 믿음이 커졌다. 이후의 전쟁에서 알프레드는 노르만인들에게 고통의 쓴 맛을 보여주었고 동시에 국민들이 마음으로 지지하는 영웅이 되었다. 에셀레드가 죽은 후 알프레드는 탁월한 전쟁 능력에 힘입어 왕위에 올랐다.

알프레드는 즉위 후 노르만을 겁주기 위해 필생의 에네지를 다 쏟았다. 그는 군제 개혁을 통해 직업 군인으로 구성된 상비군을 만들고 군인의 실력을 향상시켰으며 군인들의 생활을 보장하기 위해 토지를 하사했을 뿐 아니라 직업 세습을 허용했다. 이 방법은 이후의 기사제도에 기초가 되었다.

전사들의 투지를 북돋우기 위해 알프레드 대제는 가톨릭의 명의로 전쟁을 벌였다. 적을 알고 전쟁에서 승리를 거두기 위해 그는 심지어 음유 시인으로 분장하고 노르만인의 군영에 잠입해 염탐을 하기도 했다. 그의 이런 노력으로 잉글랜드는 결국 노르만을 물리쳤

142

다. 886년 런던은 마침내 잉글랜드인의 품으로 돌아왔고 알프레드 대왕은 이 도시를 재건해 잉글랜드의 수도를 세웠다.

알프레드 대왕은 통치하는 동안 회의제도를 개선해 이후의 의회제에 영향을 끼쳤다. 하지만 학술 수양이 풍부한 제왕으로서 알프레드 대왕이 취한 문화정책은 후세에 더욱 깊은 영향을 끼쳤다. 학교를 세우고 학술발전을 독려하고 학자들을 초대해 함께 학문을 탐구했다. 또한 〈잉글랜드 백성 교회사〉, 〈철학의 위로〉 등 라틴어 문헌을 영문으로 번역했다.

▲ 알프레드 대왕은 영국 최초의 함대를 세웠다.

알프레드 대왕의 적극적인 참여와 인도로 잉글랜드 문화는 크게 번영했다. 알프레드가 한 일 중 가장 칭찬받을 만한 일은 〈알프레드 법전〉의 편찬이다. 이 법전은 이후 잉글랜드가 법률을 제정하는 데 기초가 되었다.

알프레드 대왕의 노력으로 잉글랜드는 마침내 정치, 문화 그리고 정신적인 통일을 이루었다.

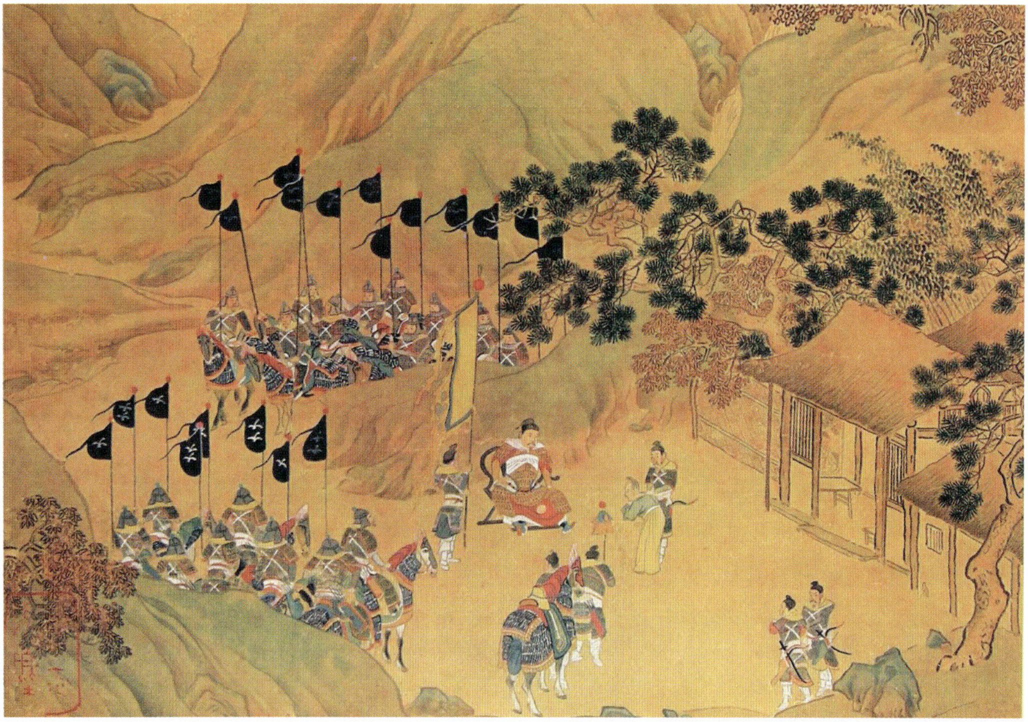

▲ '진교의 변'으로 조광윤은 피 한 방울 흘리지 않고 왕위에 올라 중국의 절반에 이르는 땅을 통일해 다스렸다. 송나라의 경제와 문화가 중국 역사상 전성기에 오를 수 있었던 것은 조광윤의 치국의 도와 밀접한 관련이 있다.

조광윤

Zhao Kuangyin
중국 송나라 황제
927~976년

마오쩌둥은 자신의 시 속에 '당태종과 송태조는 문치 방면의 공로가 부족하다' 라고 했다.

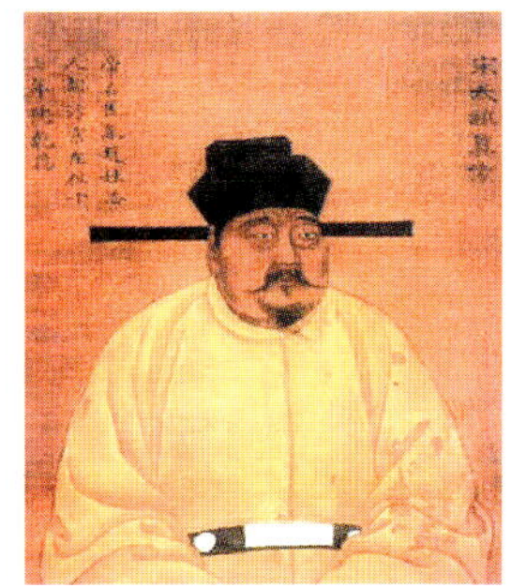

▲ 송태조 조광윤

976년 송나라의 대군이 남당의 성 아래까지 쳐들어왔다. 후주 이욱은 송태조에게 국호를 포기하고 송나라 신하로 굴복하겠다고 밝혔으나 거절당했다. 이욱은 사신을 파견해 송태조에게 남당이 무슨 잘못을 저질러 사지로 몰려야만 하는지 물었다. 송태조는 한치의 망설임도 없이 "자신의 침대 곁에 어찌 다른 사람이 코를 골며 자게 두겠는가?"라는 유명한 대답을 했다.

조광윤은 927년 낙양의 한 군인 집안에서 태어났다. 집안의 영향

으로 어려서부터 칼과 창을 잘 썼으며 무예에 뛰어났다. 이때는 수 백 년 동안 흥성했던 대당 제국이 소리도 없이 자취를 감춘 지 이미 20년 이 되는 해였다. 당나라 말기부터 각 지역이 점 차 분열을 거듭해 907년 후양이 세워진 지 반세 기 만에 각지의 세력이 혼전을 이루고 정권 교 체가 빈번했다. 이런 환경에서 백성들은 더할 수 없이 고달픈 생활을 하며 안정된 사회를 간 절히 바라게 되었다.

948년 21세의 조광윤은 집을 떠나 자신의 포 부를 펼칠 기회를 찾기 시작했다. 다음 해 조광 윤은 후한의 절도사 곽위의 아래로 들어가는 좀처럼 만나기 어려운 기회를 맞았다. 얼마 후 곽위는 후주를 세우고 조광윤은 후에 주나라 세종, 즉 당시의 개봉부 윤채영의 눈에 들었다.

▲ 조광윤의 초상화

오랜 기간이 걸린 북벌에서 조광윤은 큰 공을 세우고 높은 지위에 올랐다. 959년 주 세종이 죽고 그 아들이 즉위하자 조광윤은 군사를 장악했다. 다음 해 어린 황제로 인한 불안감으로 '진교의 변'이 일 어나자 조광윤은 주나라를 무너뜨리고 송나라를 세웠다.

무장 출신이었던 조광윤은 정권 교체에서 장수들의 중요성을 깨 닫고 재난을 미연에 방지하기 위해 술을 먹이고 병권을 자발적으로 내놓게 하는 '배주석병권'으로 장수들의 군사력 장악 문제를 해결 했다.

또한 당나라 중기 이후 지방 절도사들에게 권한이 과도하게 집중 되어 생긴 폐단을 해결하기 위해 정권·재산권·군대 세 방면에서 지방 절도사의 권력을 빼앗아 중앙집권 통치를 강화했다. 정권 방면 에서 그는 문관을 지방 장관으로 임명해 관리가 어려운 지방 절도사 를 대신하게 하고 공동 집권자를 세워 서로 견제하게 했으며 지방 장관의 권력을 분산시키고 약화시켰다.

재정 방면에서는 지방의 재정을 전문적으로 관리하는 관원을 뽑 아 각 지방의 세금 수입을 규정하고 정상적인 경비 지출 외에는 전 부 상납하게 했다. 이는 중앙의 재정 수입을 증가시키고 중앙에 대 항하는 지방의 물적 근원을 차단시키는 효과를 얻었다.

배주석병권

송태조가 즉위한 지 반년도 되지 않 아 두 명의 절도사가 반란을 일으켰 고 그는 직접 군을 이끌고 출정해 반란을 평정했다. 이 일로 송태조는 분열을 방지해 중앙집권 통치를 더 욱 강화하기 위해 개국 공신을 위한 연회를 열어 고관에게 후한 봉급을 조건으로 병권을 빼앗았다. 이것이 바로 역사상 유명한 '배주석병권'이 다.

　군사 방면에서 조광윤은 각 지역의 정예군을 뽑아 중앙으로 올려 보내 지방에는 병약하고 나이든 군인만 남겨 중앙에 대항할 수 있는 지방의 군사 기초를 철저하게 무너뜨렸다.

　송태조는 절도사 권력을 빼앗고 무신을 억압해 중앙의 권위를 크게 높였다. 동시에 중앙 내부에도 개혁을 실행해 많은 관원을 뽑아 권한을 나누어 국가의 통치를 다졌다. 하지만 다른 한편 관원이 증가해 상호 권력 견제가 생기고 지방 세력의 약화로 중앙 세력이 강화되자 결국 국력이 약해지고 말았다.

　당시 송나라 주변 국가들의 실력도 무시할 수 없었는데 그들이 호시탐탐 송나라를 노려 송태조는 바늘방석에 앉은 듯 불안했다. 재상 조보의 건의로 송태조는 '남쪽 먼저 북쪽을 뒤에', '쉬운 상대 먼저 어려운 상대는 후에' 상대하는 전략을 세워 송나라 정예군을 이끌고 전쟁터에 나서 송나라 통일에 방해물을 제거했다. 976년 마침내 남당이 멸망하고 송나라가 중원을 통일했다.

　송태조는 뛰어난 봉건 제왕으로 안사의 난 이후 200여 년간 이어진 제후들의 분열과 군벌들의 혼란한 국면을 끝내고 전쟁의 고통에 시달린 백성들에게 안정되고 평화로운 삶을 제공했으며 정치·경제와 문화 발전과 번영에 탄탄한 기초를 마련했다.

　송태조의 치하에서 송나라는 과학 기술이 빠르게 발전하고 청렴한 정치, 안정된 사회로 중국 역사상 경제와 문화 발전이 가장 번영했으며, 봉건 사회 발전에서 매우 중요한 지위를 차지했다. 유명한 사학자 천인뤄는 "중화민족의 문화는 수 천 년을 이어져 오며 송나라를 세웠다."라고 말했다.

산초 가르세스 3세

Sancho Garces Ⅲ
나바라 왕
985~1035년

'스페인의 왕' 이라 불리는 산초 가르세스 3세는 역사상 많은 영향을 끼쳤다.

중세 스페인과 프랑스 사이에는 유명한 가톨릭 국가 나바라왕국이 존재했다. 후에 나바라 국은 카탈루냐 등 작은 기독교 국가로 분열되었다. 985년 가톨릭의 보호를 받은 이 땅에 스페인을 통일한 패주가 태어났으니 그가 바로 산초 가르세스 3세이다.

산초 가르세스는 가리시아(오늘날의 폴란드 동남쪽)에서 태어났다. 산초 대제라고도 불리는 그는 나바라의 가르시아 2세의 아들이다. 20세가 되기 전에 왕위를 물려받을 정도로 영특하고 능력 있었던 산초 가르세스는 영토 확장에 힘써 재위기간 동안 당시 스페인 지역의 거의 모든 가톨릭 국가를 통일했다.

1000년, 산초의 어머니와 카스티야왕국의 국왕이 무슬림이 통치하는 코르도바를 함께 상대하기로 했다. 2년 뒤 코르도바의 통치자 만수르가 세상을 뜨자 스페인의 무슬림 통치구역은 혼란이 일어나기 시작해 다른 나라를 돌볼 여유가 없었다. 호전적인 산초에게는 좋은 기회였다. 그는 통일 계획을 실시하기 시작했다. 십여 년의 정복전쟁으로 나바라는 마침내 스페인 남부 반도의 모든 가톨릭 국가를 합병했고 1019년에는 코르도바

가르시아 산체스 2세

994년부터 1000년까지 가르시아 산체스 2세는 나바라 국왕과 아라곤 백작의 이중 신분으로 통치했다. 하지만 그는 재위기간 동안 정치·군사 어디에서도 공을 세우지 못했다. 후세 사람들은 그를 '전율왕' 이라고 불렀다. 그가 한 가장 유명한 군사 활동은 만수르의 이슬람 세력에게 포위당한 카스티야인들을 구해낸 일이었고 이 때문에 만수르와 원한관계가 되었다. 1000년에 가르시아 산체스 2세는 산초 가르세스 3세, 즉 '산초 대제' 에게 왕위를 양도하고 5년 뒤 세상을 떠났다.

◀ 산초 가르세스 3세

를 삼켰다.

그 후 산초는 스페인을 통일할 시기를 기다렸다. 1029년 카스티야의 가르시아가 암살당하자 산초는 합리적인 핑계거리를 댈 수 있게 되었다. 그는 형제의 복수라는 명목으로 레온으로 출병했다. 이때 북부 스페인이 처음으로 하나의 국가로 통일되었다. 나바라왕국의 변경은 최고로 확장되었고 산초도 '스페인의 왕'이라고 불렸으며 가톨릭 왕의 신분으로 주변 국가에 사절을 보냈다.

유감스럽게도 스페인왕국의 번영은 오래가지 않았다. 산초 대제가 임종 전 국가를 그의 자녀에게 나눠줘 스페인이 다시 분열 상태에 빠졌기 때문이다.

▲ 961년 하랄 1세가 내전을 틈타 노르웨이의 국왕을 죽이고 새로운 국왕이 되었다. 그후 노르웨이와 덴마크 양국 간 2000년 연합의 기초가 마련되었다.

하랄 1세

Harald Blatand
덴마크 국왕
?~986년

하랄 국왕은 아버지 고름과 어머니 티라를 기념하기 위해 이 비를 세우게 했다. 하랄은 덴마크와 노르웨이를 통일하고 덴마크인을 가톨릭 신자로 만들었다.

'옐링석'에 기록된 하랄 1세 왕의 공적

    덴마크 예링시의 한 교회 입구에는 덴마크인들이 '옐링석'이라고 부르는 크고 작은 두 개의 비석이 세워져 있다. 큰 비석에는 후광에

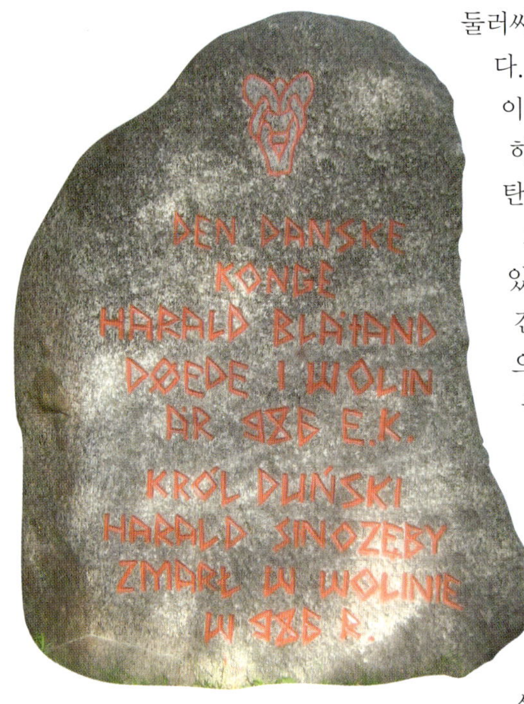

▲ 덴마크 옐링시의 하랄 비석

둘러싸인 예수상과 고대 북유럽 문자가 새겨져 있다. 이것은 덴마크 국왕 고름과 왕비 티라의 묘비이다. 작은 비석은 덴마크인이 자랑으로 여기는 하랄 1세의 묘비로 이 두 비석은 덴마크왕국의 탄생을 상징한다.

고름 왕의 아들 하랄 1세에게는 푸른색의 이가 있어 블라탄트라는 이름을 얻었다. 그는 재위기간 동안 덴마크를 통일하고 노르웨이를 정복했으며 가톨릭을 들여와 해적시대를 끝낸 대단한 국왕이다.

고름 왕과 하랄이 처한 시대는 덴마크의 국가 형성기였다. 고름 왕은 재위기간에 작센족 등의 침범을 물리치고 국가의 통일을 도모했다.

하랄 1세는 왕위를 물려받은 후 주변의 여러 섬을 영입해 통일된 덴마크왕국을 정식으로 세웠다. 961년 하랄 1세는 내전이 일어난 노르웨이를 정복했다. 이후 덴마크, 노르웨이 양국은 2000여 년 동안 연합하게 되었다.

북유럽인은 예전부터 해적질을 해왔으나 하랄 왕은 덴마크의 해적질을 새로운 단계로 끌어올렸다. 그도 젊은 시절 여러 차례 해적선을 이끌고 주변 국가를 습격했었다. 오늘날에도 유럽인들은 '공포의 바이킹시대'에 대해 얘기하면 몸을 부르르 떤다.

말년에 바다로 출정을 나갔다가 독일에게 기지를 공격당한 하랄 왕은 안전을 위해 영토 확장전쟁의 속도를 늦추기로 결정했다. 하지만 그의 아들 스벤이 이끄는 무리의 강렬한 반대에 부딪쳤고 갈등이 심화되었다. 결국 아버지와 아들이 부득이하게 맞서게 되었고 하랄 1세의 패배로 끝을 맺었다.

비록 하랄 1세의 주장은 실현되지 못했지만 그는 가톨릭을 들여와 전교해 해적 시대의 종결을 간접적으로 이끌어 냈다. 하랄 왕은 왕위에 오른 후 파파주교의 적극적인 권유로 가톨릭으로 개종하고 신하와 백성들도 따라서 개종시켰다.

덕분에 덴마크인은 야만적인 해적의 기운에서 서서히 벗어났으며

이는 덴마크 역사상 중요한 전환점이 되었다. 새로운 방향으로 발전을 이끌었을 뿐 아니라 덴마크 주변국가의 안정을 보장하고 유럽, 심지어 전 세계에 중대한 영향을 끼친 것이다.

하랄 1세는 이처럼 해적 사업을 최고봉으로 이끈 동시에 종결시킨 사람이 되었다.

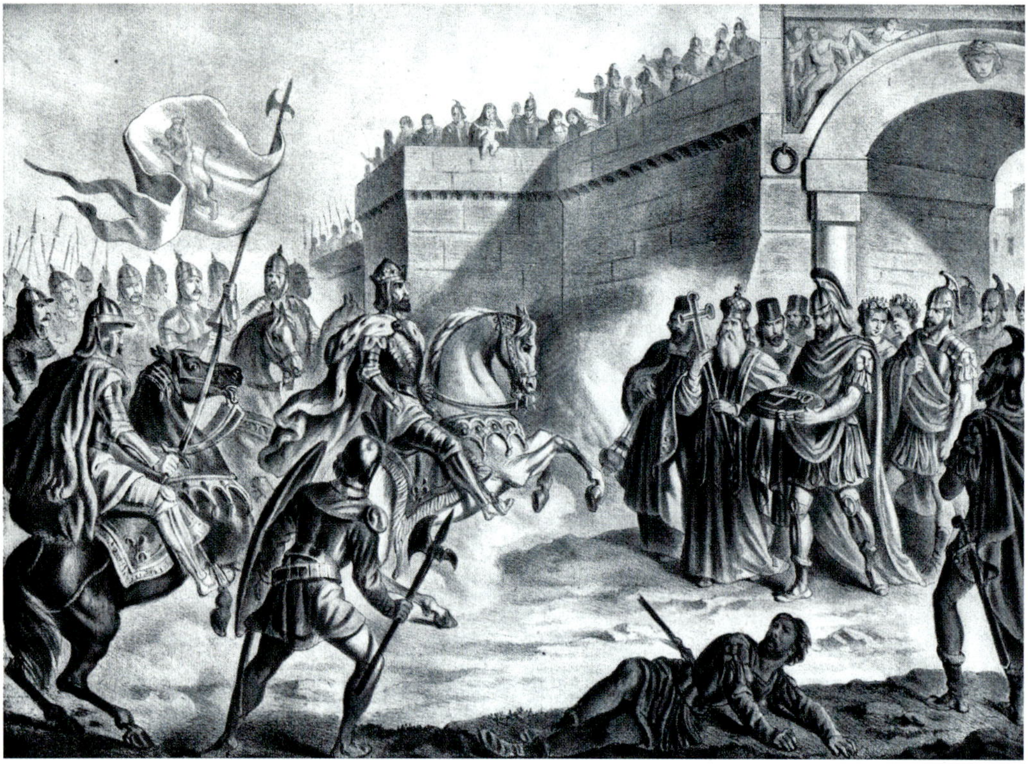

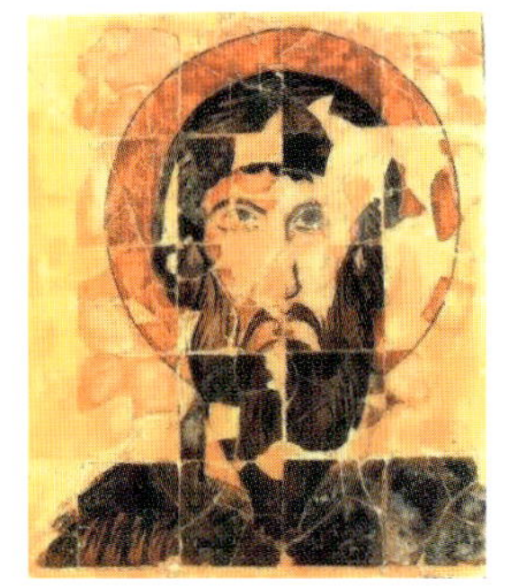

▲ 시메온 1세의 공격

시메온 1세

Simeon the Great
불가리아 국왕
864~927년

왕은 책을 목숨같이 아꼈다. 천하의 새로운 것을 구하기 위해 벌처럼 부지런했고 세상의 인재를 불러 책을 쓰게 했다. 사람들은 그를 보고 프톨레마이오스가 재림했다고 말했다.
시메온 1세에 대한 학자의 칭송

▲ 시메온 1세

불가리아인은 원래 중앙아시아 트라키아 부족의 한 지파로 4~5세기 세계 민족대이동 때 동유럽으로 옮겨가 발칸반도에 자리를 잡았다. 7세기 이래 불가리아인들은 줄곧 독립된 국가를 세우기 위해 노력했지만 비잔틴의 방해를 받았다. 681년 비잔틴이 마침내 불가리아인의 국가 건립을 승인했다. 이는 역사상 첫 번째 불가리아왕국이

라 불리는데 이 왕국에 번영을 가져다 준 이가 바로 시메온이다.

시메온 1세는 보리스 1세의 아들로 어린 시절 비잔틴 수도에 인질로 보내졌다. 이 특별한 경험은 그의 평생에 영향을 끼쳤다. 후에 시메온 대제가 불가리아에 한 공헌 중 대부분은 비잔틴 문화의 영향을 받은 것이다.

893년 시메온 대제는 불가리아 대궁의 지위를 계승한 다음 해 비잔틴에 전쟁을 벌였다. 이는 그가 즉위한 후에 일으킨 첫 번째 대외 전쟁으로 비잔틴 황제 레오 6세는 전쟁에서 패배해 머리를 숙이고 공물을 바쳤다. 912년 레오 6세가 세상을 뜨자 당시 겨우 7세였던 콘스탄티누스 7세가 왕위에 올랐다. 시메온 1세는 이 기회를 틈타 다시 비잔틴을 공격했고 마케도니아·세르비아·알바니아를 점령했다. 917년 그는 다시 비잔틴 군대를 물리쳤다. 2년 뒤 비잔틴에서 궁정 정변이 일어나자 시메온 1세는 콘스탄티노플을 공격해 919년부터 924년까지 네 차례나 전쟁을 벌였다. 하지만 모두 실패로 끝나고 비잔틴 황제라는 왕위를 빼앗으려는 그의 찬란한 꿈은 처참하게 무너졌다.

전쟁 이외에 시메온 1세는 신도시 프레슬라프를 건설하는데 노력을 기울였다. 전하는 바에 의하면 이 도시는 28년에 걸쳐 지어졌으며 그리스 풍과 슬라브 풍이 한데 섞인 도시였다고 한다. 당시 사람들은 '외성에 도착하면 어디에 있는지 어안이 벙벙해 있다가 성문에 들어서면서 꿈속이 아닐까 의심한다.'라고 묘사했다. 오늘날 프레슬라프는 불가리아의 3대 고대 도시 가운데 하나이다.

시메온 1세는 문화 방면에서

▼ 시메온 1세는 여러 차례 비잔틴과의 전쟁을 벌였다. 하지만 결국 비잔틴의 왕위를 얻지는 못했다.

153

도 큰 공헌을 했다. 그 중 가장 중요한 것은 불가리아를 당시 슬라브 문자와 문화의 중심으로 발전시킨 것이다. 일찍이 보리스 1세 때 슬라브 민족은 자신들의 문자를 가지고 있었다. 그 후 시메온 1세가 왕위를 계승한 후 슬라브 문자문화 정책을 지속적으로 추진했고 이는 불가리아 및 전체 슬라브 지역의 문화 발전에 깊은 영향을 끼쳤다.

이밖에 시메온 1세는 '프레슬라프 학파'를 지원했고 그의 지도 아래 학자들은 3대 도서를 편찬했다. 그들은 비잔틴 작가의 작품을 번역했고, 교의 · 법전을 편찬했다. 시메온 1세가 통치하던 시기에 프레슬라프의 학술은 전에 없이 번성했다.

비록 시메온 1세는 비잔틴의 왕위에 오르지는 못했지만 군사방면에서 오랜 강국 비잔틴에 심각한 타격을 주고 발칸반도를 제패해 당시 세계에서 가장 강한 국가 가운데 하나가 되었다. 그가 죽은 후 불가리아의 첫 번째 왕국은 쇠퇴하기 시작했지만, 그의 역사적 공적은 영원히 기록에 남을 것이다.

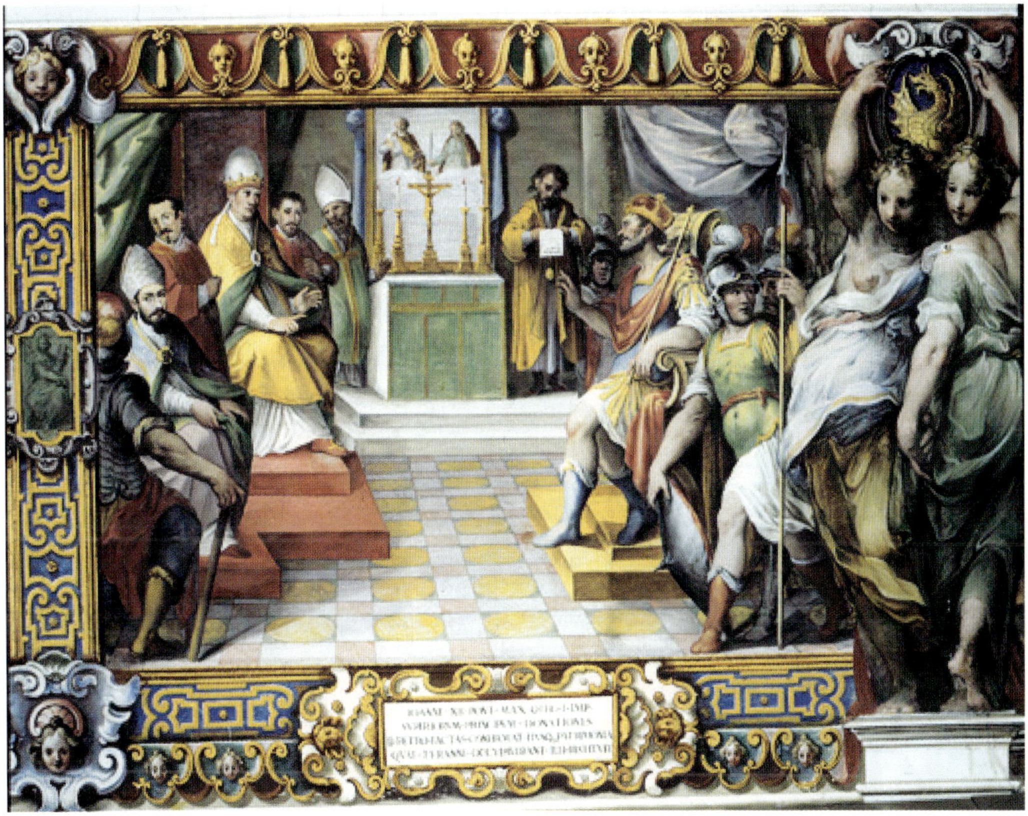

▲ 962년, 오토 대제는 로마의 반란을 평정하고 일 년 후 로마에서 대관식을 거행하여 '신성로마제국의 황제'가 되었다.

오토 대제

Otto the Great
독일의 왕
912~973년

그는 '오토 대제', '조국의 아버지'라고 불린다. 역사상 천년을 이어온 신성로마제국의 창시자이다.

▲ 오토 대제의 초상화

10세기 초 동프랑크왕국(독일왕국)은 여러 공국으로 이루어져 있었고 그 중 작센공국의 세력이 가장 강했다. 919년 오토의 아버지 작센공작 하인리히 1세는 도이치왕국의 국왕 자리에 오르자 각 공국 간의 연맹을 유지하고 동유럽 마자르족의 침입을 막는 데 평생을 바쳤다.

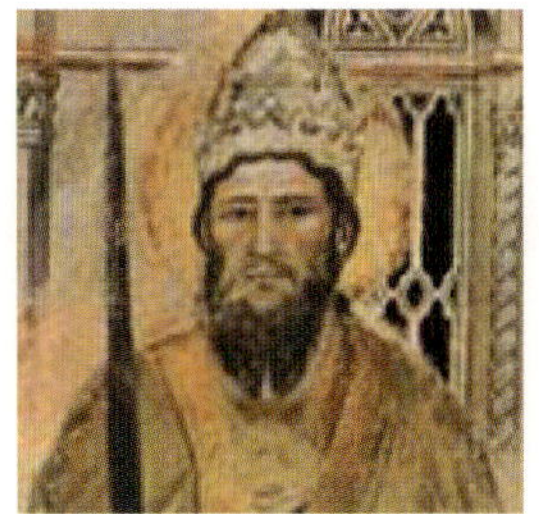

하인리히 1세는 재위기간 동안 강력한 군대를 세워 도이치왕국을 당시 유럽의 강국으로 만들었다. 936년 하인리히 1세가 장기간의 정벌전쟁 중 세상을 뜨자 작센 공작의 뒤를 이어 오토가 같은 해 도이치왕국의 국왕이 되었다.

오토 대제는 왕위에 오르자마자 자신이 위험한 상황임을 직감했다. 많은 적들이 그를 호시탐탐 노리고 있었기 때문이다. 이듬 해 이복형제 탕크마르가 작센 귀족을 이끌고 그를 공격했고 도이치왕국 내의 프랑크·바바리아·로렌 등 공국의 공작도 반역을 꾀하려는 음모를 꾸몄다. 하지만 이들 반역자들은 오토 대제의 능력을 과소평가했다. 그는 냉정을 유지하며 과감하게 중등 귀족과 손잡고 반대 무리들을 순식간에 물리쳤다.

전쟁에서 지자 탕크마르는 자살하고 프랑크의 공작들도 하나 둘 굴복했다. 그 후 오토 대제는 자신의 동생 하인리히를 바바리아의 공작으로 임명하고 바바리아 공작의 권력을 축소했다. 939년 프랑크와 로렌의 공작들이 손을 잡고 반란을 일으켰지만 오토 대제는 다시 그들을 물리쳤다.

그 후 오토 대제는 프랑크와 로렌의 영지 대부분을 점령하고 사위를 로렌의 공작으로 임명했으며 자신의 아들도 공작에 임명했다. 당시 즉위한 지 얼마 되지 않았던 오토 대제는 이미 도이치 지역 대부분을 장악하고 자신의 동생·아들·사위에게 통치권을 나눠 주었다.

그런데 953년 그의 아들과 사위가 이탈리아에 대한 권력분배에 불만을 품고 헝가리 주교와 연합해 그에게 반기를 들었다. 하지만 그는 도이치 귀족이 헝가리를 침입한 것에 대한 공포감을 이용해 손쉽게 이 반란을 평정했다. 몇 차례의 반란 후 그는 영토의 분배 문제를 다시 고려할 수밖에 없었으며 자신이 가장 신임하는 사람을 각 공국에 파견했다. 이때부터 도이치 국경 내에서 감히 오토 대제의 권위에 도전하는 사람이 없었다.

오토 대제 통치시기에 도이치의 동유럽에 대한 영토 확장은 큰 성과를 거두어 950년 보헤미아 군주는 그에게 굴복하고 조공을 보내왔다. 하지만 야심이 큰 헝가리인은 오토 대제의 유럽 수복에 걸림돌이 되었다. 954년 헝가리인이 도이치왕국을 공격하기 시작했다. 다음 해 아우크스부르크의 라이펠트 전투에서 오토 대제는 보스니아와 연합하여 헝가리인의 기병을 거의 전멸시키며 확실한 승리를

▲ 오토

▲ 오토 대제

거두었다.

오토 대제는 이탈리아에 진군해 대관식을 갖고 이탈리아의 황제가 되었다. 이는 그의 권력·명예·부에 대한 욕망을 채우는 행위였다. 당시 도이치 민족은 아직 국가를 형성하지 못했었는데 많은 사람들이 이를 보고 이탈리아는 신성로마제국 황제의 소유로 귀속되어야 한다고 여겼다.

961년 로마 교황이 이탈리아 도시 귀족의 통제에서 벗어나도록 돕기 위해 오토 대제는 군을 이끌고 로마의 반란을 평정하고 교황의 통치 지위를 확립해주었다. 다음 해 오토 대제는 로마에서 즉위식을 가지고 '신성로마제국의 황제'가 되었다.

그 후 오토 대제는 교황과 '오토의 특권'이라는 조약을 맺었는데 이는 황제가 교황의 권력을 보호해주지만 교황은 절대적으로 황제의 통치에 복종해야 한다는 내용으로 황권이 교권보다 높다는 초보적인 기초를 닦았다. 후에 그는 로마에 두 차례 더 진격하여 교회에 대한 통제를 유지했다. 이뿐 아니라 이탈리아 남부의 비잔틴을 공격해 비록 실패를 했지만 비잔틴이 그의 지위를 승인해주는 성과를 얻었다.

오토 대제는 평생을 전쟁터에서 보냈지만 내정에서도 많은 성과를 올렸다. 그는 주교에게 영주의 세속적인 권력을 모두 누리게 하여 주교들이 기꺼이 오토 대제의 방대한 제국에 협조하게 만들었다. 특히 도이치왕국이 동쪽으로 영토를 확장하는 과정에서 주교들이 적극적으로 도와 오토 대제가 오랫동안 신정복지역을 통치하는 데 좋은 발판이 되었다.

냉병기

냉병기의 사전상의 해석은 화약, 폭탄 등의 무기나 현대식 살상 수단을 사용하지 않고 전투에서 직접 적을 살상하여 자신을 보호하는 무기를 가리킨다. 화기 시대에 오면서 독보적인 지위는 잃었지만 지금까지도 사용된다.

▲ 966년 미에슈코는 그리스도교로 개종하고 궁정 대신들과 함께 세례를 받았다. 이때부터 폴란드의 국교는 그리스도교가 되었다.

미에슈코 1세

Mieszko Ⅰ
폴란드 국왕
922~992년

미에슈코 1세는 시대의 조류에 순응해 국가를 통일하고 폴란드의 창시자가 되었다.
리우주시(劉祖熙) 〈폴란드 통사〉

▲ 미에슈코 1세

폴란드 국왕 미에슈코 1세 이전에 폴란드는 도이치의 영토 확장 위협에 직면했을 뿐 아니라 유고슬라비아의 배척과 압박을 받고 있었다. 그가 왕위를 계승한 후 분열 위기에 빠져있던 폴란드는 독립 주권 국가로 변모했다. 그뿐 아니라 가톨릭을 받아들이고 라틴어를 도입해 국가의 봉건화와 문화의 발전을 촉진시켰다.

미에슈코 1세는 피아스트왕조의 첫 번째 폴란드 공작 시에모비트의 아들이다. 폴란드는 9세기 중엽이후 소폴란드와 대폴란드로 나

뉘었고 피아스트 가족은 대폴
란드를 통치했다. 963년 미에
슈코 1세는 공작의 지위를 물
려받고 폴란드 통일의 첫 걸음
을 내딛었다.

　미에슈코 1세는 재위기간 동
안 많은 전쟁을 일으켰다. 우
선 대폴란드(현 폴란드의 중서부
지역)를 통합하고 뒤를 이어 독
일에서 장기 투쟁 중 포메른을
통합해 폴란드의 영토를 확장
했다. 그 후 슐레지엔까지 수
중에 넣었다. 이때부터 폴란드
는 슬라브 지역의 대국이 되었
다.

　미에슈코 1세는 종교 통일에

도 노력을 기울였다. 폴란드인은 원래 불의 신 등 원시종교를 믿었
지만 이런 원시종교는 문명의 발전을 따라가지 못했다. 당시 신성로
마제국의 황제 오토 1세는 폴란드를 독일 대주교의 관할 지역에 넣
으려 했다. 만일 이렇게 된다면 폴란드는 국가의 주권을 잃어버리게

피아스트왕조

피아스트왕조는 폴란드 역사상 첫
번째 왕조로 폴란드 전설속의 부족
지도자 피아스트의 이름을 땄다.
962년 이 왕조의 성원들은 대공 혹
은 국왕의 명의로 통치를 시작했고
미에슈코 1세가 첫 번째 대공이다.
1370년 국왕 카지미에슈 3세가 죽
고 뒤를 이을 자식이 없자 피아스트
왕조는 종말로 향했고 야기엘로니
안왕조가 뒤를 이었다.

▲ 미에슈코 1세는 슬라브 부족과
싸워 포메른을 획득했으며, 포
시니아의 공작에게서 시리아와
소폴란드를 빼앗았다.

되는 것이었다.

결국 미에슈코 1세는 라틴 의식에 따라 체코에서 그리스도교를 받아들이고 폴란드 주권의 독립을 지켰다. 966년 그를 선두로 폴란드는 그리스도교 국가가 되어 봉건화와 문화의 발전을 향해 나아갔다.

992년, 폴란드의 국토를 통일한 미에슈코 1세가 죽자 그의 아들 볼레수아프 1세가 뒤를 이었다. 후에 볼레수아프는 폴란드의 나머지 지역을 통합해 폴란드를 동유럽의 강국으로 만들고, 지역적인 안정과 균형에 큰 공헌을 했다.

▲ 바실리우스 2세의 초상. 비잔틴 미술 작품

바실리우스 2세

Basilius Ⅱ
비잔틴 황제
958~1025년

자기 백성의 세력이 방대해지는 것을 허락하지 않고, 뛰어난 군사 장관이 막대한 부를 차지하지 못하게 하며, 각종 세금으로 그들을 억압하고, 그들에게 자신의 모든 시간을 이용해 사적인 일을 처리하게 했다. 어떤 사람도 믿지 않으며 소수의 사람들에게만 자신의 계획을 알려주었다.

바실리우스 2세의 정책에 대한 어느 비잔틴 작가의 묘사

마케도니아왕조

마케도니아왕조는 바실리우스 1세가 867년 왕위에 오르며 건립되었다. 비잔틴의 중앙에 위치하고 있으며 창시자 바실리우스는 비잔틴 문화의 영향을 많이 받았다. 바실리우스는 재위기간 동안 무를 숭상하고 교활한 특성을 발휘해 중세기 세계 정치를 재편했다. 바실리우스 2세와 콘스탄티누스 7세 때 마케도니아왕조는 가장 빛을 발했다. 그들은 군사 정치상의 황금시대를 가져오고 학술 문화의 번영을 이끌었다.

그는 깊숙한 궁정에서 태어나 여인의 손에서 자라 5세에 왕위를 물려받고 18세에 친정을 시작했으며 31세에 모든 적대 세력을 평정하고 권력을 독차지했다. 잔혹한 살상을 일삼아 '불가르족의 학살자'라는 별명을 가지고 있다. 그가 통치한 시대는 장기간 노역과 압박을 받던 비잔틴제국 역사상 흔치 않던 강성시기로 유스티니아누

▲ 바실리우스 2세는 비록 정복전쟁으로 비잔틴제국의 영토를 확장했지만 그 자신은 '불가르족의 학살자'라고 불렸다.

스와 함께 비잔틴 역사상 양대 황금시기를 이루었다. 이 사람이 바로 비잔틴 황제 바실리우스 2세이다.

다른 황제들에 비해 바실리우스는 우여곡절을 겪으며 황제의 자리에 올랐다. 963년 비잔틴 황제 로만 2세가 세상을 뜨자 겨우 5세였던 바실리우스가 왕위를 계승했고 어머니 테오파나가 섭정을 했다. 그 후 제국의 군사 대권을 장악한 니케포루스가 어머니와 재혼하고 계부의 신분으로 어린 바실리우스와 공동 황제가 되었다. 훗날 니케포루스는 궁정에서 살해되었고, 살인자 치미스케스가 왕위를 이어받아 바실리우스의 두 번째 '공동 통치자'가 되었다.

976년 치미스케스가 죽자 18세의 바실리우스가 권력을 독점했지만 그는 다시 새로운 적을 맞아 3년간 투쟁한 후에야 마침내 반란을 평정했다. 그러나 숨을 돌리기에는 아직 일렀다. 바실리우스는 자칭 황제라는 바르다스 포카스의 등장으로 부득이하게 다시 무장을 하고 전투에 나서 2년의 싸움 끝에 마침내 승리를 거두었다. 바실리우스가 마지막 장애물을 깨끗이 없애고 진정한 독점 정권을 시작한 것은 그의 나이 31세 때였다.

바실리우스 2세 정책의 중점은 권세를 이용해 사람을 통제하는 것이었다. 당시 토지합병 문제가 대단히 심각해 대귀족, 대봉건주가 대량의 토지를 점령하고 있었고 농민 대다수는 자유를 누릴 수 없었다. 이런 상황에서 그는 일련의 효과적인 조치를 취했는데, 즉 대봉건주가 점령한 토지를 농민에게 돌려줄 것을 명하는 '대납법'을 반포하고 부자들에게 세금을 더 많이 내게 해 '빈자'를 책임지게 했다. 만일 '빈자'가 낼 돈이 없으면 부자가 대신 내주었다. 이런 조치는 국가의 세금 수입을 높이고 대지주들의 탐욕에 큰 타격을 주었다.

바실리우스 2세는 전쟁에 치중해 통치하는 동안 여러 차례 대외 정복전쟁을 일으켰다. 976년 비잔틴의 숙적 불가리아의 총독 사무엘은 바실리우스 2세가 내전에 빠져있는 기회를 틈 타 점차 불가리

아왕국의 원래 영토를 회복했다. 이를 눈에 가시로 여기던 바실리우스 2세는 자리를 잡은 후 바로 대규모의 전쟁을 일으켰다. 전쟁은 22년간 지속되다 1018년 불가리아의 패전으로 끝났다.

바실리우스 2세는 전쟁을 치르며 잔인한 살상을 마다하지 않아 '불가르족의 학살자'라고 불렸다. 이는 그의 인생에 오점으로 남았다. 이후 바실리우스 2세는 아라비아인을 물리치고 시리아와 이라크의 영토 대부분을 정복했다. 그가 죽었을 때 비잔틴은 유스티아누스 대제 이후로 가장 큰 영토를 자랑했다.

바실리우스 2세는 결혼을 하지 않아 자식도 없었다. 그가 죽은 후 비잔틴은 평범한 군주들이 통치를 하며 점차 몰락해 갔다.

이슈트반 1세

Stephen I
헝가리 아르파드왕조 국왕
약 970년에서 975~1038년

이슈트반 1세의 지도로 마자르인들은 낙후된 유목부족에서 문명 봉건국가로 탈바꿈했다.

▲ 이슈트반 1세

9세기 말 마자르 부족은 아라파드를 따라 유럽으로 옮겨갔다. 하지만 아라파드가 세상을 뜬 후 마자르인은 지도자를 잃고 장기간 혼전에 빠졌다. 혼란 속에서 아라파드가 이끌었던 원 부락은 지도자 게조(아라파드의 손자)의 통치 아래 두각을 드러냈고 게조는 모든 마자르 부족을 한데 모아 헝가리왕국의 기본 윤곽을 잡았다.

997년 이슈트반이 아버지 게조의 유언에 따라 헝가리 전역을 통합하고 가톨릭을 국교로 선포했다. 1001년 로마 교황의 적극적인 지지로 헝가리 국왕으로 등극하니 그가 바로 이슈트반 1세이다. 그 후 교황은 이슈트반 1세를 유럽의 가톨릭 군주로 선포했다. 이렇게 가톨릭의 헝가리왕국이 탄생했다.

이슈트반 1세가 역사에 남긴 가장 큰 공헌은 마자르인을 유목부족에서 봉건국가로 탈바꿈한 것이다. 그는 기존의 씨족으로 인구를 구

▶ 일련의 정벌을 통해 이슈트반 1세는 마침내 헝가리를 통일하고 1001년 헝가리 국왕으로 즉위했다.

분하는 방법을 없애고 국가를 50개의 행정구역으로 나누어 국왕이 안정적으로 통치하게 했다.

이밖에도 마자르인의 종교를 없애고 전국에 가톨릭 전파를 강행했다. 라틴어를 왕실과 법정의 관방언어로 선포하고 라틴문자로 마자르어 표기를 규정해 새로운 문자를 만들었다. 이런 현실적이고 효과적인 조치들이 헝가리왕국을 빠른 속도로 문명사회에 들어서게 했다.

헝가리 역사상 이슈트반 1세의 통치시기는 중요한 전환점이었다. 그의 아들들이 모두 그보다 먼저 세상을 떴기에 그가 죽은 후 아르파드왕조는 일시적으로 중단되기도 했다. 하지만 그렇다고 이슈트반 1세가 역사에 남긴 중요한 공헌이 사라지는 것은 아니다. 지금까지 그의 시신이 부도(헝가리 고대 도시)로 옮겨진 날(8월 20일)은 헝가리인의 전통 명절이라는 점이 이를 증명한다.

▲ 정복자 윌리엄 1세

윌리엄 1세

William I
잉글랜드 노르만왕조의 국왕
1027~1087년

보십시오, 나의 주님! 하느님의 영광에 힘입어 저는 이미 제 두 손으로 잉글랜드를 움켜쥐었습니다. 잉글랜드는 제 것입니다. 제가 소유한 모든 것은 당신의 것이기도 합니다.
윌리엄 1세가 잉글랜드에 상륙했을 때 한 연설

왕으로서 윌리엄 1세가 평생 한 일 가운데 가장 칭찬받을 만한 일은 '노르만' 정복이다. 비록 사적인 동기에서 비롯되었다 해도 영국과 세계 역사 발전에 깊은 영향을 끼친 동시에 그를 세계 100대 제왕의 대열에 끼게 하고 '정복자'의 명예를 얻게 했기 때문이다.

1027년 윌리엄은 프랑스 노르망디 공국의 공작 집안에서 태어났다. 가정환경이 좋은데도 윌리엄은 마땅히 받아야 할 명예와 존중을 누리지 못하고 조소와 멸시를 당했다. 바로 사생아였기 때문이다.

▼ 1066년 윌리엄 1세는 잉글랜드를 공격한다.

훗날 그와 가까운 사이였던 세 명의 보호자와 선생님이 살해당하는 일까지 있었다. 이런 인생 경험은 그를 냉혹하고 의심 많은 성격으로 만들었다. 8세 때 공작의 유일한 아들로 운좋게 즉위한 후 그의 운명은 바뀌기 시작했다.

노르망디 공국은 프랑스에 침입한 노르만인들의 봉읍으로 841년에 세워졌다. 그 후 공국은 봉건집권통치를 시작하고 군사 역량이 점차 강해졌다. 재정 수입도 안정적으로 증가했으며 노르만인의 혈액 속에 용솟음치던 무술 숭상과 항해에 능한 전통을 보존했다. 이런 요소는 모두 윌리엄 1세에게 탄탄한 기초를 다져주고 또한 후에 영국에서 제정한 제도에 중요한 영향을 끼쳤다.

젊은 윌리엄 1세는 점차 자신의 군사 재능을 드러냈다. 우선 프랑스 국왕의 지지 하에 공국 내부의 반대파를 물리치고 자신의 지위를 다졌다. 그런 다음 눈길을 대서양 맞은편에 있는 잉글랜드로 돌렸다.

1066년 윌리엄 1세는 잉글랜드 공격에 성공한 후 성탄절에 웨스트민스터 대사원에서 왕관을 썼다. 잉글랜드는 이때부터 노르만왕조의 통치를 받았다. 안정적인 통치를 위해 윌리엄 1세는 1072년 다시 스코틀랜드를 침입하고 1081년 웨일즈를 공격했다.

정복은 쉬웠어도 통치는 어려웠다. 외래 정권인 윌리엄 1세는 통치 초기 잉글랜드인의 완강한 저항에 부딪쳤다. 그는 잔혹하게 지방 세력을 제거해 1171년까지 각지에서 일어난 반란을 평정했다. 몰수한 잉글랜드 귀족들의 토지 일부는 자기 소유로 남기고 나머지는 그를 따라 정복전쟁에 참여한 노르만 귀족에게 나눠주었다.

그 후 노르망디 공국의 정치 제도를 기준으로 잉글랜드의 중앙 행정기구와 사법기구를 개혁하기 시작했다. 동시에 로마 교황의 압력을 감당해내며 자신을 잉글랜드에 임명한 각 주교의 권력을 계속 보류했다. 잉글랜드에서 형성한 강력한 왕권은 당시 서유럽 국가 가운데 드물었는데, 이는 모두 윌리엄 1세의 덕이었다.

윌리엄 1세가 잉글랜드 내정에 영향을 미친 가장 큰 조치는 그가 죽기 2년 전에 완성되었다. 하나는 1086년 반포한 '솔즈베리 맹세'로 지방 각급 봉건주들이 무조건 국왕에게 복종할 것을 요구한다. 다른 하나는 〈최후의 심판서〉(정식 명칭은 〈토지부세조사서〉 혹은 〈윈체스터 서〉)를 반포한 것이다. 윌리엄 1세는 전국의 토지, 재산과 수입 상황을 장악하고 세금 징수를 순조롭게 해 왕실의 재정 수입을 보장하기 위해 사람들을 전국 각지에 파견해 상세하게 조사시켰다.

▼ 11세기의 태피스트리. 잉글랜드의 해럴드 국왕이 윌리엄 1세에게 충성을 맹세하는 모습을 묘사하고 있다.

조사원은 윌리엄 1세의 뜻에 따라 야만스럽고 거칠며 주도면밀해 마치 하느님에게서 최후의 심판이라도 받는 것처럼 조사받는 사람들을 공포와 불안에 떨게 했다. 이것이 바로 〈최후의 심판서〉의 유래이다. 이런 대규모의 조사 활동은 중세기 유럽에서 드문 일이었다.

1087년 윌리엄 1세는 프랑스 왕 필리프 1세와의 영토 분쟁 중 말에서 떨어져 사망했다. 영국과 프랑스의 백년전쟁은 이후 그 서막을 열었다.

윌리엄 1세의 정복으로 로마제국시대 이후로 줄곧 유럽에서 벗어나 있던 영국은 다시 유럽 중심지역으로 들어왔다. 영국이 프랑스에 식민지를 가지고 있었기 때문에 영국과 프랑스 양국 왕실의 관계는 복잡했다. 그들의 교류와 충돌은 이후 수백 년간 서유럽의 정치 주제였다. 특히 노르만 정복은 잉글랜드의 역사 발전을 바꿔 놓았을 뿐 아니라 영어에도 영향을 미쳤다. 새로운 어휘가 수없이 생성된 것이다. 윌리엄 1세는 새로운 사물들을 가져와 잉글랜드의 발전에 활력을 불어넣었고 이후 영국의 정치 경제제도에 중요한 영향을 끼쳤다.

수백 년 동안 잉글랜드는 북유럽에서 온 노르만인의 공격을 받아오다가 결국에는 바다 건너 프랑스의 노르만인에게 정복되었다. 노르만 정복은 표면적으로는 우연한 사건이지만 실제로는 역사적인 필연이고 당시의 사회 발전 추세의 필연적인 결과였다. 영국은 윌리엄 1세에게 정복되며 침입의 악몽에서 벗어났을 뿐 아니라 유럽 대륙의 정치체계에 흡수되었다. 이는 영국 역사상 위대한 전환점이 되었다.

1066년 윌리엄 1세가 노르망디를 정복할 때 헤이스팅스 전투는 노르망디 정복 전투 가운데 결정적인 전투이자 노르만인의 승리로 끝났다. 이는 영국 역사의 중요한 전환점으로 이때 이후로 그 누구도 성공적으로 영국을 정복하지 못했다.

▲ 1204년 4월 12일 십자군이 콘
스탄티노플을 점령하고 약탈했
으며 도시의 거주자들의 대다수
가 도살되었다. 수십 개의 아름
다운 고대 조각들은 파손되었고
콘스탄티노플 도서관의 풍부한
장서들이 재가 되었다. 성소피
아 성당은 원래 모습으로 복구
가 힘들 정도로 크게 훼손되었
다. 십자군 원정이 일으킨 악행
의 한 모습이다.

우르바노 2세

7세기 아라비아제국의 활약은 이슬람교와 기독교 간의 천년전쟁
의 시작을 상징하고 있다. 이때부터 풍요로운 문명의 중동은 먹구름
처럼 빈곤하고 낙후된 유럽의 상공을 뒤덮었다. 십자군이 허리케인
처럼 맹렬한 기세로 원정에 나서고야 유럽 상공의 어두움과 공포가

▲ 우르바노 2세

흩어졌다. 십자군 원정을 이끈 이가 바로 우르바노 2세이다.

당시 셀주크 투르크인이 이슬람교와 기독교 공통의 도시 예루살렘을 점령하고 나라를 세웠다. 국가는 혼란스러운데다가 기독교도를 매우 적대시했기 때문에 성지 순례를 하는 서유럽인들을 끊임없이 괴롭혀 성지로 가는 길목이 거의 단절되어 버렸다. 이는 유럽인들에게 강한 분노를 불러일으켰고 일순간에 유럽에서는 종교 복수의 불이 붙었다. 이 상황을 예측한 우르바노 2세는 복수의 불꽃을 북돋웠다.

우르바노 2세의 세속 이름은 오도 드 라주리로 프랑스 상파뉴의 귀족 가문에서 태어나 좋은 교육을 받았다. 그는 젊은 시절 랭스에서 부주교를 지냈고 클뤼니 수도원의 수사, 부원장, 주교 등의 직무를 맡았으며 1088년 로마 교황으로 선출되었다.

우르바노 2세는 현명하고 강인하며 정치에 민감한 교황이었다. 그는 교황이 된 후 이슬람교도의 손에서 성지를 되찾는 기독교 전쟁을 일으켜 십자군 운동을 시작했다. 1089년 처음으로 프랑크인 십자군(교회가 십자가를 준 전사들로 구성된 군대라서 얻은 이름이다)을 조직해 무슬림의 통치를 받고 있는 스페인을 공격했다. 하지만 눈에 띄는 효과는 없었다. 후에 서유럽의 종교 열정이 나날이 커지자 그는 다시 자신감을 되찾고 1095년 프랑스로 향하며 가는 길에 십자군 원정을 부추겼다.

종교 회의에서 우르바노 2세는 수많은 청중 앞에서 아마 역사상 유명한 연설 가운데 하나일 연설을 했다. 그는 예수의 성장 과정에서 시작해 이교도의 성지에 대한 모독과 성지 순례자에 대한 학대를 비난했고 당시 서유럽의 열광적인 신앙을 이용해 모든 기독교를 신봉하는 국가들이 연합해 기독교 성지를 탈환하는 위대한 십자군 원정을 돕자고 호소했다.

그는 비옥하고 부유한 성지를 탈환하는 십자군 원정에 참가하면 모든 고행을 면할 수 있고 모든 죄를 용서받을 수 있다고 말했다. 감동적인 연설로 우르바노 2세는 자신에게 유리한 사람들을 매료시켰을 뿐 아니라 고상하고 이기적인 사람들까지도 끌어 들였다. 이로 인해 많은 사람들의 호응을 받으며 기세등등한 십자군 원정이 시작되었다.

연설이 끝나기도 전에 청중 전체가 "이것은 하느님의 뜻이다!"라

▲ 왼쪽 그림 – 1096년 8월 15일 십자군이 원정을 시작했다. 그들을 이끈 사람은 프랑스 수도원의 은자 피에르였다. 가난과 굶주림에서 벗어나기 위해 프랑스 북부의 농민들이 십자군에 참여했다.
오른쪽 그림 – 다뉴브 강을 건너 동유럽으로 진입한 십자군이 처음으로 공격한 곳은 헝가리로 십자군은 남김없이 약탈하고 수만 명을 살해했다.

고 크게 소리쳤고 이는 곧 십자군 원정의 구호가 되었다. 십자군은 몇 개월 뒤 출발했고 그 후 '신성' 전쟁이 200년간 계속되었다. 하지만 우르바노 2세는 원정의 찬란한 순간까지 기다리지 못했다. 그는 첫 십자군이 성공적으로 예루살렘을 점령한 지 2주 뒤에 죽었다.

십자군 원정은 유럽과 중동의 역사에 깊은 영향을 끼쳤다. 우선 셀 수 없이 많은 전쟁과 피의 도살을 일으켜 동서 문명의 갈등을 심화시켰다. 오늘날까지 갈등은 여전히 첨예하다. 하지만 다른 한편 전쟁의 범위가 확대됨에 따라 두 세계의 경제 문화가 충돌하는 동시에 쌍방의 발전을 위해 새로운 길을 찾기도 했다. 예컨대 현재의 서유럽 언어 가운데 여전히 중동문화의 흔적을 찾아볼 수 있다.

또한 서유럽의 많은 봉건 영주가 전쟁에서 파산하거나 사망했고 수많은 농노가 토지로 돌아오지 못했다. 이는 서유럽의 낙후한 농노제의 몰락을 촉진했다. 많은 토지가 국가 소유가 되었고 왕권을 강화시켰다. 게다가 전쟁 중 중동의 방직물·식물·향료 등이 서유럽으로 들어와 상업 무역의 발전을 촉진했을 뿐 아니라 서유럽인의 야

예루살렘

예루살렘은 오늘날의 팔레스타인 중부 유대아 산맥에 위치하고 있다. 동부 구도시와 서부 신도시로 나뉘어 있는 역사 고대 도시이다. 구도시는 종교 성지로 세계3대 종교인 유대교, 이슬람교와 기독교가 모두 이곳에서 발원해 그들 모두 자신의 성지라고 주장한다. 종교 다툼이 끊이지 않는 이유가 여기 있다. 서쪽 신도시는 19세기에 지어져 현대적인 건축물로 이루어져 있다.

171

▲ 알현을 받고 있는 우르바노 2세

심을 극도로 팽창시켜 후의 지리 대발견에 기초가 되었다.

십자군들은 많은 전리품을 가지고 돌아왔다. 그들은 금은으로 전쟁의 비용을 지불했는데, 이 때문에 화폐 공급이 늘어나 서유럽 경제의 발전을 이끌었다. 11세기는 서유럽 역사상 전환점이 되었다. 그 전의 낙후된 제도와 경제는 모두 뚜렷한 발전을 했다. 서유럽은 점차 세계 문명의 앞자리에 서게 되었다. 비록 이런 변화는 여러 방면의 원인이 종합적으로 작용한 결과이지만 십자군 원정이 매우 중요한 작용을 했음은 의심할 여지가 없다.

성지 해방을 위한 명목으로 한 십자군 원정 계획은 누구나 제안할 수 있는 일이 아니었지만 우르바노 2세는 용기와 슬기로 이를 실행했다. 십자군 원정이 세계에 미친 크나큰 영향은 곧 우르바노 2세의 공헌임을 알 수 있다. 십자군 원정을 위한 그의 감동적인 연설은 그를 역사에 영원히 기억하게 만들었다.

▲ 살라딘의 승리

▲ 살라딘 앞의 기독교도. 살라딘은 예루살렘을 모든 종교에 개방했다. 이는 그의 위대한 업적이다.

살라딘

Salah-al-din
이집트 아이유브왕조의 술탄
1138~1193년

살라딘은 지혜롭고 용감하며 후한 사람이다.…부하들의 마음을 얻으려면 아낌없이 하사하는 것보다 더 효과적인 방법은 없다.

살라딘을 평가한 적장의 말

▲ 살라딘의 초상화

그는 고상한 인격의 소유자이며 뛰어난 공을 세워 죽은 지 수백 년이 지났어도 여전히 전 세계 무슬림과 기독교 신자의 숭배와 존중을 받는다. 그는 이슬람교와 기독교의 영웅이고 심지어 서양의 '기사도 정신'의 본보기로 여겨진다. 그가 바로 살라딘이다.

살라딘은 아버지가 통치하는 티그리스 강가의 티크리트에서 태어낳다. 그의 조상은 원래 쿠르드족으로 일찍이 이곳으로 이주해왔다. 살라딘이 태어나던 해 그의 아버지는 파면당하고 어쩔 수 없이 고향을 떠나 장기왕조에 의탁한다. 그는 8세에 아버지를 따라 다마스쿠스(현 시리아의 수도)로 가 청소년 시절을 보냈다.

불안한 환경은 살라딘을 성숙하고 침착한 성격으로 만들었으며 그의 인생에 큰 영향을 끼쳤다. 당시 이라크 북부와 시리아는 장기왕조의 통치를 받고 있었다. 팔레스타인 연해지역을 통치하던 기독교를 믿는 십자군과 이집트를 중심으로 시아교를 믿는 파티마왕조는 장기왕조의 가장 큰 적이었다.

살라딘은 이집트를 수니교의 통치 아래에 두고 싶었다. 26세에 그는 장기왕조 술탄의 명을 받고 숙부를 따라 이집트 원정을 떠났다. 이 전쟁은 비록 장기왕조의 실패로 끝났지만, 살라딘은 좋은 경험을 쌓았고 4년 뒤 예루살렘과 십자군을 물리치는 데 기초가 되었다. 1169년 숙부가 병으로 죽자 살라딘이 재상자리를 물려받았다.

외부인인 그가 이집트에서 자리를 확고히 잡으리라 생각하는 사람은 아무도 없었다. 게다가 당시 이집트 정권은 교체가 잦아 재상들은 정권과 이익을 위해 나이 어린 칼리프들을 많이 양성했다. 이런 정세는 살라딘에게 매우 불리했다. 그는 시아파 군대를 통제할 힘이 전혀 없었다. 1171년 칼리프가 세상을 뜨자 살라딘은 근위병의 도움으로 정변을 일으켰고 아이유브왕조의 성립을 선포하고 스스로 술탄이 되었다. 이렇게 살라딘은 이집트 타향에 자신의 뿌리를 내렸다.

이집트에 안정적으로 자리를 잡은 살라딘은, 일련의 개혁을 시행하기 시작했다. 시아파가 이집트의 지위를 주도하는 것부터 바꿔야 했다. 그는 시아파 법관을 수니파 법관으로 교체하고 이집트 현지의 장군을 철저하게 제거했다.

그 후 살라딘은 거침없이 전진해서 시리아와 티그리스 · 유프라테스 강 유역의 대부분 지역을 순조롭게 차지했고 십자군에 대한 맹렬한 공격을 시작했다. 살라딘 군대의 강한 기세에 1187년 예루살렘 국왕과 성전 기사단 단장이 포로로 잡혔다. 성지 예루살렘도 살라딘의 수중에 떨어졌다. 이 소식에 매우 놀란 유럽인들은 분노하며 제3차 십자군을 보내 대응했다. 그러나 십자군은 대패했고, 예루살렘 국왕은 투항하여 살라딘과 평화 협정을 맺었다.

카이로 동쪽 모카땀산 끝 자락에 자리를 잡고 있는 이 성은 1183년 이집트 술탄 살라딘이 십자군의 침략에 저항한 것을 기념하기 위해 지어졌다. 성에는 1803년에 지어진 웅장한 무함마드 알리의 모스크가 우뚝 서 있다. 이 모스크는 터키풍 특색이 짙은 것으로 유명하다. 파라오왕조때 대형 감옥으로 쓰였으나 지금은 관광지로 많은 관광객을 매료시키고 있다.

무함마드의 예루살렘 등극을 기념하기 위해 살라딘은 특별히 '등극일' (이슬람력 7월 27일)을 선택해 이날 예루살렘으로 진입했다. 88년 전 십자군이 예루살렘을 점령할 때 죄없는 사람들을 마구 살해한 것과 달리 살라딘은 살인방화를 하지 않았을 뿐 아니라 정전협정에 따라 예루살렘 백성에게 상응하는 배상금을 받았고, 배상금을 낼 수 없는 자들만 노예로 삼았다.

살라딘과 영국 국왕 찰스가 만나는 모습. 비록 현실에서는 이 두 사람이 정말 만날 수는 없었겠지만, 후세 사람들이 상상으로 이런 장면을 만들어내었다.

살라딘은 가난한 사람 7,000명의 배상금을 면제해주었으며, 그의 동생과 예루살렘 주교도 많은 노예를 석방했다. 이뿐만 아니라 그는 전쟁 포로를 아무 조건 없이 사면해주었고 예루살렘을 모든 종교에 개방했다. 이러한 조치는 불안에 떠는 예루살렘 백성에게 큰 위안이 되었고, 살라딘이 통치를 지속하는 데 기초가 되었다.

살라딘이 역사적으로 세운 공을 종합해 보면 그는 성지 예루살렘을 점령하여 그곳의 무슬림과 기독교 신자 간의 갈등을 크게 완화했으며 그들 간의 쟁탈전에 전환적인 변화를 가져와 세계 범위에서도 역시 큰 영향을 미쳤다. 살라딘이 세운 아이유브왕조도 이집트 역사에 많은 변화를 가져왔다. 이집트를 이슬람교 수니파의 품으로 돌아오게 했을 뿐 아니라 시리아 등의 나라도 이곳으로 회귀하여 이집트와 서아시아의 광대한 지역이 새로 통일 정권의 통치 아래에 놓이게 되었다.

십자군 저항전에서 보여준 우수한 지도자의 품격과 비범한 군사적 재능으로 살라딘은 전 세계 기독교도와 무슬림의 존경을 받았고 이집트의 역사적인 민족 영웅이 되었다.

인노첸시오 3세

Innocent Ⅲ
로마 교황
1160~1216년

교황은 태양이고 세속의 왕은 달이다. 왕이 만일 진실되게 그리스도를 모시는 대리인이 되지 못한다면 나라를 잘 다스릴 수 없다. 왕은 육체에 대한 권리를 가지고, 제사장은 정신에 대한 권리를 가진다. 정신이 육체를 다스리기 때문에 교황이 왕보다 높다.

인노첸시오 3세

▲ 인노첸시오 3세

    카롤링거왕조의 첫 번째 왕 피핀 3세가 교황청을 창조한 후 교황청은 유럽의 체계 균형에 중요한 힘이 되었다. 예수가 탄생한 지 1000년 되던 해 교황청의 권세와 영향은 최고봉에 달했고 광적인 종교 열풍이 불던 이 시기는 전체 서구의 정신적 핵심이 되었다. 이 모든 것을 정점에 달하게 한 사람이 바로 '만왕의 왕' 인노첸시오 3세이다.

    인노첸시오 3세는 독일 혈통의 로마 귀족 집안에서 태어났다. 파리 등에서 신학과 교회법을 공부하고 1190년 주교가 되었으며 38세에 로마의 최고 영적 지도자에 선출되었다. '교권이 황권보다 높다'는 그레고리오 7세의 사상을 이어받았으며 유럽에 기독교 봉건 신권의 대통일 제국을 건설하고자 평생을 바쳤다.

    교황이 된 후에는 자신의 최대 권력을 보호하기 위해 기존의 사상을 뒤엎는 관점을 제시했다. 예컨대 그는 교황은 태양이고 황제는 달이라 주장했다. 하지만 그를 유명하게 만든 것은 이런 급진적인 관점이 아니라 그의 엄격하고 과감한 행동이었다. 그는 교황청 내에 중앙집권제를 추진하고 로마와 교황청 내의 왕공귀족들이 그의 지시에 복종하게 한 뒤 교황의 궁정기구를 개혁하여 확대하고 개선했다.

    그 후 교회를 감독하기 위해 인노첸시오 3세는 각지에 핵심 주교를 파견하였으며 대주교가 교회를 책임지고 감독하던 전통을 바꿨다. 이와 동시에 각지 주교는 그 부속 교구와 수도원을 감독해야 하는 겹겹이 감시하는 빈틈없는 체계가 형성되었다. 1199년 인노첸시오 3세는 처음으로 서유럽 교회 전체에 세금을 징수해 감독 체계가 정식으로 형성되고 유지되었다. 하지만 이는 결국 백성들이 숨도 쉴 수 없는 '십일조'로 발전했다.

인노첸시오 3세는 뛰어난 외교가이기도 했다. 그가 소집한 제4차 종교회의는 콘스탄티누스가 주최한 니케아 공의회 이래 가장 중요한 종교회의 가운데 하나이다. 회의는 신실한 기독교 신자가 반드시 준수해야 할 규범들을 상세하게 설명하고 있다. 즉, 세례, 견진, 혼례, 미사, 참회, 사도직과 임종 성유의식 등 7가지 의식을 규정하고 또한 신자들은 매년 최소한 한차례 고백성사와 미사에 참여를 해야 한다고 명시했다.

인노첸시오 3세는 이교도에 대한 박해로도 유명했는데 화형으로 이교도를 태워 죽이는 방법을 고안해 교권에 굴복하지 않는 용사들을 모두 태워 죽이기도 했다.

인노첸시오 3세는 교황이지만 그의 영향력은 유럽 대국의 군주에 버금갔다. 그러니 그를 '만왕의 왕' 이라고 부르는 것은 조금도 지나친 일이 아니다.

325년 제1차 니케아 공의회가 소아시아 니케아에서 거행되었다. 이는 첫 번째 기독교 성질의 회의이다. 〈니케아 신경〉의 반포, 삼위일체를 교리로 선포, 기독교의 성격과 구원, 20조로 확장한 정통파 주교 권력을 목적으로 한 교칙, 황제의 주교 임면권, 로마제국의 구역에 따라 교구 진행, 로마 알렉산드리아와 예루살렘 3개 교구에 더 많은 권력 부여, 부활절 계산 방식 등을 주요 내용으로 담고 있다.

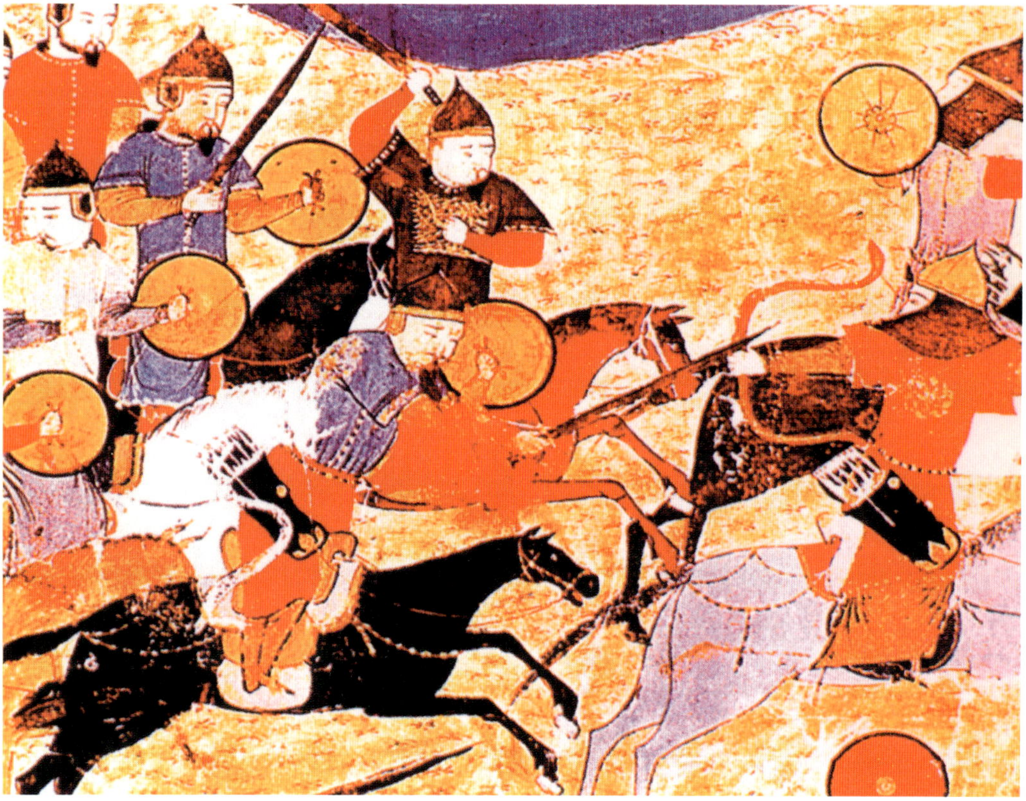

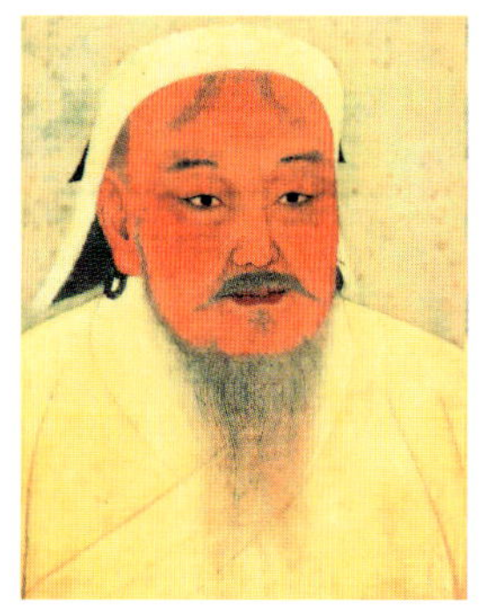

▲ 몽골군의 전쟁 그림. 치 피니. 이란

칭기즈칸

▲ 칭기즈칸. 산서 홍동현에서 발견된 원나라 벽화. 1279년부터 1368년까지 작품

Genghis Khan
몽골 대칸
1162~1227년

몽골인이 벌인 정복전쟁은 그 규모와 예술성, 돌연성과 민첩함, 포위 전략과 전술에 있어서 전례가 없다.

쑨중산은 "아시아에서 가장 강한 민족은 원나라 몽골인이다.", "원나라 때 유럽 대부분의 나라가 원나라에 점령되었다. 중국이 가장 강한 시기였던 때보다 훨씬 막강했다."라고 말했다. 여기서 쑨중산이 찬양한 몽골인 혹은 원나라의 공은 모두 한 사람이 세운 것이

다. 바로 원나라의 창시자 칭기즈칸이다.

칭기즈칸의 이름은 테무진으로 칭기즈칸은 그가 몽골의 대칸이 된 후의 존칭이다. 테무진은 몽골 고원 부락 지도자의 아들로 태어났다. 그가 출생한 때는 마침 각 부락이 서로 정복전쟁을 벌이던 시기였다. 어린 시절은 풍족하고 유복하게 자랐으나 9세 때 아버지가 원수에게 독살되고 씨족들이 하나 둘 배반했으며 가축마저도 배반자들에게 빼앗겼다. 그는 어머니와 세 형제를 따라 유목 생활을 포기하고 고기를 잡고 야채를 재배하며 생계를 도모할 수밖에 없었다. 힘겨운 생활은 테무진을 단련시켰다. 그는 자라서 아버지의 사업을 회복하겠다고 결심했다.

흩어진 옛 부족민을 모으는 일은 테무진에게 쉬운 일이었다. 그는 혼인과 합병전쟁으로 1189년에 칸으로 추대되었다. 당시 그의 나이는 겨우 27세였다. 오래지 않아 그는 강력한 동지들을 자신의 수하에 두었다. 1196년 테무진은 원수 부락을 물리치고 아버지의 원한을 갚았을 뿐 아니라 자신의 이름을 널리 알리게 되었다. 1200년부터 테무진은 네 차례의 전쟁을 연이어 일으키고 몽골 초원의 부락들을 통일했다. 1206년 봄에는 대몽골제국을 세우고 대칸으로 추대되어 칭기즈칸이라는 존칭을 받았다.

▲ 원세조 아내의 초상

사실 칭기즈칸의 야심은 결코 몽골 초원에 국한되지 않았다. 즉위 후 칭기즈칸은 영토를 확장하기 시작했다. 재위기간 이십여 년 동안 그는 항상 영토 확장을 위해 분투했다. 1205년 그는 직접 군사를 이끌고 서하를 쳤다. 처음에는 조공을 바치게 하다가 이어 철저하게 멸망시켰다. 그 후 중국 국경 내 금·서료와 외아족을 정복하고 직접 지금의 우즈베키스탄·하사크스탄·투크만스탄·아프간·이란·그루지아·러시아 등으로 원정을 떠났다가 1225년에야 돌아왔다. 그는 정복한 토지를 모두 자신의 아들들에게 나눠주고 그들이 새로 칸국을 세우게 했다.

1227년 칭기즈칸은 다시 직접 군을 이끌고 서하를 상대로 전쟁을 치르러 나갔다가 병으로 죽었다. 향년 66세였다. 〈원사〉에는 다음과 같이 칭기즈칸을 평했다. '제(칭기즈칸을 가리킴)는 책략에 뛰어나고, 신처럼 병사를 썼다. 사십 개 국을 멸하였다. 그의 공적은 매우 크다.'

중국의 걸출한 정치가이자 군사가로서 칭기즈칸의 가장 두드러진

▲ 이란의 치 피니가 지은 《세계정복자사》에 수록된 여러 폭의 그림이 몽골인의 즉위, 알현, 정복 전쟁 등의 상황을 잘 반영해 준다. 아래 그림은 그 중 〈몽골군이 성을 공략하는 그림〉으로 몽골군이 중앙아시아의 도시를 공격하는 상황을 묘사하고 있다.

점은 그가 재위기간 동안 벌인 일련의 효과적인 개혁들이다. 우선 그는 행정과 군사 합일의 '영호분봉제'를 세웠다. 정복으로 얻은 백성과 토지를 공적에 따라 공신과 귀족에게 나누어 주고 귀족과 봉호의 관계를 규정한 것이다. 봉호는 평상시에는 노예이다가 전시에는 주인을 따라 전쟁터에 나간다. 다음으로 〈대전〉을 편찬해 통치의 법률 준칙으로 삼아 상응하는 관직을 임명했다. 마지막으로 호위군 제도를 만들었다. 호위군은 오직 칭기즈칸에게만 충성을 다하고 그가 최고 권력을 유지하는 것을 도왔다.

더욱 중요한 공은 칭기즈칸이 몽골어를 문자로 만들어 문자가 없는 몽골의 역사에 마침표를 찍었다는 점이다. 몽골 문자가 생긴 후 칭기즈칸은 새로 호구를 등록하고 역법을 편찬했으며 몽골 문화의 발전을 촉진시켰다. 개혁을 통해 칭기즈칸의 통치는 더욱 강화되었고 사회의 생산력도 크게 발전했다. 몽골의 봉건 통치제도도 점차 형성되어 원나라의 건립에 튼튼한 기초가 되었다.

예부터 지금까지 칭기즈칸의 정복활동에 대해 사람들은 여러 견해를 보였다. 하지만 부인할 수 없는 점은 그가 뿔뿔이 흩어진 몽골을 다시 하나의 깃발아래 통일시키고 아시아와 유럽 두 대륙을 가로지르는 제국을 세워 동서양 간의 경제 문화 교류를 촉진시켰다는 점이다. '실크로드'도 다시 살아났다. 프랑스 학자는 〈몽골제국사〉에서 '몽골인은 아시아의 거의 대부분을 연합하고 대륙 간의 통로를

▲ 몽골군이 전쟁 포로를 압송하는 그림. 몽골군대가 서쪽 정벌 중 포로를 압송하는 장면을 묘사하는 그림으로 서역의 특색이 살아있다. 이 그림은 페르시아 사학자 라시드-알딘《종합사》에 실린 삽화로 독일 베를린에 소장되어 있다.

개척해 중국과 페르시아의 접촉을 편리하게 했다. 몽골인이 전파한 문화는 로마인이 전파한 문화와 마찬가지로 유익하며 세계적으로 오직 희망봉의 발견과 아메리카 대륙의 발견만이 이와 비교할 만하다.' 라고 말했다.

칭기즈칸이 성공할 수 있었던 까닭은 그 자신이 탁월한 정치, 군사 재능이 있었고 다른 한편으로는 시대의 조류에 순응했기 때문이다. 12세기의 몽골은 내우외환의 시기였다. 대외적으로는 금나라 사람들의 압박을 받고 내부는 끝없는 혼란에 빠져 몽골인은 지쳐있었다. 이런 시기에 칭기즈칸은 초원을 제패하고 백성들의 마음을 잡았다. 그 이후 일련의 개혁을 통해 몽골인의 정치, 경제, 문화 등을 더욱 크게 개선했다.

칭기즈칸의 포기하지 않는 정신, 완강한 의지와 대장부의 신념은 중국인의 사기를 진작시켰다. 그가 세운 양 대륙을 넘어선 방대한 제국은 세계적으로도 뛰어난 성취이다.

서하

서하는 1038년에 세워졌다. 당항족을 조상으로 하고 목축업과 수렵 위주로 당나라 때 번영해지기 시작했다. 송나라 때 끊임없이 내륙의 선진 기술을 배워 경제가 발전했다. 1038년 황제 원호가 안경에 수도를 정했다. 녕하·감숙·신강·청해·내몽골 및 섬서의 일부 지역을 통치하다 1227년 몽골에게 멸망했다.

▲ 필리프 2세의 세례 장면을 묘사
한 벽화

필리프 2세

▲ 필리프 2세

　　루이 7세는 40세가 넘어서도 자식이 없었다. 실망한 백성들의 간절한 기도 속에 마침내 필리프 2세가 탄생했다. 필리프 2세가 태어난 8월(August)은 옥타비아누스의 호칭 아우구스티누스의 이름을 붙인 것이다. 그래서 그는 농담으로 '아우구스티누스'라고 불렸다.

　　1180년 9월 18일 루이 7세가 세상을 뜨고 15세의 필리프 2세가 프랑스의 국왕이 되었다. 숙부 샹파뉴 백작 앙리 1세, 랭스 대주교인 기요, 블루아와 샤르트르 백작인 티보 5세가 섭정을 했다.

　　특권이 없는 이름뿐인 국왕 필리프 2세는 섭정자들의 간섭에서 벗어나 대권을 장악하기만을 바랐다. 때문에 계속해서 국가 대권을 장악하고 싶은 샹파뉴가와 절실하게 친정을 갈망하는 필리프 2세 사이에 첨예한 갈등이 생겼다. 1180년 4월 28일 필리프는 에노 백작의 딸 이자벨과 결혼했다. 아르투아는 이자벨의 혼수로 프랑스 왕실의 영지가 되었고, 이는 필리프와 샹파뉴가의 투쟁에 유리하게 작용했다. 후에 필리프 2세는 샹파뉴가와 여러 차례 마찰을 벌였고, 1185년 쌍방이 협의점을 찾고서야 분쟁이 해결되었다.

죄수처럼 좁은 '블란서 섬'에 갇혀 있었던 카페왕조를 밖으로 확장하고 싶어도 힘이 없는 상황에서 필리프 2세는 왕실의 권위를 강화하려면 우선 왕실의 영지를 확장해야 함을 깨달았다. 이 방면에서 필리프 2세의 할아버지 루이 6세와 아버지 루이 7세는 모두 노력을 기울였지만 별 효과가 없었다. 하지만 필리프 2세는 네 차례의 대규모 영토 합병을 통해 당시 프랑스에서 가장 큰 봉건 영주가 되었다.

당시 프랑스가 통일을 실현하는 데 가장 큰 적은 바로 프랑스 국토의 절반을 소유한 잉글랜드 국왕 헨리 2세였다. 헨리 2세의 세력을 줄이기 위해 필리프 2세는 헨리 2세와 그의 아들들(헨리, 리차드, 존)의 관계를 이간질시켰다. 필리프 2세는 리차드와 연맹을 맺었는데 리차드와 헨리 2세가 전쟁을 벌이는 동안 어부지리로 일부 영지를 차지했다. 1189년 리차드가 왕위를 이어 '사자왕' 리차드 1세가 되었다. 그러자 필리프 2세는 샤를 1세의 동생 존을 끌어 와서 사자왕에게 적극적으로 저항했다.

▲ 필리프 2세의 아내

1187년 살라딘이 예루살렘을 점령했다는 소식이 유럽에 전해지자 여론은 전에 없이 분노했고 제3차 십자군 원정이 이때부터 시작되었다. 필리프 2세와 리차드 1세는 잠시 개인적인 원한은 접어두고 함께 십자군 원정에 참여했다. 하지만 이후 원정에서 필리프 2세와 살라딘의 군대가 성과없는 격전을 벌인 지 일 년 후에야 리차드 1세가 참여했다. 이 일로 그들 간의 갈등은 더욱 깊어졌고 화가 난 필리프 2세는 중도에 퇴각하고 귀국 후 프랑스에 있는 영국 왕의 기지를 맹렬히 공격했다.

리차드 1세는 부득이하게 귀국하여 전쟁에 참여해야 했으며 이 전쟁은 여러 해 동안 계속되다가 1199년에야 5년간의 정전 협의를 했다. 후에 리차드 1세는 포위 공격을 감행하다가 화살에 맞아 세상을 떠났다. 리차드 1세가 죽은 후 필리프 2세의 맞수는 그의 후계자 존왕으로 바뀌었다. 필리프 2세는 다시 부당한 수법을 사용해 존의 조카 아르튀르가 그에게 대항하도록 선동하고 그 사이에서 이득을 취했다.

후에 존은 푸아투의 뤼지냥 가문의 약혼녀 이자벨과 결혼하여 뤼지냥 가문을 노하게 하고 필리프 2세는 이 기회를 틈타 뤼지냥과 동맹을 맺었다. 1202년 프랑스 내의 영국 왕 영토에 있는 영지를 취소하고 노르망디를 공격하는 전쟁을 일으켰다. 1206년 10월 필리프 2세와 존은 투아르에서 협정을 맺고 존이 플랜태저넷왕조의 영지를 포기하기로 했다.

영지를 잃은 존은 약점을 드러내지 않으려고 플랑드르 백작 등 몇몇 제후와 신성로마제국의 황제 오토 4세 등과 동맹을 맺고 필리프 2세에게 대항했다. 필리프 2세도 로마 교황 인노첸시오 3세와 시시리 국왕과 결맹했다. 이때부터 영국, 프랑스, 독일, 이탈리아의 갈등이 마침내 하나로 연결되었다. 필리프 2세는 유명한 부빈 전투에서 승리를 거두고 독일을 대신해 프랑스를 유럽 대륙의 최강 국가로 만들었다.

통치를 강화하기 위해 그는 파리를 프랑스의 정치 중심으로 만들고 국왕이 정식으로 사무를 보는 곳이 없던 전통을 바꿨다. 게다가 파리는 이 시기 프랑스의 수도로 확정되었다.

영주 분립에서 고도로 집중된 중앙집권의 민족 국가로 형성되기까지의 과정은 길고 어려웠다. 이 과정에서 필리프 2세의 재위기간이 가장 관건이 되었다.

루이 9세

Louis IX
프랑스 카페왕조의 국왕
1214~1270년

그는 이 세계에서 본 적 없는 완벽한 괴물이다.

루이 9세에 대한 사학자의 평가

그의 지도아래 프랑스는 유럽 패주의 지존이라는 지위를 다졌다. 그의 통치시기는 '성 루이의 황금세기'라고 불렸으며 그는 그 시대 전 유럽 군주의 모범으로 손색이 없었다. 그가 바로 프랑스 카페왕조의 국왕 루이 9세이다.

루이 9세는 카페왕조의 제9대 국왕이다. 당시 프랑스는 그의 할아버지 필리프 2세 등 선왕들의 노력으로 이미 지역적 제한을 받는 처지에서 완전히 벗어나고 일약 유럽 대지의 '선두'가 되었고 루이 9세도 유럽에서 가장 부유하고 권세 있는 사람이 되었다.

중세기 유럽에서 루이 9세는 군주의 본보기로 불리었다. 독실한 그리스도교 신자였고 십자군 원정을 일으켰으며 공정하고 엄격하게 법을 집행했다. 그는 재위기간 동안 프랑스에 일련의 개혁을 진행했는데 그 중 사법개혁의 성과가 가장 두드러진다.

루이 9세는 사법을 개혁하여 왕실이 사법권을 소유하고, 배반, 가짜 화폐 주조 등 중요한 범죄행위는 반드시 왕실 법정이 직접 심판하게 했다. 게다가 왕실의 영지 이외에 '국왕 20일' 제도를 제정하고 지방 제후들이 침해를 받은 후 40일 내에는 복수를 할 수 없고 반드시 왕실 법정에 상소하고 국왕의 판결을 기다려야 한다고 규정해 선처리, 후보고의 악습을 뿌리뽑았다.

이밖에 사법 결투, 혈친 복수 등 낡고 비합리적인 규칙과 관습을 위법 행위로 규정했다. 이와 동시에 화폐제도를 개혁하고 왕실 영지에서는 왕실 제조 화폐이외의 화폐 유통을 금지시켰다. 사법개혁과 화폐 가치개혁은 프랑스가 고도로 집중된 중앙집권제 국가로 들어서는 길목에서 매우 중요한 고리로 프랑스 역사에 깊은 영향을 끼쳤다.

독실한 기독교 신자인 루이 9세는 십자군 원정에서 그의 신앙심을 표현했다. 그는 제7차, 제8차 십자군 원정을 일으켜 이집트를 '노예

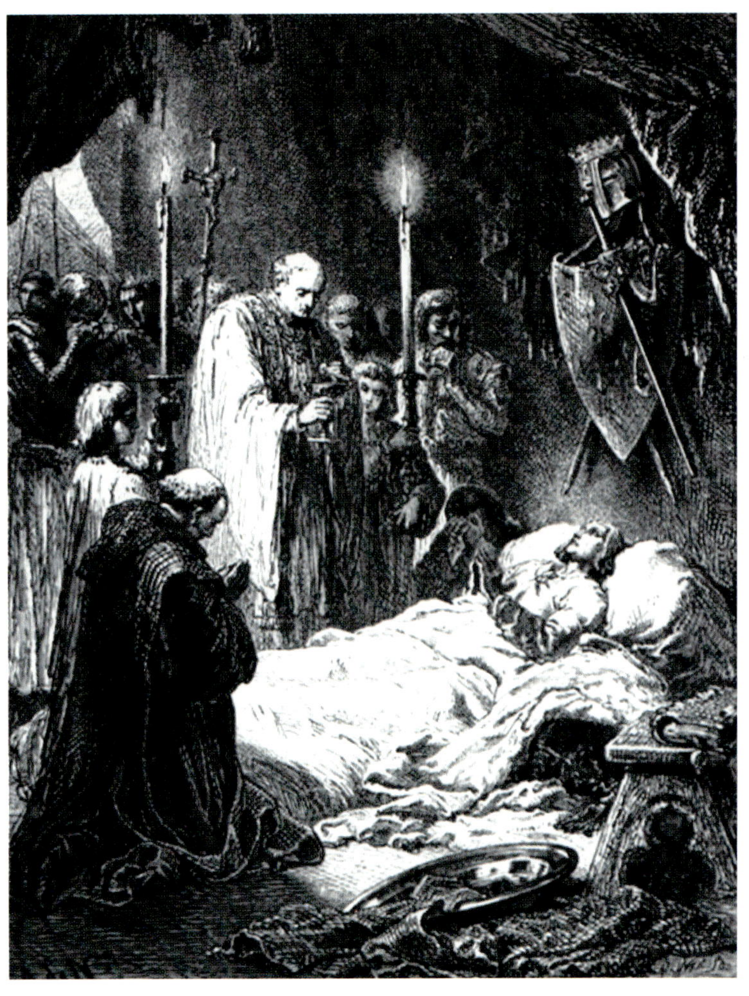

세인트루이스 대성당

세인트루이스 대성당은 프랑스 카
페왕조의 제9대 국왕 루이 9세의
이름을 딴 것으로 미국 루이지애나
주 동남부에 있다. 외형은 웅장하고
아름다우며 천주교의 색채가 짙게
담겨 있다. 북아메리카의 유명한 천
주교 성당 가운데 하나이다.

왕조'의 통치시기로 들어서게 했고, 그 자신도 전쟁에서 병사했다. 당시의 표현에 따르면 루이 9세의 죽음은 가치 있고 매우 영광스러 웠다. 따라서 그는 죽은 지 27년만에 로마 교황청에 성인으로 추대 되었고 '성 루이'의 존칭을 얻었다.

루이 9세의 개혁은 프랑스에 실질적인 변화를 가져오지는 못했지 만 그의 통치기간 동안 프랑스는 안정적인 번영 시기로 진입했고, 프랑스 왕실의 권위가 크게 올라갔으며 민족 국가가 되는 기초를 다 졌다.

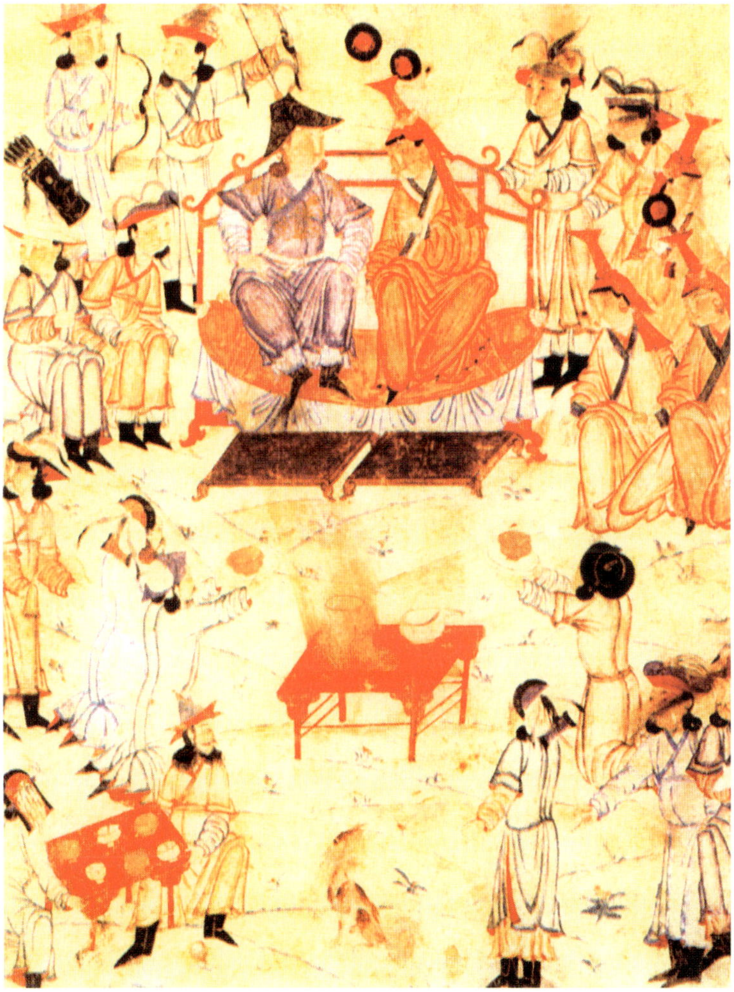

◀ 몽골 칸의 연회 그림

쿠빌라이 칸

Khan
몽골 대칸, 중국 원나라 황제
1215~1294년

그는 진정한 '대군주'로 '아담시대부터 지금까지 세계에 존재한 왕 중 가장 강한 군주이다'.

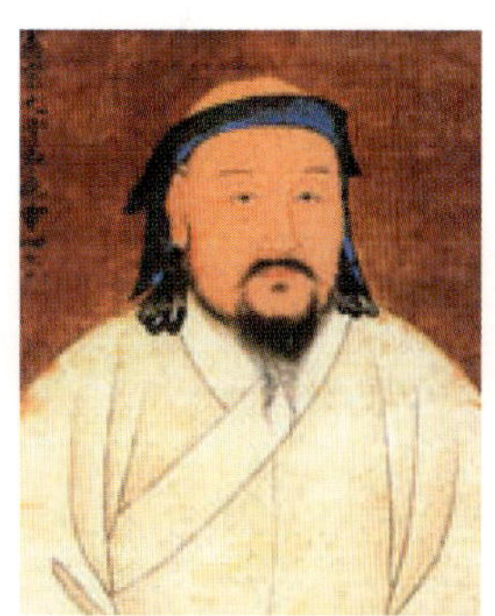

▲ 쿠빌라이

이탈리아 베니스에서 온 마르코 폴로는 원나라의 번화하고 소란

▲ 원나라 조옹 작품. 그림은 말에 탄 선비가 활을 들고 몸 뒤쪽의 새를 쏘려는 장면을 묘사하고 있다.

스러운 수도 한가운데 서서 사방을 둘러보았다. 경이롭고 감탄에 빠진 눈빛으로 그는 신기하고 아름다운 새로운 환경에 빠져있었다. 나중에서야 그는 원 세조 쿠빌라이가 이 신화처럼 부유한 동방대국을 세우고 세계를 흔든 전설을 만들었음을 알았다.

쿠빌라이는 칭기즈칸의 막내아들 톨루이의 아들로 1215년 원나라에서 태어났다. 그의 친형이자 원나라 헌종 몽케 칸이 죽자 그는 동생 아리보거와 격렬한 왕위 쟁탈전을 벌였다. 1260년 쿠빌라이는 여러 장군들과 몽골 귀족들의 도움으로 왕위에 올라 새로운 칸이 되어 원나라의 창시자이자 중원 최고의 몽골족 황제의 찬란한 일생을 시작했다.

칭기즈칸의 손자로서 쿠빌라이는 할아버지의 원대한 뜻과 뛰어난 지략을 물려받아 할아버지의 천하통일 숙원을 완성했다. 그는 반평생 전장을 누비며 몽골의 기병을 이끌고 남하해 나머지 중국지역을 차지했다. 이뿐 아니라 주변국까지 손길을 뻗어 일본, 베트남, 버마를 각각 두 차례씩 공격했으며 심지어 태평양의 자바 섬까지 밟았다.

쿠빌라이가 재위하는 동안 장기간 지속된 중국의 남북 분열 상태가 끝났으며 요동·서역·투르판·운남 등의 지역이 하나의 정권 아래 통일되었다.

칭기즈칸이 무력으로 천하를 뒤흔든 것과는 달리 쿠빌라이는 문치로 나라를 다스렸다. 몽케가 칸으로 있을 때 쿠빌라이는 중원의 사대부·지식인과 밀접하게 왕래하며 겸허하게 한족의 문화를 배우고 치국의 도를 배웠다. 오랜 왕래로 쿠빌라이의 주위에는 한족 유학자 참모집단이 형성되었다. 다민족·다종교가 함께 존재하는 제국을 통치하기 위해 쿠빌라이와 그의 참모들은 한나라의 법을 기초로 하면서 중국 전통 이념의 속박에서 벗어난 정부를 세워 원나라의 기초를 다졌다.

전국을 통일하기 위해 쿠빌라이는 역대 봉건 제왕들의 중국 통치 형식을 빌려와 새로 중앙집권정치를 확립했고 지방 분할제도를 도입해 지방에 대한 통제를 강화했다. 이는 원나라 때부터 지금까지 계속되고 있다. 또한 전국에 역과 길을 만들어 상업의 번영을 이끌었다.

장기간의 전란으로 큰 피해를 입은 농업을 다시 살려야 했다. 비록 유목민 출신이었지만 그는 농업의 회복과 발전을 매우 중시했다.

▶ 이탈리아 마르코 폴로(1254~1324년)가 지은 〈동방견문록〉에 실린 삽화. 쿠빌라이의 관리가 세금을 징수하는 장면을 묘사하고 있다. 몽골 통치자가 징수한 가장 중요한 세에는 소금세, 설탕세와 석탄세가 있다.

나라를 다스리는 데 백성과 의식주와 농업이 중요하다는 것을 알았기 때문에 농업 전문기구를 설치해 농업에서 세운 공으로 관리의 업적을 가렸으며 《농상집요》를 편집해 농업 생산을 지도했다. 이런 정책을 시행하여 원나라의 농업은 크게 발전하였고 경제 발전에도 탄탄한 물질적 기초가 되었다.

쿠빌라이는 중동과 유럽과의 왕래를 매우 중시하여 일련의 대외 개방정책을 제정했다. 그는 실크로드를 다시 열고 각국의 상인이 중국과 유럽 간에 무역을 하는 것을 허락했다. 각종 종교 문화를 포용하는 정책을 취했으며 외국 선교사가 중국에 선교하러 오는 것도 허용했다. 상업의 번영과 대외 무역의 번창은 쿠빌라이 시대의 가장

▼ 몽골 기병의 공격도. 이란. 이 페르시아 회화에는 몽골 갑옷을 입고 쌍방이 교전을 벌이는 장면이 묘사되어 있다.

큰 특징으로 이탈리아 베니스의 마르코 폴로가 가장 좋은 증인이다.

물론 쿠빌라이의 통치에도 부족한 부분은 있다. 그는 민족분화 정책을 시행해 전국의 백성을 네 등급으로 나누었으며 일등급인 몽골인이 특권을 누렸다. 이런 불평등한 민족 억압정책은 원나라의 계급 갈등과 민족 갈등을 심화시켰는데, 이는 원나라가 중국에서 백년이상 지속되지 못한 주요 원인이 되었다.

원나라의 창시자로서 쿠빌라이는 칭기즈칸이 시작한 사업을 빛낸 '만왕의 왕'이 되었다. 그가 통치한 제국은 당시 세계에서 가장 선진적이며 가장 부유한 동양 문화의 대표가 되었다. 선진 문화는 실크로드를 통해 유럽 각국으로 전해져 서양인의 중국 문화에 대한 관심을 불러 일으켰으며 콜럼버스가 신대륙을 찾는데 직접적인 자극이 되었다.

1249년 원세조 쿠빌라이는 미완성의 꿈을 안고 세상을 떠났다. "원정의 실패, 끝없는 재물 요구, 쇠약해진 건강으로 쿠빌라이의 세계 정복의 꿈은 미완성으로 끝났지만 그의 영광은 조금도 손상되지 않았다." 이는 쿠빌라이에 대한 미국의 학자 모리스 로사비의 평가이다.

에드워드 1세

▲ 에드워드 1세

유명한 입법자로서 그는 영국 역사상 가장 중요한 법률 가운데 하나를 반포했을 뿐 아니라 국왕과 의회의 물과 불같은 관계에 반대하여 의회제의 발전을 적극적으로 추진했다. 야심만만한 정복자로서 그는 모든 통치자들처럼 자신에게 반하는 이들을 배척하고 자신을 보호했다. 이 두 가지 전혀 다른 품성이 그의 안에서 완벽하게 존재했다. 불가능해 보이지만 실제로 존재한 일이다.

에드워드 1세는 헨리 3세의 장자로 어려서부터 승마를 좋아하고 전장을 누비는 생활을 동경했다. 왕실 출신이지만 에드워드 1세가 즉위하기까지 어려움이 많았다. 반란이 일어나 아버지 헨리 3세와 함께 포로가 되었지만 그는 운 좋게 탈출한 후 무력으로 반격에 성공했고 헨리 3세는 왕위에 복위할 수 있었다. 1270년 헨리 3세가 죽고 에드워드가 즉위하여 에드워드 1세가 되었다.

즉위할 때 에드워드는 이미 31세였다. 당시 그는 경험이 풍부한 지휘관일 뿐 아니라 지도력이 뛰어나고 특히 인재를 쓰는 데 정통했다. 그는 권력이 모든 사물을 보증한다고 보았다. 따라서 모든 신민이 반드시

▲ 필리프 1세에게 경의를 표하는 에드워드 1세

그의 지휘와 그의 철 같은 기율*을 집행하고 복종할 것을 요구했다. 이는 그의 통치를 굳게 보호해주었다.

에드워드 1세가 영국에 기여한 공은 크게 두 가지 방면에서 나타난다. 하나는 영토 확장이고 다른 하나는 의회제도의 확정이다. 영토 확장 방면에서 에드워드 1세는 우선 웨일스를 점령했으며 자신의 아들을 웨일스 친왕으로 임명했다. 이는 점차 관례로 자리 잡아 이후 모든 영국 왕은 웨일스의 왕으로 봉해졌다. 이후 6년간 전쟁을 치르고 에드워드 1세는 마침내 스코틀랜드까지 정복하고 국왕이 되었으며 '스코틀랜드의 철망치'라는 찬양을 받았다.

하지만 스코틀랜드의 국왕으로서 에드워드 1세의 위치는 아직 안정적이지 못했다. 스코틀랜드는 저항 투쟁을 벌였고 영국은 스코틀랜드 봉기를 지지한 프랑스에 대항해야만 했다. 이 전쟁으로 에드워드 1세는 기력을 크게 빼앗겼다. 그는 점점 지쳐가다 결국 스코틀랜드를 정복하러 가는 도중에 생을 마감했다. 에드워드 1세는 비록 스코틀랜드를 완전히 통제하지는 못했지만 오늘날 영국이 하나로 통일되는 데 최초의 기반을 다졌다.

불가사의한 일은 에드워드 1세가 영국 의회 제도를 확정한 첫 번째 사람으로서 '의회파'와의 격렬한 투쟁 중 성장했다는 점이다. 그는 투쟁 때문에 의회를 화로 여기기는커녕 오히려 의회가 국왕이 민의를 이해하는 중요한 작용을 한다는 점을 충분히 인식했다. 때문에 제도를 한층 더 개선해 영국 의회 제도의 발전을 이끌었다.

▲ 에드워드 1세의 초상화

에드워드 1세는 지위가 낮은 기사·시민과 교사들도 의회에 참여하게 해 민족의식을 높이는 동시에 봉건 왕권을 강화했고 민중의 의견을 수렴해 더욱 효과적으로 국가의 안정과 발전을 수호했다. 에드워드 1세 시대에 의회는 이미 영국 정치에 없어서는 안 될 일부분이 되었다.

이뿐 아니라 에드워드 1세는 할아버지 존이 체결한 '대헌장' 제도 중 조목이 불분명하거나 성문이 아닌 보통법을 새로 수정해 '글로스터법', '심문영장법', '웨스트민스터 성문법' 등 일련의 법령을 반포했다. 이들 법령 중 토지법의 성과가 가장 두드러졌는데 이는 국왕의 허락을 받지 않고는 누구도 토지를 교회에 양도할 수 없음을

---

* 기율 : 도덕상으로 여러 사람에게 행위의 표준이 될 만한 질서

주요 내용으로 담고 있다.

에드워드 1세의 목적은 귀족들의 손에서 왕실의 권력을 되찾아 강력한 중앙정권을 수립하는 것이었다. 주목할 만한 점은 에드워드 1세가 세운 법이 로마법 중 대중의 일은 대중이 결정한다는 것을 기초로 했다는 점이다. 얼핏 왕권 강화와 모순이 되는 것처럼 보이지만 그는 이를 완벽하게 결합했다.

이밖에 에드워드 1세는 군사재능도 탁월했다. 재위기간 동안 잉글랜드의 군사제도와 병사의 종류를 개선했고, 선진 장비들도 새로 만들었다. 동시에 그는 우선 궁사들로 적진을 교란시킨 뒤 기병으로 전력 질주하는 전술을 발명해 영국과 프랑스의 백년 전쟁에서 승리를 거두는 데 중요한 작용을 했다.

왕후 엘리너와 신하 버넬은 에드워드 1세의 일생에 중요한 영향을 끼친 인물들이다. 엘리너 왕후는 에드워드 1세의 성격을 바꿨고 버넬은 그를 온 힘을 바쳐 보좌해 그가 찬란한 공을 쌓는 데 도움을 주었다. 그들이 죽음으로 크게 충격을 받아 에드워드 1세는 성격마저 변해 독단적인 사람이 되고 말았다.

에드워드 1세는 정복전쟁을 치르며 잔인한 도살을 서슴지 않고 타국의 주권을 침범했지만 영국의 영토를 확장했고 '연합왕국'의 기초를 닦았다. 일련의 입법은 영국이 천 년 헌정의 길로 나아가는 데 가장 탄탄한 걸음이 되었고, 의회 정신과 법치 정신을 널리 알려 영국, 유럽 심지어 전 세계에 깊은 영향을 끼쳤다.

▲ 왼쪽 그림– 1290년 에르투구룰 이 죽자 32세의 오스만이 부족 장의 지위를 이어 받았다.
오른쪽 그림 – 오스만은 1301 년 바파에온 전투에서 비잔틴의 군대를 물리친 후 소아시아 북부의 도시를 점령해 전진의 거점으로 삼았다.

오스만 1세

Osman I
터키 술탄
1258~1326년

오스만제국의 건국자로서 오스만 1세는 아시아, 아프리카, 유럽 세 대륙에 우뚝 선 오스만제국의 출현에 큰 공을 세웠다.

어떤 제왕도 그처럼 자신의 이름을 나라 이름으로 정한 자가 없었다. 게다가 그 나라는 600년을 존속했다. 더욱 놀라운 것은 이 나라가 아시아, 아프리카, 유럽의 세 대륙에 걸친 방대한 제국, 세계에서 가장 강하고 번영한 국가인 오스만 투르크제국이라는 점이다. 세계

100대 제왕의 한 사람이 되기에 조금도 부족하지 않은 그가 바로 투르크제국의 술탄 오스만 1세이다.

오스만은 소아시아 북부의 쇠귀트에서 부족 족장의 아들로 태어났다. 당시 소아시아의 지역은 대부분 룸셀주크의 통제 하에 있었는데, 오스만이 태어난 부족도 마찬가지였다. 어린 시절 오스만은 아버지를 따라 다니며 무술을 배우고 아버지를 도와 룸셀주크를 위해 국경 수비를 섰다. 후에 그는 세익 에데바리에게서 가르침을 받고 그의 딸을 아내로 맞았다.

1290년, 아버지가 세상을 떠나고 오스만이 족장이 되었다. 오스만의 통치 아래 그의 부족은 나날이 강해졌고 그의 종주국 룸셀주크는 점차 몰락해갔다. 오스만으로서는 천재일우의 기회였다. 그는 기회를 잡고 투르크 민족을 부흥시킬 중임을 맡아 1299년 독립국을 세우고 스스로 술탄(가장 권위 있는 자라는 의미)이라고 칭했다.

오스만 1세는 집정기간 동안 수니파 신앙의 정통 지위를 확정하고 하나피트파의 교법을 준수해 종교 문제는 교법 학자가 협상 후 결정하도록 규정했다. 그 자신이 신실한 신자로 평생 종교 정신을 지킨 오스만 1세는 검소하고 자율적이며 성전에 대한 강한 의지를 보여 투르크인들은 그를 '부족의 족장, 영웅'이라고 불렀다.

오스만 1세의 가장 큰 공적은 방대한 오스만제국을 세운 것이다. 그는 즉위 초기 비잔틴제국의 지역들을 점령하고 원정의 근거지로 삼았다.

그 후 비잔틴제국의 마지막 거점 브루사를 공격했다. 브루사만 점령하면 유럽으로 통할 수 있었기 때문에 이 쟁탈전은 생사존망이 걸린 전쟁이었다. 전쟁은 9년간 지속되었으며 전에 없이 격렬했다. 결국 오스만제국의 승리로 끝났지만 유감스럽게도 오스만 1세는 이 승리의 맛을 음미하기도 전에 세상을 떴다.

1326년 오스만 1세의 아들 오르한이 브루사로 수도를 옮기고 아버지의 시신을 옮겨와 안장했다. 브루사는 이때부터 오스만인의 성스러운 도시가 되었다. 오르한의 통치 하에서도 오스만제국은 계속 번성했다. 오스만 1세가 오스만제국을 세운 때부터 제10대 술탄 슐레이만 대제까지 300여 년간 오스만제국은 줄곧 상승세를 유지했다. 이는 오스만 1세 및 그의 후계자들의 지도력과 밀접한 연관이 있다. 오스만제국의 역대 제왕들은 변경을 개척하고 영토를 확장하여 마

▲ 오스만 1세

수피파

수피주의라고도 불린다. 이슬람교의 신비주의적 분파. 고행과 금욕 등 극단적인 수행방식을 신봉한다. 수피파의 종교 철학 사상은 〈코란〉과 성경의 일부 경문을 따르며 신비주의의 이론과 의식을 바탕으로 새롭고 방대한 사상 체계를 형성했다. 수피파교단은 이슬람 세계에 깊은 영향을 끼쳤으며 그 신비주의는 지금까지 이슬람 국가의 종교와 사회에 영향을 미치고 있다.

침내 아시아·아프리카·유럽의 세 대륙에 걸친 대 제국을 건설했다.

오스만 1세 통치시기에 제국의 국력은 크게 성장해 오스만 투르크인들은 정착 생활을 시작했고 후에 위대한 이름을 날린 오스만제국의 기틀을 마련했다. 오스만제국은 아라비아제국의 멸망 이래 사분오열된 이슬람 세계의 주심장부가 되었다. 게다가 오스만제국이 동서양 교류의 육상요새를 단절했기 때문에 서 유럽인들은 부득이하게 해상 교통을 개척해야 했고 이는 후에 대항해 시대 출현의 직접적 원인이 되어 전 세계에 큰 영향을 끼쳤다.

비록 많은 사람들이 세 대륙에 걸친 오스만제국 건립의 공을 오스만 1세의 후계자에게 돌리지만 만일 그가 오스만제국을 통일하지 않았다면 그의 후계자가 방대한 제국을 세우는 데 더 오랜 시간이 필요했을 것이다.

▶ 오스만제국의 등장과 흥성으로 이슬람 세계는 힘을 모으게 되었다. 서유럽 사람들은 해상에서 새로운 길을 찾아야만 했는데 이는 후에 대항해 시대로 이어진다.

람세스 2세

예부터 위대한 제왕을 평가하는 기준은 오직 하나였다. 바로 문치와 무공의 성과이다. 고대 이집트 역사상 문치와 무공에 있어 가장 뛰어나지는 않았지만 가장 유명한 파라오가 된 이가 있으니 그가 바로 람세스 2세이다.

람세스 2세가 벌인 히타이트와의 전쟁 및 그와 맺은 평화 계약은 세계 역사에 깊은 영향을 끼쳤다. 제18대 왕조 후기 이집트는 혼란

▲ 이집트의 람세스 2세의 조각상

197

아부심벨 대신전

아부심벨 대신전은 아스완 남쪽에 있다. 기원전 1300년부터 기원전 1233년 사이에 세워졌으며 고대 이집트 제19대 왕조의 왕 람세스 2세가 자신의 공적을 드러내기 위해 세운 것이다. 아부심벨 대신전은 이집트 신제국 파라오 시대의 가장 진귀한 유적이자 오늘날 아스완과 세계의 유명한 여행 포인트이다.

에 빠져있었다. 소아시아의 히타이트 왕국은 이 기회를 이용해 영토를 확장하고 이집트의 북아프리카 영토를 점령해 파라오의 위신을 땅에 떨어뜨렸다.

제19대 왕조는 강한 군사 확장정책으로 잃어버렸던 서아시아 영토를 수복했으며 히타이트 왕국과의 교전에서 우위를 차지했다. 국제적으로는 부유한 시리아 지역이 혼란에 빠져있었다. 남쪽의 이집트·북쪽의 히타이트·미타니·동쪽의 아수르·바빌론 등이 쟁탈의 중점이 되어 전쟁이 빈번했다.

람세스 2세는 이런 형세에서 등극했다. 그는 재위기간 동안 여러 차례 히타이트와 교전을 벌여 결국 승리를 거두었으며 그 후 다시 시리아로 진격해 역시 승리했다. 시리아 동쪽 아수르의 빠른 성장으로 위협을 느낀 히타이트 국왕은 이집트와 세계 역사상 처음으로 문자로 기록된 평화조약을 맺었다.

이 평화조약은 영토침범 제한, 군사 동맹, 정치범 인도, 세력 범위 구분 등 여러 방면의 문제를 다루고 있다. 주요 내용은 다음과 같다. 쌍방은 영원히 평화를 유지하고, 서로 침범하지 않는다. 양국 국왕은 각자의 의무를 이행한다. 양국은 군사 동맹 관계를 맺어 어느 한 나라가 제3국으로부터 침범의 위협을 받을 때 다른 한 나라가 지원을 해야 한다. 양국은 상대 국가의 망명자를 받아들이지 않는다. 만

▶ 고대 이집트 회화. 람세스 2세가 전차 위에 서서 적을 맞이하고 있다.

일 망명자를 발견하면 즉시 상대국으로 인도한다. 약속을 지키면 신의 보호를 받고 위반하면 신의 벌을 받을 것이다.

그 가운데 군사 동맹은 양국 모두에게 큰 도움이 되었다. 후에 이런 동맹 관계를 굳건히 하기 위해 히타이트 국왕은 딸을 람세스 2세에게 시집보냈다. 평화조약을 통해 양국은 각자 시리아와 팔레스타인 지역의 세력 범위를 확정하고 잠시 중동지역에 전쟁의 불씨를 껐다. 이 평화조약은 후에 국제 평화조약의 근거가 되었다.

이밖에 람세스 2세는 여러 가지 이유로 명성을 떨쳤다. 그는 67년간 재위했고, 처첩·자식의 수가 역사에 드물게 많았다. 그의 아내 중 한 명은 이집트 역사상 최고의 미인으로 손꼽힌다. 이외에도 큰 공을 많이 세워 자신의 공을 기록한 비석을 50여 개나 남겼다. 그중 이집트 최남단의 아부심벨 절벽의 대신전이 가장 유명하다.

람세스 2세의 통치기간은 고대 이집트 군사가 가장 막강했던 시기였다. 고대 이집트 군사 제국의 마지막 위인으로서 람세스 2세의 명성은 영원히 사람들의 기억에 남을 것이다. 그가 죽고 얼마 뒤 고대 이집트는 점차 쇠락하기 시작해 다시 일어나지 못했다.

루이 1세

Louis I
헝가리 국왕, 폴란드 국왕
1326~1382년

헝가리 역사에서 루이 1세의 통치 시기는 중대한 전환기이다.

▲ 루이 1세

오랫동안 오스만제국은 전쟁에서 패배를 몰랐고 적이 없었다. 그런 오스만제국이 예상을 뒤엎고 헝가리에게 지고 말았다. 헝가리 백성의 자신감을 북돋아 준 이 유명한 전쟁을 이끈 이가 바로 루이 1세이다.

루이 1세는 러요시 1세라고도 한다. 안주왕조의 헝가리 국왕이자 폴란드 국왕이다. 안주왕조 역사상 가장 강한 통치자로 그가 통치할 때 헝가리는 전성기를 누렸다.

그는 헝가리 국왕의 자리에 오른 후 여러 차례 대규모의 영토 확장을 벌였다. 나폴리 · 베네치아 등과 교전을 벌였고 1358년에는 달마티아(크로아티아의 일부 지역)의 거의 대부분을 점령했다.

그 후 그는 불가리아 · 보스니아 · 세르비아 · 왈라키아 · 몰다비아 등 발칸 반도의 소국들을 정복하고 그들의 종주국이 되었다. 심지어 1366년 발칸 반도를 침입한 오스만제국의 군대마저도 격파했다. 이 전쟁으로 헝가리의 영토는 더욱 확장되었다.

루이 1세는 내정 개혁에도 힘을 쏟았다. 그는 본국의 봉건제도와 자신의 통치 지위를 공고히 다지기 위해서 법전을 반포했다. 법전의 주요 내용으로는 귀족이 자손이 없을 경우를 제외하고 귀족의 토지를 국가 소유로 만드는 것을 금했으며, 중소 귀족들에게 대영주가 누리는 많은 특권을 충분히 누릴 수 있도록 보장했다. 법전의 반포로 비록 당시의 중앙집권 통치를 공고히 다지고 국왕의 통치를 보호했지만 장기적으로 보면 이득보다 폐해가 더 컸다. 합스부르크왕조 시대 헝가리의 귀족 수가 놀랄만큼 증가되어 헝가리의 정치, 경제 발전을 심각하게 방해했기 때문이다.

폴란드 국왕에게 자식이 없었기 때문에 1370년 루이 1세는 아버지 찰리 1세와 폴란드 국왕의 협의에 따라 국왕이 되었다. 그는 소귀족의 권리를 보장하기 위해 폴란드에 '특권 인가장'을 부여했다.

루이 1세의 재위기간 동안 중세의 헝가리는 정상에 올랐고 유럽과 세계의 역사에 영향을 미쳤다.

이성계

Li Chenggui
조선왕조 국왕
1335~1408년

젊은이가 병사를 신처럼 잘 다루니 진정한 천재이다.

원나라 장수 나하추

▲ 이성계의 초상

고려

고려는 '고려왕조', '왕씨 고려' 라고도 부른다. 태조 왕건이 918년 창건해 1392년 이성계에게 망한 한국의 봉건왕조 가운데 하나이다. 국교는 불교로 당시 매우 성행했다. 고려대장경은 16년이나 조각해서 완성한 세계적인 진귀한 보물 가운데 하나이다.

1368년 원나라가 멸망한 후 고려는 원나라의 잔여 세력과 계속 교류해야할지 아니면 새로운 명나라 정권과 교류해야할지 쉽게 결정을 내릴 수 없었다. 외교정책이 흔들리자 결국 친원파와 친명파가 형성되었고, 고려는 이로 말미암아 정치 분열 상태에 빠지고 말았다.

20년 후 이성계 장군을 우두머리로 하는 친명파가 친원파를 물리치고 표류하던 고려를 구원했다. 이성계의 자는 군보이고, 권세가의 집안에서 태어났다. 그의 관직 생활은 순풍에 돛을 단 듯 순조로웠다.

군사 권력을 서서히 장악한 이성계는 반란을 계획하고 고려의 구세력과 친원파 세력을 차례차례 제거했다. 자신의 통치를 한층 더 공고히 하기 위해 그는 토지 갈등이 첨예한 국내의 상황을 이용해 과감하게 대규모 토지 개혁을 실행했다. 이 개혁은 큰 성공을 거두었을 뿐 아니라 동시에 고려에 새로운 시대를 가져왔다.

개혁을 위해 그는 불교 사원의 토지, 동북부·서북부에 있는 모든 개인의 토지를 국가의 소유로 만들고, 경성에서 공개적으로 전답의 기록을 불태워 없앴다. 그런 다음 전국의 토지를 새로 측량하고, 과전제를 실행했으며 등급에 따라 관료와 귀족에게 토지를 분배했다. 토지를 받은 자는 오로지 지대를 받을 권한만 있지 토지 소유권은 없었다. 기타 토지는 국가 소유가 되어 농민에게 경작하도록 나눠주고 조세를 받았다. 이런 조치는 토지 합병을 억제했을 뿐 아니라 세금을 늘려 국가의 토지 통제와 관리가 강화된 동시에 관료 귀족에 대한 통제도 강화되어 중앙집권 통치의 발전을 이끌었다.

이성계는 개혁을 하며 점차 경제 정치의 대권을 장악한 후 고려를 대신할 나라를 세울 계획을 세웠다. 이를 위해 준비를 하며 심지어 자신의 뜻에 따르지 않는 사람들을 암살하기도 했다. 결국 1392년 정식으로 등극해 국호를 고려에서 조선으로 바꾸고 같은 해 수도를 한양(오늘날의 서울)으로 천도했다.

　세자 책봉과 관련해 왕자의 난이 일어나고 결국 이성계는 왕위를 정종에게 물려주고 상왕으로 은퇴하였으며, 이런 사정으로 말년은 매우 불행했다. 특히 함주에 있을 때는 태종이 차사를 보낼 때마다 죽여 '함흥차사' 라는 말이 생기게 되었다. 1402년 무학대사의 설득으로 돌아와 1408년에 죽었다. 능은 경기도 구리시에 있는 건원릉이다.

　이성계는 재위기간 동안 내정 건설에 큰 성과를 거두었다. 그의 위임 하에 정도전이 〈조선경국대전〉을 편찬하고 조선의 행정·재세·군사·예의 제도 등의 규범을 확정했다. 그 후 그는 조준에게 〈조선경국대전〉의 기초에서 〈경제육전〉을 편찬하라고 명했다. 유명한 학자였던 정도전과 조준은 법전을 편찬하며 유가 사상을 인용했다. 이성계는 특히 중앙집권과 충군 등의 사상을 강화했다. 인사제도를 정비하여 서리출신의 관료등용을 제한하고 지방의 사족들에게 문호를 넓혔다. 성균관과 향교제도도 정비하여 전국 군현에 교수관을 파견했으며, 과거제도도 개혁했다. 군현제도 정비하여 도제道制를 시행하고 도별로 관찰사가 지방행정을 총괄하게 했다. 군제에 있어서는 부병제와 무과를 시행하고, 전국의 군사조직에 대한 관리를 강화했다. 그 후 조선은 '숭유억불' 의 종교정책을 펼쳤다.

　이뿐 아니라 이성계는 노비를 석방하고 백성의 개간 사업을 장려하여 농업 발전을 촉진시켰고, 조선은 안정적으로 번영하기 시작했다.

　성공한 개국 군주로 이성계는 조선, 그리고 전 세계에 중요한 영향을 끼쳤다.

▲ 티무르는 전장에서 부상을 입어 절름발이가 되었다. 그는 지팡이를 짚으면서도 칼을 찼다고 한다. 1878년 작품

티무르

Timur
티무르제국의 왕
1335~1405년

티무르는 논란거리가 많은 왕이지만 그렇다고 그의 공헌이 사라지는 것은 아니다.

아무다리야(Amu-Dar' ya) 강과 시르다리야(Syrdar' ya) 강 사이에서 중동 역사상 가장 유명한 정복자 티무르가 태어났다. 티무르는 선조 칭기즈칸을 모범 삼아 끊임없이 자신을 북돋아 방대한 제국을 창건했다.

서차가타이한국에서 태어난 티무르는 군사지휘자였다. 동차가타이한국이 침공하자 투그르 티무르에게 투항하고 영지를 하사 받아 총독이 되었다. 하지만 오래지 않아 투그르 티무르의 아들과 마찰이 생겨 페르시아로 도망갔다. 유랑 기간 전장에서 화살을 맞고 다리를 다쳐 절름발이 티무르라고 불렸다.

몇 년간의 떠돌이 생활 후 마침내 기회를 잡은 그는 자신이 자란

▲ 정복자 티무르

지역을 차지하게 되었고 1370년 사마르칸드를 수도로 한 방대한 티무르제국을 세 웠다.

안정적인 근거지가 생긴 후 티무르는 영토 확장을 시작 했다. 그는 먼저 정적인 동차 가타이한국을 공격했다. 티 무르는 최전방에서 용맹하게 공격해 병사들의 사기와 투 지를 북돋웠다. 동차가타이 한국은 곧 티무르 군의 강한 공격에 쓰러져 일어나지 못 했다.

이웃의 정적을 물리치고 나 라가 안정을 찾자 티무르는 이란과 아프가니스탄에 모든 열정을 쏟 았고 1393년 이란과 아프가니스탄은 결국 티무르제국의 영토가 되 었다. 그 후 티무르는 주변지역으로 끊임없이 전쟁과 약탈을 벌였 다. 그중 킵차크한국과의 전쟁은 가장 힘든 전투였다. 넓은 대초원 에서 자주 길을 잃은데다가 그가 선택한 집권자는 정권을 잡은 후 그를 배반해 부득이하게 여러 차례 전쟁을 일으켜야 했다. 이 전쟁 으로 유럽과 아시아를 잇는 상업로가 파괴되었다.

그 후 티무르는 부유한 인도와 지리적으로 중요한 시리아로 눈길 을 돌렸다. 1398년 풍족한 땅에 줄곧 침을 흘리던 티무르는 인도에 대한 대규모 공격을 감행했다. 인도 국내의 분열 상태도 티무르에게 유리하게 작용해 전쟁은 매우 순조롭게 진행되었다.

티무르가 이끌고 간 기병들은 인도에서 제멋대로 약탈을 일삼았 고 십여 만 명의 포로를 잔혹하게 살해했다. 수많은 전리품 가운데 인도의 전쟁용 코끼리는 이후 서아시아와의 전투에서 중요한 역할 을 했다. 2년 후 티무르는 대군을 이끌고 시리아의 알레포와 다마스 쿠스를 공격해 광적인 약탈을 벌인 후 거들먹거리며 돌아갔다.

티무르의 군 생애 중 가장 찬란한 성과는 1402년에 있었다. 이때 그의 적수는 말만 들어도 유럽 국가들을 무서움에 떨게 했었던 오스

킵차크한국

킵차크한국은 몽골제국 서북쪽에 위치한 제국 내 4대 한국 가운데 하나이다. 칭기즈칸이 서쪽 정벌 후 얻은 이르티시 강 서쪽의 토지를 장 남 주치와 그 자손에게 주었다. 그 후 주치의 장남이 제2차 서쪽 정벌 중 러시아의 영토를 빼앗았다. 거기 에 이전의 영지를 더해 킵차크한국 을 세웠다. 한국의 영토는 서쪽으로 는 다뉴브 강 하류까지, 동쪽으로는 이르티시 강, 남쪽으로는 코카서스, 북쪽으로 러시아 볼가까지 이른다. 14세기 후 쇠락하기 시작해 1395년 티무르에게 공격당했다.

만제국이었지만 군사 재능은 티무르가 한 수 위였다. 오스만제국의 국왕은 그에게 무릎 꿇었고 오래지 않아 티무르는 대군을 이끌고 소아시아를 공격했다. 그의 승리는 오스만제국의 확장을 막아 유럽인들에게 한숨 돌릴 기회를 주었다.

이때까지 티무르가 세운 제국의 영토는 동쪽으로는 인더스 강, 서쪽으로는 유프라테스 강, 북쪽으로는 코카서스, 남쪽으로는 페르시아만까지 이르렀다. 그는 본래 중국을 공격하고 싶어했으나 출발하기도 전에 병으로 세상을 떴다. 유감스럽게도 그가 죽은 후 그의 제국은 자손들의 다툼 가운데 무너지고 말았다.

티무르에 대한 후세 사람들의 평가는 엇갈린다. 많은 사람들이 티무르가 잔혹한 파괴자이며 그가 무너뜨린 도시와 죽인 사람들의 수가 셀 수 없을 뿐 아니라 그의 전쟁은 목적도 없이 오로지 파괴만 있고 건설은 없었다는 점에서 그렇다.

요가일라

1377년 리투아니아 대공으로 즉위한 요가일라는 1385년 폴란드 귀족과 '크레보 조약'을 맺고 여왕 야드비가와 결혼해 폴란드 국왕으로 선임되었다. 이로써 폴란드와 리투아니아는 연합을 이루었다.

하지만 두 나라의 연합을 유지하기란 쉽지 않았다. 서로 다른 두 민족이 서로 다른 문화를 가지고 있었기 때문이다. 리투아니아와 폴란드의 연합은 1569년 〈루블린 조약〉을 맺으며 긴밀해졌고 이 연합왕국은 유럽 대륙에서 러시아의 뒤를 이어 두 번째로 큰 나라가 되었다.

요가일라는 즉위 초기 독일의 튜튼기사단에게 패하고 박해를 당한 적이 있었다. 이후 튜튼기사단은 리투아니아의 악몽이 되었다. 1401년 이후 리투아니아와 튜튼기사단은 끊임없이 마찰을 겪었고 갈등이 급격히 악화된 데다가 폴란드의 부추김으로 전쟁이 일어나기 직전이었다.

1410년 요가일라는 직접 폴란드 · 리투아니아의 연합군 3만여 명을 이끌고 그룬발트 전투에서 튜튼기사단을 물리쳤다. 폴란드는 이때 일부 지역을 점령했다. 이 유명한 전투로 튜튼기사단의 원정을 저지했을 뿐아니라 동유럽 각국의 독립을 보장할 수 있었다.

원래 다신교를 신봉했던 리투아니아는 폴란드와 연합하고 나서 천주교를 접하고 모든 백성들을 천주교로 개종시켰다. 이는 리투아니아의 국가 발전사에 깊은 영향을 끼쳤다.

요가일라가 폴란드에 살기 전에 폴란드의 통

튜튼기사단

튜튼기사단은 1198년 독일에서 창립되었다. 성전기사단 · 성요한기사단과 함께 3대 기사단에 해당하며 아크레(현 팔레스타인 지역)를 담당했다. 초기에는 독일 민족으로 구성되었으나 폴란드에게 패배한 후에는 폴란드 사람도 기사단에 받아들였다. '원조 · 치료 · 수비'를 구호로 내걸은 튜튼기사단은 1809년 해산되었다.

▼ 요가일라 국왕과 신부

치자는 안정된 통치를 위해 귀족들의 세금을 줄여주고 국경 밖에서 군사의무를 없애주는 등 많은 특권을 부여했다. 요가일라는 폴란드가 안정적으로 자리 잡으려면 비슷한 조치를 취해야 한다고 생각했다. 그래서 1432년 〈크라쿠프 헌장〉에 서명하고 귀족의 특권을 한층 확대했다. 이를 통해 폴란드는 미래의 귀족 민주제를 향해 한 걸음 더 다가가게 되었다.

중세기 동유럽의 정치 질서는 러시아가 아직 흥성하기 전 게르만인의 동방 팽창과 동유럽 초기 국가 간의 충돌이 주를 이뤘다. 요가일라는 동유럽 전역을 재정비하고 성공적으로 게르만인의 전진을 저지해 이후 3세기 동안 동유럽의 형세에 영향을 끼쳤다.

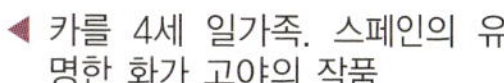
▲ 카를 4세 일가족. 스페인의 유명한 화가 고야의 작품

카를 4세

Charles Ⅳ
독일 국왕
1316~1378년

미움이 가득한 사람은 사랑을 얻을 수 없고 분노 속에 망한다. 의사가 환자를 치료할 때 가능하면 수술을 하지 않으려는 것처럼 수단과 방법을 가리지 말고 전쟁을 피해야 한다. 왕들은 경험으로 이를 배웠다.

카를 4세

체코의 수도 프라하에는 '카를' 이라는 이름이 들어가는 명승지가 많다. 예를 들면 '카를 다리', '카를 광장,', '카를 대학', '카를 성' 등이다. 이 '카를' 은 바로 보헤미아 왕이자 독일 국왕이고 신성로마 제국의 황제인 체코의 '조국의 아버지' 카를 4세를 가리킨다.

카를 4세는 1316년 5월 14일 프라하의 룩셈부르크 가문에서 태어났다. 어려서부터 좋은 교육을 받고 키케로·단테의 책들을 즐겨 읽었으며 아우구스투스의 저서를 번역했다. 30세 이전에는 일기 쓰는 습관을 계속 가지고 있었다. 이뿐 아니라 학자들에게 도움을 주기도

▲ 카를 4세

▲ 카를 4세의 초상화

했는데 이탈리아의 저명한 시인, 문예부흥 운동의 선구자 가운데 한 명인 페트라르카와의 우정은 후세 사람들에게 아름다운 일화로 전해진다. 이는 그가 무력과 전쟁을 일삼는 독일 왕들과 달리 학자형 황제에 더 적합하다는 것을 보여준다.

카를 4세는 17세에 아버지의 명으로 보스니아 군대의 총사령관이 되어 정복전쟁을 하며 여러 나라를 돌아다녔다. 후에 아버지가 두 눈을 실명하자 일찌감치 왕위에 올라 아버지와 공동으로 통치를 하다 1346년 정식으로 룩셈부르크 가문의 백작이자 보헤미아의 국왕이 되었다. 같은 해 독일 선출단이 카를을 황제로 추대하여 신성로마제국 황제 루이 14세를 대신하게 되었다. 루이 14세는 카를과 반란을 일으킨 제후들의 토벌을 준비하다가 갑자기 죽었다. 덕분에 카를 4세는 순조롭게 독일의 국왕이 되었다.

1354년 이탈리아를 공격한 카를 4세는 1355년 밀란에서 왕관을 쓰고 신성로마제국의 황제가 되었다. 이렇게 카를 4세는 보헤미아 국왕, 독일 국왕과 신성로마제국 황제를 모두 겸하여 중세기 유럽 정국을 좌지우지하게 되었다.

신성로마제국의 황제로서 카를 4세의 가장 유명한 결정은 〈금인칙서〉를 반포한 것이다. 당시 독일은 연방이 비교적 느슨하여 황제는 명의상의 지도자일 뿐 실권은 없었다. 장기간 전쟁을 겪은 후 독일은 일곱 명의 대제후가 권력을 장악하고 있었다.

건립한 제국을 안정되게 통치하기 위해 카를 4세는 대제후들과 연합하고 함께 제국을 통치했다. 1356년 메스에서 1차 대회의를 소집해 〈금인칙서〉를 반포했다.

〈금인칙서〉는 황제의 선거 문제와 유권자의 영지에 대한 독립적인 권한을 명시했다. 조서의 최종 수혜자는 유권자로 그들은 황제 선거를 투표로 결정할 뿐 아니라 영지의 관세·화폐주조·광산 채굴과 식용 소금 독점 판매 등의 특권을 가졌다. 〈금인칙서〉는 실제로 유권자의 영지 내 전제 군주 권력을 명확히 했고 황제는 이에 간섭할 권리가 없었다. 중요한 점은 칙서가 이들 협정을 통해 선거 중 교황의 권력을 박탈했다는 점이다.

〈금인칙서〉의 반포는 카를 4세가 황권과 교권의 투쟁 가운데 기울인 노력으로 유럽의 역사에 많은 영향을 끼쳤다. 많은 학자들은 카를 4세가 〈금인칙서〉를 반포한 이유가 아들의 왕위 계승에 대한 사심 때문이었다고 여긴다. 하지만 이는 중요하지 않다. 그의 결정이 객관적으로 현실적인 발전에 부합했기 때문이다.

카를 4세는 프라하를 세우기도 했다. 그는 아주 어려서부터 프라하를 국제적인 대도시로 만들 결심을 했는데 후에 여러 나라를 돌며 쌓은 경험이 그의 이상에 밑바탕이 되었다. 그는 신도시를 지었으며, 중유럽 최초로 '카를 대학'을 세웠고, 몰다우 강 위에 유명한 '카를 다리'를 세웠다. 또한 황실의 왕관 보석을 소장한 '카를 성'도 지었다. 그의 노력으로 프라하는 신성로마제국의 수도가 되었고 그 당시 가장 아름다운 도시 가운데 하나가 되었다.

1378년 11월 29일 프라하에서 카를 4세가 중풍으로 세상을 떠났다. "내가 죽은 후 당신들도 왕관을 쓰고 통치할 것이다. 당신들 보다 먼저 통치를 했던 나도 먼지와 흙으로 돌아갔음을 생각하라. 들판의 꽃들도 순식간에 사라지는 것처럼 당신들의 결말도 순식간에 사라질 것이다." 카를 4세가 후계자들에게 남긴 말이다.

▲ 주앙 대제의 혼례

주앙 1세

Joao the Great
포르투갈 국왕
1357~1433년

포르투갈 역사상 가장 위대한 국왕. 그는 포르투갈의 해외 팽창을 전개했다.

▲ 주앙 대제

그는 포르투갈이 반드시 해상으로 발전해야 할 것을 처음으로 인식한 사람은 아닐 것이다. 하지만 이 생각을 정책으로 확립한 것은 그가 처음이다. 그를 시작으로 포르투갈은 새로운 모습으로 세계에 우뚝 섰다. 그가 바로 아비스왕조의 창시자 주앙 1세이다. 주앙 1세는 '주앙 대제' 라고도 불린다.

1340년 당시 아직 포르투갈의 왕자였던 페드루와 카스티야의 공주 콘스탄스가 결혼했다. 하지만 페드루는 콘스탄스의 시녀 로렌수와 사랑에 빠졌고 공개적으로 그녀와 동거를 하고 네 명의 자녀를 낳았다. 주앙은 그 중 하나였다. 하지만 그들의 결합은 완고한 세력의 반감을 샀고, 국왕의 묵인 하에 로렌수와 자식들은 살해되었다. 다행히 어린 주앙은 위기에서 벗어날 수 있었다.

어려서부터 아버지의 사랑을 받은 주앙은 6세 때 아비스 기사단의 지도자로 봉해지고 체계적인 종교와 군사 교육을 받았다. 그러나 유감스럽게도 사생아의 신분이었기에 왕위를 계승할 수 없었다. 1367년 페드루 1세가 죽자 주앙의 이복형 페르난두 1세가 왕위를 물려받았다. 그 후 아들이 없었던 페르난두 1세의 왕위는 1383년 그의 딸 베아트리스가 계승했고 왕후 레오노르가 섭정을 했다. 페르난두 1세는 통치하는 동안 인심을 얻지 못했기 때문에 그가 죽자 포르투갈 백성은 민중 봉기를 일으켰다.

▲ 포르투갈 아비스앙조의 창시자 주앙 1세

행운의 신은 다시 한 번 주앙의 편을 들었다. 그는 이 기회를 이용해 봉기의 지도자가 되어 1385년 조카 베아트리스의 왕위를 빼앗고 의회의 추천으로 포르투갈 국왕이 되었다. 주앙이 이끈 아비스기사단의 이름을 따서 그가 세운 왕조는 아비스왕조라고 불리게 되었다. 1383년부터 1385년까지의 혁명으로 구 귀족들의 관리 세습 풍조가 완전히 사라지고 출신은 미천하더라도 경험이 풍부한 사람들이 궁정에 들어와 신 국왕의 조력자가 되었다.

주앙 1세의 재위기간은 유럽 각국이 무역을 확대하기 위해 해상에서 출구를 찾은 대항해 시대였다. 이 시기에 인류의 지리지식과 항해 기술은 이미 크게 발전했고 이는 대항해 시대가 출현한 가장 근본적인 원인이 되었다. 대항해 시대는 인류 역사상 매우 중요한 전환점으로, 바다 때문에 상호 단절되었던 각 대륙들이 이를 통해 새로운 국면을 맞았다.

광활한 유럽 대지에 포르투갈이 선두에서 대항해 시대의 깃발을 들었다. 1375년 유대인 지도 제작자가 포르투갈에서 당시 유럽에서 가장 완벽하고 가장 정확한 세계해도 '카탈란의 지도'를 그려 포르투갈 해상 식민의 등불이 되었다.

주앙과 그의 아들 엔리케는 포르투갈의 항해 사업에 큰 공헌을 했다. 1415년 직접 19,000명의 육군, 1,700명의 해군과 200척의 전함으로 구성된 방대한 군대를 이끌고 지브롤타 해협을 건너 아프리카 모나코의 세우타를 공격해 점령했다. 이는 포르투갈의 해상 확장 정책의 시작을 상징한다. 주앙 1세의 독려와 지지 하에 엔리케 왕자는 항해 학교를 세우고 유럽 각국의 항해 인재들을 데려와 항구를 만들고 해선을 개선하여 포르투갈 항해 사업의 발전을 촉진시켰다.

주앙 1세의 항해 사업은 찬란한 성과를 거두었다. 그가 재위하는 동안 포르투갈인은 마데이라제도(1420년)와 아조레스제도(1431년)를 발견했다. 1433년 주앙 1세가 죽을 때 포르투갈의 항해 사업은 번영기에 들어섰다. 그의 후계자들은 적극적으로 항해 탐험을 계속 추진해 1488년 디아스가 희망봉을 발견하고 1498년 바스코 다 가마가 인도에 가는 등 일련의 성과를 거두었다.

주앙 1세는 국왕의 권력을 강화했다. 그의 통치시기에 포르투갈은 중앙집권의 통일국가로 발전하기 시작했다. 포르투갈 사학자는 "주앙 1세 시기 국왕의 의지가 바로 국가의 최대 권력이었다. 그 어떤 것도 이를 제한할 수 없었다."라고 말했다. 주앙 1세가 1386년 영국과 체결한 '윈저 조약'은 영국과 포르투갈의 동맹관계를 확립했을 뿐 아니라 이후 수백 년간 지속되었다.

그는 대항해 시대에 큰 공헌을 한 군주이지만 스페인의 여왕 이자벨라 1세보다는 조금 뒤떨어진 평가를 받는다. 이자벨라 1세는 콜럼버스의 아메리카 대륙 발견을 도왔고 아메리카 대륙을 세계 체계에 편입시켰을 뿐 아니라 아메리카의 인종과 문화를 변화시켰기 때문이다. 게다가 이자벨라 1세는 주앙 1세가 포르투갈 역사에 미친 영향보다 스페인 역사에 훨씬 큰 영향을 미쳤고, 스페인보다 포르투갈이 세계 역사에 더 많은 공헌을 했다.

▲ 백년전쟁은 영국과 프랑스 양국 모두에게 큰 손실을 가져왔다. 하지만 프랑스 민족의 각성을 촉진시키고 영국의 정권 집중을 연기시키기도 했다.

샤를 7세

Charles Ⅶ
프랑스 발루아왕조의 국왕
1403~1461년

그는 프랑스 역사상 드문 재주와 큰 뜻을 품은 왕으로 '충성받은 왕', '승리의 왕' 이라는 별칭이 있다.

▲ 젊은 시절의 샤를 7세

영불 백년전쟁 중 영국의 만행으로 왕위계승권을 빼앗긴 그는 다행히도 평생의 귀인이자 프랑스 역사상 유명한 민족 영웅 잔 다르크를 만나 왕위를 되찾았다. 그러나 그 후 잔 다르크를 배반하여 악명을 얻게 된다. 이 사람이 바로 프랑스의 국왕 샤를 7세이다.

샤를 7세는 프랑스 발루아왕조의 제5대 국왕으로 '승리자 샤를', '충성받은 왕 샤를' 이라고 불린다. 1328년 프랑스의 카페왕조는 국

▲ 샤를 7세의 대관식

왕 샤를 4세가 자식 없이 죽자 끝이 나고 말았다. 후에 발루아왕조의 필리프 6세가 왕위를 계승했으나 영국 왕 에드워드 3세가 프랑스 왕 샤를 4세의 조카자격으로 필리프 6세와 왕위를 다투며 전쟁을 일으켰다.

1337년 11월 영국 왕 에드워드 3세는 군을 이끌고 프랑스를 공격하며 전쟁의 시작을 알렸다. 그 누구도 이 전쟁이 백 년 동안 계속되리라고는, 게다가 생각지도 못한 결과로 마침표를 찍으리라고는 상상도 못했다. 샤를 6세가 즉위하자마자 프랑스 국내에서는 그의 통치에 불만을 품은 사람들이 끊임없이 내분을 일으켰다. 이는 프랑스 국왕의 자리를 노리던 영국에게 좋은 기회를 제공했다. 1415년 영국 왕 헨리 5세가 병사를 이끌고 프랑스를 공격했다. 이 전쟁은 5년간 계속되다 샤를 6세가 굴욕적인 '트루아 조약'을 체결하며 끝났다. 조약에는 프랑스가 영국의 일부분이 되고 헨리 5세가 섭정 왕이 되어 샤를 6세가 죽은 후 헨리 5세가 왕위를 계승할 것을 규정하고 있다.

샤를 6세의 아들 샤를 7세는 1417년 왕세자로 봉해졌다. 하지만 운명은 그의 편이 아닌 듯 '트루아 조약'으로 그는 왕위계승권을 빼앗기고 망명을 하게 되었다. 1422년 샤를 7세의 운명은 중요한 전환을 맞게 된다. 그 해 샤를 6세와 헨리 5세가 둘 다 죽어 순조롭게 왕위를 계승하게 된 것이다.

하지만 이와 동시에 영국은 일방적으로 아직 만 1세도 되지 않은 헨리 6세를 프랑스 국왕으로 선포해 프랑스에 두 명의 왕이 존재하는 희귀한 일이 벌어졌다. 이제 막 즉위한 샤를 7세는 잃어버린 땅을 되찾아 프랑스를 통일하기를 갈망했지만 안타깝게도 힘이 없었다. 경비를 모으기 위해 그는 상인에게 토지를 저당 잡혀 돈을 빌리지만 전세가 기울어 프랑스는 영국에 연이어 패배하고 말았다. 이 같은 처참한 결말 앞에 풀이 죽어 의기소침해진 샤를 7세는 자리에서 물

216

러나 은거할 준비를 하고 있었다. 바로 이때 구원의 별이 등장했다.

백년전쟁을 소개하는 많은 글들은 이렇게 묘사하고 있다. '1429년 3월의 어느 날 잔 다르크가 시농성에 찾아와 샤를에게 병사를 이끌고 적을 무찔러 위기에 빠진 오를레앙을 구하게 해달라고 청했다. 절망에 빠져있던 샤를은 잔 다르크의 청을 받아들여 그녀에게 군대를 주고 오를레앙을 구하라 했다.' 샤를 7세의 구원자는 바로 소녀 잔 다르크였다. 잔 다르크는 기대를 저버리지 않고 오를레앙을 구해냈을 뿐 아니라 프랑스 국왕의 즉위식 장소 랭스도 되찾았다. 샤를 7세는 랭스에서 대관식을 하고 왕이 되었다. 이 승리는 전체 프랑스 국민의 열정을 이끌었고 명성과 위세가 드높은 국토 수복의 열기가 점차 들끓었다.

그러나 유감스럽게도 프랑스의 민족 영웅 잔 다르크는 반란자에 의해 영국인에게 팔려 결국 화형대에서 타죽고 말았다. 이 과정에서 샤를 7세는 관여하지 않고 방관만 해 프랑스인의 분노를 일으켰다. 샤를 7세가 어째서 잔 다르크를 구하지 않았는지에 관해서는 지금도 여전히 의문이다. 하지만 샤를 7세 덕분에 잔 다르크가 존재할 수 있었다는 점은 부인할 수 없다. 샤를 7세가 없었다면 잔 다르크도 없었다. 전쟁이라고는 치러본 적도 없는 겨우 17세의 농가 소녀가 하루 밤 사이에 전국 군사의 사령관이 되는 일은 역사상 지극히 드문, 유일무이한 일이다. 만일 샤를 7세가 영웅을 알아볼 지혜로운 눈이 없었다면 성녀 잔 다르크는 없었을 것이다.

잔 다르크가 죽은 후 샤를 7세는 상승세를 타고 연달아 승리하며 점차 잃었던 땅을 수복했다.

1453년 프랑스 군은 카스티용에서 영국군을 크게 이기고 프랑스 영토 대부분을 되찾았다. 백년전쟁은 프랑스의 승리로 끝났다. 전쟁을 치르는 동안 샤를 7세는 일련의 조치를 취해 세금을 징수할 수 있는

▶ 잔 다르크 성녀

권력을 취득하며 재정적 독립을 시작했다.

1438년 샤를은 '부르주 칙령'을 반포해 프랑스에 대한 교황의 권력을 크게 줄였다. 1년 후에는 오를레앙 법령을 반포해 선진적인 기병과 보병으로 구성된 상비군을 세우고 직접 통솔했다. 1440년 샤를 7세는 대귀족의 반란을 평정했다. 이때부터 새로운 중앙집권 국가가 세워졌고 프랑스는 안정적으로 발전하는 신시기로 들어섰다.

샤를 7세는 프랑스의 헨리 4세와 비교된다. 두 사람은 장기간 끌어온 전쟁에서 프랑스를 구해내 평화롭고 안정적인 발전 단계로 이끌었다는 공통점이 있다. 하지만 샤를 7세가 직면한 상황이 더욱 복잡했다. 당시의 프랑스는 영국의 침입에다 봉건 영주와 국왕 간의 내부 갈등이라는 이중 압박을 받고 있었기 때문이다. 게다가 영불 백년전쟁 중 프랑스에서는 여러 차례 대규모의 봉기가 일어났다. 샤를 7세는 이런 분쟁을 종식시키고 프랑스를 통일해 프랑스 역사상 가장 위대한 부흥을 이끈 왕이 되었다.

이반 3세

Ivan Ⅲ
모스크바 대공, 러시아 차르
1440~1505년

그는 심지어 앵두 한 알도 두 번에 나눠 먹는다.

이반 3세의 신중함을 형용한 역사서

야심만만한 이반 1세부터 기백이 산하를 뒤엎을 정도로 넘쳤던 알렉산더 1세까지 오면서 러시아는 작은 나라에서 아시아와 유럽 두 대륙을 가로지르는 방대한 제국으로 발전했다. 러시아의 영토 확장 역사는 세계 역사의 눈부신 한 장을 차지한다. 그중 이반 3세는 행운의 여신의 도움으로 '러시아 최고 통치자'라는 칭호를 얻었다.

이반 바실리예비치가 태어날 때의 모스크바공국은 킵차크한국의 속국 가운데 하나로 주변의 수많은 공국들이 호시 탐탐 노리는 대상이었다. 이반의 아버지 바실리 2세는 가족 간의 투쟁으로 두 눈을 잃었고 어린 이반은 수도원에 숨어 지내며 재난을 피했다. 후에 바실리 2세는 결국 나라를 되찾았고 이반은 아버지의 곁에서 보좌하며 12세에 정복전쟁을 시작해 22세에 모스크바 대공의 지위에 올라

▲ 이반 3세

▲ 이반 3세는 러시아 역사상 뛰어난 황제이다.

이반 3세가 되었다.

이반 3세는 즉위 후 러시아의 각 공국을 합병하기 시작했다. 그는 우선 셸론 강 전투로 노브고로트공국의 영토를 차지한 후 뒤를 이어 주변의 많은 공국들을 정복해 통일 러시아의 기본 윤곽을 확립했다. 세력이 점차 강해지자 이반 3세는 종주국인 몽골제국에 저항하고 싶은 마음이 생겼다.

몽골인의 통치에서 완전히 벗어나기 위해 이반 3세는 신하 국으로써 바치던 공물을 더는 바치지 않아 몽골의 불만을 일으켰다. 권위를 지키기 위해 몽골의 칸 아흐마트는 1480년 직접 대군을 이끌고 리투아니아와 합류하여 러시아를 양면 공격할 계획을 세웠다. 러시아의 운명이 결정될 순간이 다가왔다.

우그르 강 전투에서 강력한 상대의 적수가 되지 못한 이반 3세는 맹렬한 공격을 받고 전방에서 후퇴할 수밖에 없었다. 후에 러시아 군대의 높은 사기와 로스토프 주교의 격려에 힘입어 이반 3세는 용기를 내어 전방으로 돌아갔으며 적을 물리치며 견고한 방어선을 세워 몽골인이 전진하는 길목을 막았다. 이 힘겨운 전투는 7개월간 지속되었고 결국 추위와 배고픔에 지친 몽골군은 철수했다. 마침내 러시아는 2세기에 걸친 몽골의 잔혹한 지배에서 벗어나 독립을 이루었다.

이때부터 이반 3세는 조그만 모스크바공국이 아니라 완전히 독립한 주권국가 러시아를 통치했다. 이것만 보더라도 세계의 유명한 제왕으로 손색이 없다. 1500년 이후 러시아는 동쪽의 우랄산 동쪽 지역과 서쪽의 리투아니아공국을 단숨에 정복하고 명실상부한 동유럽의 대국이 되었다.

이반 3세는 통일된 러시아제국을 세웠을 뿐 아니라 국가를 다스리면서 많은 성과를 이루었다. 내정방면에서 중앙집권 강화에 유리한 제도를 세우고 국가 정권을 탄탄하게 다져 나라의 안정을 지켰다. 군사방면에서는 상비군을 조직하고 대공이 직접 군권을 장악했다. 북극해 외에는 바다로 나갈 길이 없는 상황에서 그는 해군을 조직해 러시아의 영토 확장에 탄탄한 군사 기초를 세우기도 했다.

1497년 이반 3세는 법전을 반포하고 러시아 정부기구를 만들었다. 이 법전에서 러시아는 비잔틴의 상징인 쌍두 독수리를 국장으로 정하며 러시아가 자신의 국가 상징을 가지기 시작했음을 알렸다. 또한 농노들이 성유리절(러시아력 11월 26일) 전후 2주간만 이동을 할 수 있다고 규정해 농민의 행동을 크게 제한했다. 러시아의 농노화는 이 때부터 시작되었다.

법전의 반포는 러시아 사회의 안정을 가져왔지만 다른 한편 러시아가 세계 선진 문명을 뒤쫓는 과정에서 심각한 속박이 되었다. 농노제가 러시아 발전의 큰 걸림돌이 되어 무거운 대가를 치렀기 때문이다. 이에 대해 이반 3세의 책임이 작지 않다고 할 수 있다.

이반의 아내가 비잔틴 공주였고, 비잔틴 멸망 후 모스크바공국이 이미 동방정교의 명실상부한 선도자가 되었기 때문에 이반 3세는 스스로 비잔틴제국의 계승자이자 전 세계 동방정교 신자의 보호자라 칭했고 그의 후대도 줄곧 이 역할을 이어왔다. 이밖에 그는 외교 문서에 자신을 '차르'(로마 황제 '카이사르'의 음역)라고 칭해 러시아 역사상 처음으로 이 호칭을 사용한 왕이 되었다.

러시아 역사를 살펴보면 이반 3세 이전의 모스크바 군주와 이웃 국가의 투쟁은 봉건영주 간의 합병 투쟁의 성질을 보이지만 이반 3세부터 러시아는 성숙한 국가로 탄생했다. 비록 역사상 이반 3세가 세운 국가는 명확한 호칭이 없어 일부 사람들은 '모스크바공국'이라고 부르고 어떤 이는 '러시아'라고 부르지만 이반 3세가 세운 공에는 이견을 보이지 않는다.

이반 3세는 통일 러시아제국의 탄탄한 기초를 마련했다. 이것만으로도 그는 영향력을 지닌 세계 제왕이 되기에 충분하다.

동방정교는 그리스정교라고도 부른다. 기독교의 종파 가운데 하나로 동로마제국(즉 비잔틴제국)에 의해 전해진 기독교 전통의 교회이다. 천주교 · 개신교와 함께 기독교 3대 파벌 가운데 하나이다.

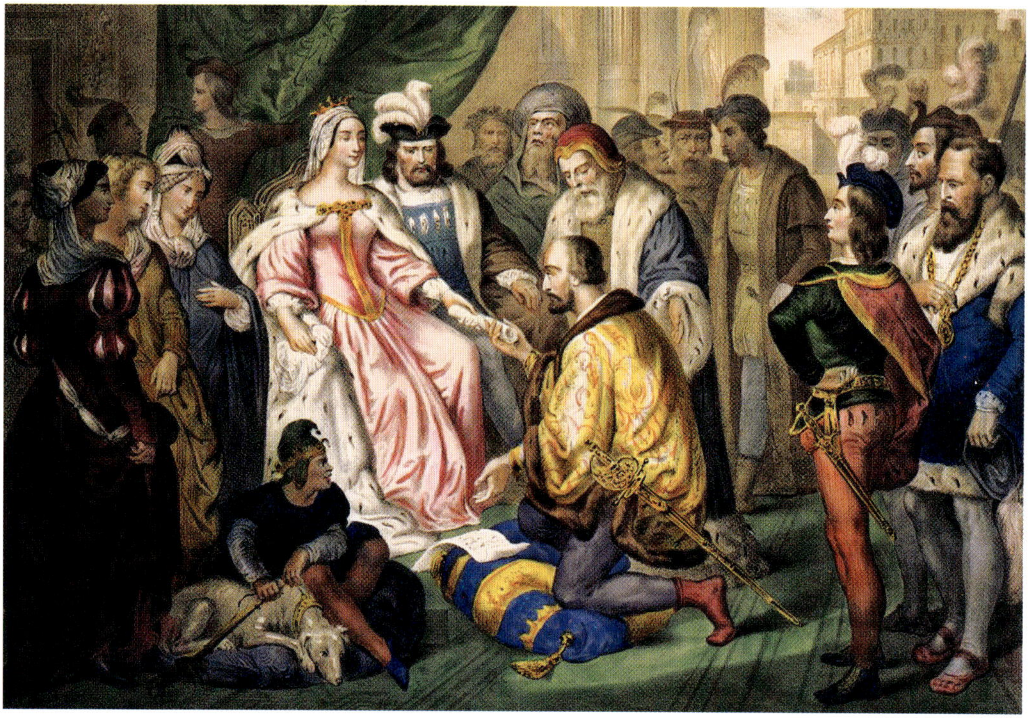

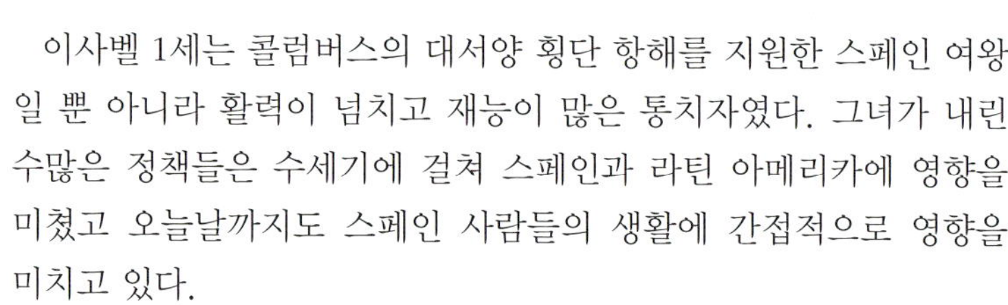

▲ 탐험에서 돌아온 콜럼버스를 맞이하는 이사벨 1세

이사벨 1세

Isabel la Ⅰ
스페인 여왕
1451~1504년

이사벨 여왕은 무슬림의 서유럽 통치를 끝내고 장장 7세기에 달하는 영토 수복 운동에 마침표를 찍었다.

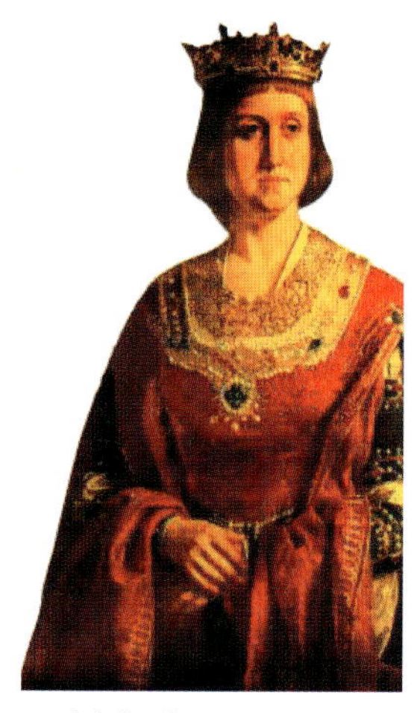

▲ 이사벨 1세

이사벨 1세는 콜럼버스의 대서양 횡단 항해를 지원한 스페인 여왕일 뿐 아니라 활력이 넘치고 재능이 많은 통치자였다. 그녀가 내린 수많은 정책들은 수세기에 걸쳐 스페인과 라틴 아메리카에 영향을 미쳤고 오늘날까지도 스페인 사람들의 생활에 간접적으로 영향을 미치고 있다.

카스티야왕국(현 스페인의 마드리드)에서 태어난 이사벨은 어려서부터 엄격한 종교교육을 받았으며 독실한 천주교도로 성장했다. 당시

스페인의 영토는 카스티야왕국, 아라곤왕국, 그라나다왕국, 나바라
왕국으로 분할되어 있었다. 1469년 아라곤왕국의 후계자 페르난도
와 결혼한 이사벨은 1479년 카스티야왕국의 계승자가 되었다.

이 왕실 간의 혼인으로 이사벨과 페르난도는 자신들의 왕국보다
훨씬 더 넓은 영역을 차지했고 스페인 지역은 대부분 그들의 통치아
래 놓이게 되었다. 후에 그들은 이슬람교도들에게 점령되었던 땅을
되찾았고 이는 그들의 후계자 카를 5세가 통일 스페인을 건설하는
데 탄탄한 밑바탕이 되었다.

이사벨 1세와 페르난도의 정복전쟁의 최우선 과제는 무어인에게
7세기나 통치되었던 이베리아 반도 남부의 마지막 요충지 그라나다
를 되찾는 것이었다. 1481년 그들은 위풍당당한 군대를 이끌고 그라
나다로 진격했다. 완강한 저항에 부딪쳤던 이 전쟁은 1492년에야 승
리를 거두며 종전되었고 이슬람교도의 그라나다 통제는 완전히 청
산되었다. 이후 스페인의 영토 대부분이 이사벨 1세와 페르난도의
통치 아래 놓이게 되었다.

같은 해 이사벨 1세는 심사숙고하여 콜럼버스의 모험을 도와주기
로 결정했다. 이 또한 그녀의 역사상 중요한 공헌 가운데 하나가 되
었다. 당시 스페인의 재정 상황은 대단히 어려웠지만 이사벨 1세는
콜럼버스를 도와주겠다는 약속을 지키기 위해 자신의 보석을 내놓
았다. 심지어 콜럼버스와 그의 후손을 스페인이 개척한 식민지의 총
감독으로 임명하고 그들에게 10%의 이윤을 주겠다고 동의했다.

이사벨 1세의 강력한 지지를 받고 콜럼버스는 머나먼 동방으로의
여행을 시작했다. 일 년 후 콜럼버스와 그의 함대는 많은 인디오들
과 황금을 가지고 돌아와 스페인 상인의 야심을 자극했다. 이때부터
스페인은 해외 탐험과 식민지 확장의 황금시대에 들어섰다.

이사벨 1세와 페르난도의 투쟁으로 스페인 군주제는 천주교 세력
을 완전히 통제했다. 이는 16세기 유럽 대지에 맹렬하게 일어난 종
교개혁이 스페인에서 아무런 진전도 없었던 원인 가운데 하나이다.
그들은 종교 재판소를 세워 통치를 공고히 다졌다. 수많은 유태인과
무슬림들이 스페인에서 쫓겨났고 남은 사람들은 천주교로 개종하도
록 강요되거나 이후 다시 잔혹한 박해를 당했다.

사분오열되어 있던 스페인왕국은 이사벨과 페르난도의 통치아래
다시 하나의 정권이 되었고 이후 5세기 동안 지속되었다. 그들은 스

▲ 이사벨 1세

콜롬버스

이탈리아 탐험가. 이탈리아 제노바
에서 태어나 스페인 바야돌리드에
서 죽었다. 탐험에 열중해 스페인으
로 이주 후 이사벨 1세의 지지 하에
4차례 항해를 떠났다. 대서양을 건
너 아메리카의 항로를 개척하고 남
아메리카 신대륙을 발견해 신구 대
륙의 연계를 촉진하는 등 세계역사
에 중요한 영향을 끼쳤다.

223

페인에 중앙집권 군주제를 열어 국왕의 절대적인 권력을 확립했다. 또한 수많은 무어인과 유태인을 스페인에서 쫓아내 스페인에 이미 싹트기 시작한 자본주의를 억압했다.

그러나 콜럼버스의 항해만 놓고 보더라도 이사벨 1세는 세계에서 가장 영향력이 있는 제왕의 대열에 올라서는 데 충분하다. 콜럼버스는 새로운 항로를 개척해 신구 대륙을 이어주는 소통의 다리 역할을 해 거의 모든 아메리카 지역에 오늘날까지도 스페인의 문화가 남아 있다.

이 밖에도 이사벨 1세는 영명한 정치가이자 외교가였다. 그녀는 딸 후아나를 오스트리아 합스부르크 황제의 계승자 펠리페 1세와 결혼시키고 자신의 외손자 카를 5세를 당시 유럽 역사상 가장 부유하고 강력한 유럽 제왕의 위치에 올려놓았다. 광적인 천주교도였던 카를 5세와 그의 뒤를 이은 펠리페 2세는 장기간에 걸친 남정북벌로 대량의 부를 착취하고, 북유럽 신교국가의 저항을 피로 진압하는 등 신교국가의 백성들을 재난에 빠뜨렸다. 이에 대해 이사벨 1세도 어느 정도 책임이 있다고 할 수 있을 것이다.

사람들은 이사벨 1세의 역사적 공적을 평가할 때 항상 영국의 여왕 엘리자베스 1세와 비교한다. 만일 개척정신만 가지고 말한다면 이사벨 1세는 엘리자베스 1세보다 뛰어나다 할 수 있다. 게다가 그녀가 만든 종교 재판소의 거대한 영향력은 엘리자베스 1세로서는 도저히 따라갈 수 없다. 비록 이사벨 1세의 일부 정책은 잔혹하기 짝이 없었지만, 세계 역사에 영향을 미친 제왕 가운데 하나임에 틀림 없다.

바부르

Babur
인도 무굴제국의 황제
1483~1530년

인도 무굴제국을 세운 왕

그는 동양에서 가장 유명한 정복자 칭기즈칸과 티무르의 후예이다. 전쟁에 능한 조상들의 전통을 물려받아 인도에 무굴제국을 세웠을 뿐 아니라 문학적 조예가 깊었고 특히 시문에 뛰어났다. 그가 쓴 회의록 《바부르나마》는 후세 사람들이 중앙아시아와 인도 역사를 연구하는 데 귀중한 자료가 되었다. 그가 바로 무굴제국의 시조인 바부르이다.

▲ 바부르 초상화

바부르의 원래 이름은 자히르 웃 딘이다. 11세에 왕위를 물려받은 바부르가 살았던 시대에는 전쟁이 빈번하게 일어났다. 그는 전란을 통해 기회를 잡아 티무르제국을 재건하려는 꿈을 가졌다. 끊임없는 전쟁에도 불구하고 주변에서 호시탐탐 엿보는 자들을 물리치고 왕위를 굳건히 다진 바부르는 1497년 성공적으로 티무르왕조의 사마르칸트를 탈취해 통치지역을 확대했다.

1501년은 바부르의 일생에 가장 참담한 해였다. 정복전쟁 중 우즈베키스탄에게 패해 왕위를 빼앗겼을 뿐 아니라 중앙아시아에서 쫓겨나기까지 한 것이다. 티무르제국을 재건하려는 꿈도 벽에 부딪쳤다. 바부르는 그를 따르는 극소수의 사람을 데리고 3년간 유랑 생활을 한 끝에 마침내 1504년 호전의 기회를 맞았다.

바부르는 아프가니스탄에 내란이 발생한 기회를 틈 타 부하들을 데리고 남하해 카불을 공격해 수도로 삼고 국가를 세웠다. 몇 년 후 페르시아의 수니파와 동맹을 맺어 사마르칸트를 되찾았지만 당시 강의 중류지역은 수니파가 대부분 점거하고 있었기 때문에 바부르는 지도권만 되찾았을뿐 백성들의 지지는 얻지 못했다. 얼마 후 우즈베키스탄에게 패해 카불에서 철수한 그는 목표를 인도로 바꿨다.

바부르는 1519년 인도를 공격할 전략을 세우기 시작했다. 우선 눈길을 북인도로 돌렸다. 1526년 파니파트 전투는 바부르의 정복전쟁 가운데 가장 찬란한 전투였다. 그는 1만 명의 부대로 인도의 10만 대군을 물리치고 성공적으로 델리를 차지했다. 델리 술탄의 300년 간의 통치가 끝난 것이다. 같은 해 4월 그는 인도에 무굴제국을 세 웠다. 1년 후 인도 제후들로 구성된 라지푸트 동맹군과 결전을 벌여 최종 승리자가 되었다.

1529년 아프가니스탄의 수령이 인도 델리 술탄과 연합한 잔여 세 력이 바부르와 최후의 대결을 벌였으나 결국 상황을 바꾸지 못하고 실패로 끝났다. 1530년 바부르가 죽고 그의 아들 후마윤이 왕위를 계승했다.

▶ 사냥 중인 바부르

쉴레이만 대제

▲ 쉴레이만 대제의 초상화

종교의식이 유달리 광적인 시대에 그는 인자한 왕이었을 뿐 아니라 광활한 대지에 다양한 종교의 꽃을 활짝 피운 왕이었다. 그가 바로 쉴레이만 대제이다.

오스만제국의 제10대 제왕 쉴레이만 대제는 셀림 1세의 아들이다. 셀림 1세는 슬하에 아들이 쉴레이만 하나였지만 교만하거나 제멋대로인 아이로 키우지 않았다. 오히려 쉴레이만은 어려서부터 잔인할 정도로 엄격한 교육을 받았는데 이는 이후 그가 많은 업적을 세우는 데 중요한 밑바탕이 되었다.

즉위 초기의 쉴레이만은 뛰어난 전적을 세워 자신의 위신을 세우는 일이 급선무였다. 1521년 그는 직접 십만 대군을 이끌고 북상해 베오그라드를 점령했다. 발칸반도의 중심에 위치한 베오그라드는 유럽의 심장부로 가기 위해 가장 먼저 거치는 곳이었기 때문에 베오그라드만 점령하면 유럽 깊숙이 영토를 확장하는 일은 식은 죽 먹기였다. 젊은 쉴레이만 대제에게 이 전쟁은 매우 중요한 의미를 지녔으며 결국 위신을 세우는 데 성공했다.

▲ 쉴레이만 대제

로도스 섬의 점령도 쉴레이만이 명망을 쌓는 데 중요한 작용을 했다. 소아시아와 오스만제국의 새 영토 이집트 사이에 위치한 로도스 섬은 마치 중간에 못이 하나 박혀 있는 듯한 형상으로 반드시 뽑아버려야만 했다. 하지만 로도스 섬을 지키는 성요한기사단은 용맹스럽고 전쟁에도 뛰어나 승리를 장담할 수 없었다. 쉴레이만의 십만 대군은 9개월이나 전쟁을 지속한 끝에 목적을 달성할 수 있었다.

그러나 뜻밖에도 이후 오스만제국은 지중해 해적과 상호 이익을 주는 한편, 갈등이 심한 복잡한 관계로 얽혔다. 그런 오스만제국의 상황에 만족하지 못했던 쉴레이만 대제는 아시아, 아프리카, 유럽 세 대륙으로 거침없는 영토 확장을 시작했다.

이전 왕들과 비교해 볼 때 쉴레이만 대제는 용감하고 전쟁에 능한

▲ 군대를 이끌고 원정을 떠나는 쉴레이만 대제

왕이었으며 뚜렷한 차이를 보였다. 쉴레이만 이전의 술탄들은 하나같이 결사적으로 싸워서 왕위에 올랐기 때문에 관용이 부족하고 극악무도했다. 하지만 외아들로 유일한 왕위 계승자였던 쉴레이만은 너그러운데다 포용력을 갖추고 있었다. 또한 이전 왕들이 무공은 뛰어났으나 문치 방면의 성과가 적었던데 비해 그는 국토를 넓히는 동시에 문치 방면에도 탁월한 성과를 올렸다.

쉴레이만 대제는 무함마드 2세가 반포한 법전에 더욱 완벽을 기한 《군하총회》·《이집트 법전》·《쉴레이만 법전》을 반포했다. 이들 법전은 고전 이슬람법의 기초 위에 오스만제국에 정복된 각 민족의 전통법을 첨가한 종교법의 종합이다.

쉴레이만 대제의 통치 가운데 종교정책의 발전이 가장 칭송을 받았다. 전에 없이 영토를 넓힌 국가에는 필연적으로 수많은 종교문화가 존재하며 제대로 처리하지 못하면 민족 간 갈등이 생기곤 한다. 이는 쉴레이만 대제 이전의 왕들이 이미 겪은 문제였다. 당시 제국 내에는 천주교·동방정교·유대교·그레고리교파 등이 존재했다. 쉴레이만 대제는 선왕들이 세운 정책을 기초로 전국에서 지혜를 모으고 의견을 수렴해 민족과 종교의 기본 국책을 확정했다.

▲ 젊은 시절의 쉴레이만 대제

그는 이교도 민족이 제국의 통일을 옹호하고 그에 상응하는 책임과 의무를 다하기만 하면 내부 자치권을 소유할 수 있다고 규정했다. 게다가 그 민족의 언어와 종교 교육기구 등을 유지할 수 있게 했다. 쉴레이만 대제는 서유럽에서 종교적인 박해가 점점 더 심해지던 시기에 대국의 제왕으로서 기백과 포용력을 보이며 관용적인 종교정책을 펼쳐 많은 유대인들을 받아들였다.

이 시기 오스만제국의 건축도 정점에 이르렀다. 바로 유명한 쉴레이만 사원이 그 좋은 예이다. 이뿐 아니라 쉴레이만 대제는 문학·예술·교육 등의 발전을 독려하고 후세 사람을 위해 《전쟁일록》을 펴냈다.

하지만 쉴레이만 시대의 제국은 폐단도 많았다. 쉴레이만이 죽은 후 방대한 제국은 점차 힘을 잃었고 결국에는 아무나 유린하는 서아시아의 병적인 존재로 몰락했다. 그 원인을 《쉴레이만 법전》 중에서 일부 살펴볼 수 있다.

당시 대다수의 농민은 국유지나 봉건 영주의 토지에 속박되어 마음대로 이주할 수 없을 뿐아니라 도시로 들어가 수공업에 종사하는 것은 더욱 불가능했다. 게다가 국가는 상업에 무거운 세금을 부과하고 폐쇄적인 독점 제도를 실시해 공상업의 발전을 방해했다. 당시 오스만제국은 아시아 국가들처럼 완고한 전통에 묶여 발전할 수 없었다. 하지만 이는 역사적인 필연이지 쉴레이만 대제 혹은 기타 제왕 개인의 잘못이라고 볼 수는 없다.

오스만제국은 쉴레이만 대제 때 최전성기에 달해 정치·경제·문화 모든 방면에서 크게 발전했고 이는 서유럽의 기독교 세계에 극심한 공포를 불러왔다. 결국 서유럽인들이 중동의 해상 항로를 포기하고 새로운 해상 항로를 찾아 해외 탐험 활동을 시작하게 된 직접적인 원인이 되었다. 영토 확장이든 법률정책이든 쉴레이만 대제는 옛 것을 고수하고 바꾸려하지 않아 선견과 창조성이 부족했고 이는 오스만제국 몰락에의 숨겨진 원인이 되었다.

쉴레이만 대제 시대는 오스만제국의 흥성과 몰락의 분수령으로 중국 청나라의 건륭 황제와 비교할 수 있다. 그들은 모두 선왕들의 좋은 기초를 이어받아 국가를 전성기로 이끌었고 통치 후기 몰락하기 시작하는 공통점이 있다.

하지만 다른 종교에 대한 두 사람의 태도는 완전히 달랐다. 쉴레이만 대제는 종교 관용정책을 펼쳐 각 종교 혹은 민족 간의 갈등을 완화시켰지만 건륭 황제는 억울한 재판이 수없이 벌어지고 사회 갈등이 심화되었다. 이것으로 비교해 본다면 쉴레이만 대제가 건륭 황제보다 더 인자하고 너그러운 왕이었다고 할 수 있다.

▲ 1554년 여름 수많은 군대를 이끌고 원정을 떠나는 쉴레이만 대제

로도스 섬

에게해와 지중해 경계에 위치. 기원전 중요한 상업 중심지였다. 역사상 로도스 섬은 알렉산더 대왕, 쉴레이만 대제 등 여러 통치 세력을 거쳤다.

▲ 헨리 8세는 해상 방어를 중시해 막강한 해군을 창설했다.

헨리 8세

▲ 헨리 8세는 잉글랜드의 종교개혁 운동을 일으켰고 그 자신이 최대 수혜자가 되었다.

셰익스피어는 1613년에 사극 《헨리 8세》를 완성했다. 이는 그가 평생 지은 열편의 사극 가운데 마지막 편이다. 극은 전부 5막 17장으로 주인공 헨리 8세를 둘러싸고 캐서린 왕후의 폐위, 울지 추기경의 파면, 앤 블린의 왕비 등극 등을 서술하고 있다.

헨리 8세는 영국 튜더왕가의 두 번째 국왕 헨리 7세의 아들로 그리니치의 프라센티아 궁전에서 태어났다. 헨리 7세에게는 여섯 명의 자녀가 있었는데 헨리 외에 아서(웨일스공), 마거릿, 메리만이 살아남았다. 1493년 헨리는 드바성의 성주가 되고 1494년 요크 공작이 되었으며 그 후 영국 문장원 총재와 아일랜드 총독이 되었다.

1502년 아서가 갑자기 죽자 헨리는 웨일스의 왕이 되었고 1509년 헨리 7세가 죽은 뒤 잉글랜드의 왕위를 물려받았다. 종교개혁으로 역사에 이름을 남긴 헨리 8세는 여섯 명의 왕후를 둔 것으로 유명하

다. 아버지인 헨리 7세는 현명한 왕이었다. 그는 재위기간 동안 30
여 년간 지속되었던 장미전쟁을 끝내 백년전쟁부터 시작해 줄곧 시
달리던 전쟁에 마침표를 찍었다. 왕위를 계승한 후 헨리 8세는 아버
지가 남긴 많은 부를 누리며 생활을 최대한 즐기는 동시에 정무도
소홀히 하지 않았다.

　헨리 8세가 역사에 미친 가장 중요한 영향은 그가 주도한 잉글랜
드 종교개혁 운동이다. 부인 캐서린이 딸만 하나 낳자 후계자를 원
한 헨리 8세는 앤 블린과 사랑에 빠졌다. 캐서린과 이혼을 원했지만
로마 교황의 반대에 부딪친 헨리 8세는 의회를 소집해 "교황이 내
교적을 일만 번 취소한다 해도 나는 상관하지 않는다. 나는 모든 국
왕에게 교황의 힘이 얼마나 보잘 것 없는지 증명하겠다."라며 종교
개혁의 결심을 밝혔다.

　종교개혁의 내용은 다음과 같다. 영국 교회는 〈지존법안〉을 반포
해 로마 교회와 행정, 경제상의 관계에서 벗어났다. 국왕은 영국 최
고 권력가로 교직 임명, 교회 소집과 규칙 심사의 권리가 있다고 규
정하는 한편 교계 제도, 교의와 의식 등 천주교의 일부 제도는 보류
했다. 또한 수도원의 재산을 몰수해 왕실 소유로 했다.

　헨리 8세는 이 개혁의 최대 수혜자였다. 그는 캐서린과 이혼하는
목적을 달성했을 뿐 아니라 장기간 지속되었던 로마의 영국 통제를
끝냈다. 더 중요한 점은
그가 자신의 통치를 보호
하고 왕권을 공고히 다졌
다는 점이다. 그는 그 시
대에 유일하게 위에서부
터 아래로 개혁을 실행한
왕으로 독일이나 프랑스
처럼 종교개혁을 하며 장
기간 내전의 혼란에 빠지
지도 않았다.

　개혁을 추진하는 과정
에서 헨리 8세의 잔혹한
본성이 드러났다. 수많은
사람들을 단두대로 보냈

▲ 젊은 시절의 헨리 8세

◀ 헨리 8세 가족 초상화의 일부
분. 왼쪽부터 오른쪽으로 에드
워드, 헨리 8세, 제인 시무어

는데 그중에는 《유토피아》의 저자이자 수석 대신인 무어도 있었다. 또한 지나치게 열성적인 신교도들도 사형에 처했다. 종교개혁의 최고 공신인 토머스 크롬웰도 이때 처형되었다.

헨리 8세는 아버지 못지않게 해군 건설을 중시해 강력한 해군을 조직했을 뿐 아니라 선상에 대포를 장착한 쾌속 전함을 만들었다. 1513년 첫 번째 포선 '메리로즈' 호가 완성되어 잉글랜드는 세계에서 가장 강한 대국의 지위에 올랐다. 또한 처음으로 배 위에 전문 전투갑판수를 배치했으며 해군 전용 도크를 건설했다. 이런 조치는 비록 잉글랜드가 대외적으로 확장할 정도는 되지 못했지만 나중에 '해가 지지 않는 제국'이 되어 해상의 패권을 장악하는 데 탄탄한 기초가 되었다.

강력한 국가기구의 지지 아래 헨리 8세는 무력으로 스코틀랜드를 물리쳤으며 의회의 〈연합법안〉을 통해 웨일스를 영국에 편입시켜 브리태니아의 연합을 향해 한 발 내디뎠다.

헨리 8세가 사람들을 가장 즐겁게 한 일은 여섯 명의 왕후와의 스캔들일 것이다. 비록 그가 중국의 황제처럼 3천 명의 아름다운 후궁을 거느린 것은 아니었지만 이는 영국 역사상 보기 드문 경우였다. 헨리 8세는 여섯 번 결혼했다. 그 중 캐서린과 앤은 이혼 당했고, 앤 블린과 하워드는 단두대로 보내졌다. 그가 가장 아낀 사람은 제인 시무어로 두 사람은 사후에 같은 곳에 묻혔다. 마지막 부인인 파아는 헨리 8세와 자식들과의 관계를 잘 조절하여 그가 안정적으로 말년을 보내도록 도왔다.

헨리 8세는 임종 시 에드워드와 그 후손이 왕위를 계승하라고 명했다. 만일 에드워드에게 후손이 없으면 에드워드 사후 메리와 그녀의 후손이 왕위를 계승하고 만일 메리에게 후손이 없으면 엘리자베스와 그녀의 후손이 왕위를 계승하라고 유언을 남겼다. 그리고 헨리 8세의 예상과 달리 이 세 명의 계승자는 모두 후손이 없었다. 엘리자베스 1세가 죽은 뒤 튜터왕조도 끝났고 왕위는 그녀 사촌의 아들이 계승했다.

▲ 안트웨르펜의 카를로스 1세

카를로스 1세

"나는 평생 수많은 잘못을 저질렀다. 젊어서 무지한 탓도 있었고
내 결점 때문이기도 했다. 하지만 한 가지 모두에게 보증할 수 있는
것은 나는 한 번도 일부러 나의 신하와 백성에게 해를 끼친 적이 없
고 그들에게 폭력을 행사하거나 불공정하게 대한 적이 없다는 것이
다. 만일 그런 적이 있다면 매우 유감이며 용서를 구한다." 이는 스
페인 국왕 카를로스 1세(카를 5세라고도 한다)가 퇴위식에서 한 말이다.

그 어떤 왕도 카를로스처럼 운이 좋았던 왕은 없었다. 그는 성인
이 된 후 할아버지 · 할머니 · 외할아버지 · 외할머니 · 아버지와 어
머니의 왕위를 물려받아 독일 왕국 · 네덜란드 군주 · 스페인 국왕 ·

▲ 팔걸이의자에 앉은 카를로스 1세

신성로마제국의 황제가 되었다. 하지만 그가 패업을 완성한 곳이 스페인이고 사후에 스페인에 묻혔기 때문에 역사상 그를 스페인 국왕이라고 부른다.

비록 이미 방대한 제국을 소유했지만 카를로스 1세는 이에 만족하지 못하고 평생 끊임없이 영토 확장전쟁을 벌였다. 1521년부터 1544년까지 이탈리아의 북부를 차지하기 위해 카를로스 1세는 프랑스 국왕 프란시스와 네 차례 교전을 벌였고 매번 카를로스가 우위를 차지했다. 후에 카를로스 1세는 동생 페르난도를 보내 오스만 투르크 제국의 쉴레이만 대제와 격렬한 전투를 벌였고 그 결과 페르난도가 헝가리와 보스니아의 통치권을 차지했다. 이 두 국가는 이때부터 1차 대전 때까지 합스부르크 가문의 통치하에 놓였다.

전쟁은 카를로스 1세에게 그가 바란 것을 주었다. 그는 유럽에서 가장 넓은 국가를 다스리는 국왕이 되어 스페인 · 시칠리 · 오스트리아 · 네덜란드 · 룩셈부르크 · 독일 연방 · 아프리카의 튀니지 그리고 광활한 아메리카 등을 통치했다.

카를로스 1세는 광적인 천주교 신자였다. 그는 즉위 후 스페인에

▶ 1540년 스페인 국왕 카를로스 1세와 프랑스 국왕 프랑수와 1세 및 붉은 옷의 주교 알렉산더가 프랑스 파리에 모였다.

서 천주교 신자가 아닌 사람들을 제재하고 추방했다. 1517년 마틴 루터가 종교개혁 운동을 일으키고 스페인에 신교가 널리 퍼지자 카를로스 1세는 큰 충격을 받고 반격하기로 결정했다. 1521년과 1545년 보름스 종교회의와 트리엔트 공의회가 소집되었다. 하지만 모두 실패로 끝났고 카를로스 1세는 신교의 불길이 그의 대지 위에 맹렬하게 타오르는 모습을 두 눈으로 지켜봐야 했다.

비록 카를로스 1세는 천주교의 지위를 보호하지 못했지만 그가 투입한 많지 않은 해외 사업에서 현저한 효과를 거두었다. 외할머니 이사벨 1세가 콜럼버스를 후원한 것처럼 카를로스는 마젤란을 후원했다. 1517년 포르투갈에서 해고된 항해가 마젤란이 스페인에 와서 카를로스 1세를 만났다. 두 사람은 1518년 카를로스 1세가 항해의 모든 경비를 부담하고 마젤란과 그의 함대가 탐험 과정 중 발견하는 모든 토지를 국왕 소유로 돌리며, 마젤란은 그 중 5%의 수입을 누리고 신영지의 총독이 된다는 내용으로 협의했다. 1522년 마젤란의 함대가 인류의 첫 번째 세계 일주 여행에 성공했다.

카를로스 1세의 재위기간에 스페인은 당시 서양 세계의 선두에 섰으며 '해가 지지 않는 제국'이라 불렸다. 이 호칭은 빅토리아의 대영제국보다 300여 년 앞선 것이었다.

◀ 스페인 국왕 카를로스 1세이자 신성로마제국의 황제 카를 5세라고도 불렸다.

▲ 16세기 회화. 이반 4세가 값비
싼 보석들을 영국 대사에게 보
여주는 모습을 묘사하고 있다.

이반 4세

▲ 이반 4세

이반 4세, 즉 이반 바실리예비치는 '공포의 이반' 혹은 '이반 대
제'라고 불린다. 부친은 러시아 차르 바실리 3세이다. 이반 4세의
어린 시절은·대단히 불행했다고 한다. 그는 3세에 아버지를, 8세에
어머니를 잃고 어려서부터 궁 안의 권력 다툼 속에서 생활하며 야심
만만한 대 귀족들에게 차례대로 조종당했다. 이런 환경에서 그는 점
차 고독하고 교만하며 의심 많고 냉혹하며 무정한 성격으로 변해갔
다. 이는 이후 그가 공포정치를 하게 된 중요한 원인이 되었다.

당시의 러시아 정국은 혼란에 빠져 불안했다. 때문에 이반 4세는

레핀의 '1581년 11월 16일 공포의 이반과 그의 아들'이라는 작품. 이반 4세는 자신에게 반대하는 정적들을 인정사정없이 죽여 반란을 진압하고 주교를 교살하다 실수로 자신의 아들까지 죽이고 말았다. 하지만 역사의 관점에서 보면 그는 국가를 통일하고 다스리는 면에서 뛰어난 공을 세운 왕이다.

즉위 후 첫 번째로 왕실의 법률과 질서를 재정비했다. 중앙집권 통치를 강화하고 자신의 권위를 보호하기 위해 그는 새 법전을 반포하고 차르 특별 지구제를 만들어 대귀족들에게 큰 타격을 입혔다. 또한 영주체제를 폐지하고 차르 전제 정치체제를 세워 지방 세력을 축소했으며 할아버지 이반 3세가 세운 농민들이 성 유리절에만 지주를 떠날 수 있다는 규정의 기초에서 새로운 조항을 증가해 러시아가 농노제의 늪으로 한 걸음 더 다가가게 되었다.

이뿐 아니라 이반 4세는 국가 행정기구를 개조하는데 온 힘을 집중했다. 중앙과 지방의 정치·행정·법률·재정·군대·종교 등 다방면에 개혁을 단행했다. 이런 개혁 조치 가운데 군사개혁의 효과가 가장 두드러졌다. 군사 지휘체계를 개선하고, 상비군을 건립하고 지방 부대, 변경 수비와 주둔 근무 등을 정비해 러시아 정규군의 기초를 정립했다. 후에 그는 〈주둔과 수비근무에 관한 귀족회의 결의〉라는 러시아 역사상 첫 번째 군대 조령을 반포했다. 이반 4세의 개혁, 특히 군사개혁은 대대적으로 러시아의 국력을 강화하고 러시아의 식민지 확장에 탄탄한 기초가 되었다.

이반 4세에 대해 말하자면 그의 식민지 확장을 빼놓을 수 없다. 이것이 바로 그가 역사상 유명한 제왕이 된 중요한 원인 가운데 하나이기 때문이다. 그는 카잔한국, 아스트라한국, 동유럽 일부 지역을 점령했다. 그 후 다시 전쟁의 손길을 서유럽, 그 넘어 폴란드까지 확장하려 했지만 인근 국가의 완강한 저항으로 결국 실패했다. 비록 그의 목적을 달성하지는 못했지만 유럽 각국에 러시아의 강한 국력을 펼쳐보였다.

이반 4세는 교육 사업도 매우 중시했다. 당시 그는 모스크바에서 가장 우수한 연설가이자 언어학자요 작가였다. 문학에 조예가 깊어서 많은 작품을 썼는데 현존하는 작품에는 그의 탁월한 단어 구사력과 날카로운 풍자의 기교가 잘 표현되어 있다.

이반 4세의 통치시기에 정치·경제·문화 등이 고르게 발전해 러시아는 당시 유럽에서 비교적 강한 국가 가운데 하나가 되었다. 비록 그가 중앙집권을 강화하기 위해 귀족을 잔혹하게 억누르고 대외 확장을 하며 무고한 백성을 죽였지만 역사의 관점에서 보면 그는 여전히 중요한 영향력을 행사한 제왕 가운데 하나라 할 수 있다.

러시아 역사의 발전 과정을 살펴보면 이반 4세는 내정 방침, 군사 정책 등 많은 부분에서 이반 3세를 따르고 있음이 분명하다. 이 점만 본다면 그의 영향력은 이반 3세에 미치지 못한다. 하지만 대내적으로 중앙전제집권을 강화하고 민족국가의 길을 공고히 다지고 발전시킨 점에서 그는 이반 3세를 뛰어넘는다고 할 수 있다.

▲ 엘리자베스 1세는 성공적으로 잉글랜드의 통일을 유지했으며 반세기에 걸친 통치 후 잉글랜드를 유럽에서 가장 강하고 부유한 국가로 만들었다. 그녀의 통치시기는 영국 역사상 '엘리자베스 시기' 혹은 '황금시기'라고 불린다.

엘리자베스 1세

Elizabeth Ⅰ
잉글랜드 여왕
1533~1603년

그녀는 영국의 독립을 수호하기 위해 평생 결혼을 하지 않아서 '동정 여왕'이라고 불린다.

"때로는 인내와 시간이 힘과 분노보다 더 효과적이다."

이것은 잉글랜드 여왕 엘리자베스 1세가 한 명언이다. 귀한 왕위 계승자에서 비천한 하인으로, 다시 지극히 존귀한 국왕에 이르기까지 이 복잡다단한 궤적 속에서 엘리자베스 1세는 강인함과 인내로 찬란한 인생을 이뤄냈다.

엘리자베스는 1533년 잉글랜드 그리니치(지금의 런던)에서 태어났

다. 아버지는 잉글랜드 종교 개혁의 지도자 헨리 8세이다. 엘리자베스는 태어나자마자 바로 왕위계승자로 지정되었지만 어머니가 사형당한 후 겨우 3세 때, 행복한 천당에서 비참한 지옥으로 떨어져야만 했다. 왕위계승권을 빼앗겼을 뿐 아니라 이복 남동생 에드워드 왕자의 하인이라는 매우 처량한 신세가 되었기 때문이다.

1547년 헨리 8세가 죽고 왕자 에드워드가 즉위 후 서머싯공작이 국가 정권을 장악했다. 이런 복잡한 환경 때문에 원래 천진하고 선량했던 14세의 엘리자베스는 암흑의 궁정 투쟁으로 말려들었고 끊임없이 감시당하고 잔혹하게 심문당했다. 그녀는 점차 오로지 최고의 권력만이 자신의 운명을 바꿀 수 있다는 것을 깨닫고 냉혹하고 탐욕스러우며 약삭빠른 성격이 되었다. 이후의 통치 과정에서 그녀의 이같은 성격이 잘 드러난다.

엘리자베스는 자신이 겪은 역경을 마음속 깊이 새겨두었지만 용기를 잃지는 않았다. 그녀는 부지런히 배워서 지식을 쌓았으며 날카로운 안목에 진중한 성격이었다.

헨리 8세의 유언에 따라 에드워드와 이복 언니 메리가 죽은 뒤 자손이 없을 경우 엘리자베스가 왕위를 계승할 수 있었다. 운명은 그녀를 정치 무대로 밀어 올렸다. 1558년 25세의 엘리자베스는 바라던 대로 왕위를 계승했다.

어려서부터 권력의 중요성을 알았던 엘리자베스 1세는 즉위하자마자 군주 전제를 강화하는 데 힘을 쏟고 영국의 민족 독립을 다지는데 애썼다. 그녀는 국왕이 하느님의 신성한 뜻을 대표하는 인간 세상의 주재자라고 선포했다. 그러므로 백성들은 반드시 국왕에게 절대복종하여야 하고 영국의 모든 종교 조직은 국왕의 지도를 받아야 한다고 규정했다. 이런 조치들은 영국국교의 통치 지위를 확립했을 뿐 아니라 로마 교회가 영국 정치에 간섭하는 것을 막았다.

하지만 영국에 대한 통제권을 잃어버린 게 달갑지 않았던 로마 교황은 1570년 엘리자베스 1세의 교적*을 없애고 그녀의 통치를 뒤엎을 음모를 꾸몄다. 엘리자베스 1세는 이에 맞서 여러 차례 천주교도들의 반란을 진압하고 스페인 국왕의 구혼을 거절하여 결혼을 통해 영국을 속국으로 만들려는 음모를 막았다. 그녀의 이런 조치는 잉글랜드의 주권을 공고히 다져 영국 백성의 열렬한 환영을 받았다.

당시 영국은 자본주의가 발전한 시기였다. 이때 그녀는 자본주의 발전에 유리한 수많은 정책을 제정했다. 교회와 왕실의 토지를 자산 계급과 신흥 귀족에게 팔고, 영국인의 해상 약탈을 지지하고 장려하여 경쟁자인 스페인에 타격을 주는 중요한 수단으로 삼았다. 또한 대대적으로 국내 국제 무역을 이끌고 동양과의 무역 확장을 장려했다. 관련 기록에 따르면 영국은 엘리자베스 1세 때 해상 약탈 재물의 총가치가 1200만 파운드를 초과해 자본 누적의 중요한 근원이 되었다한다.

명실상부한 강국 스페인으로서는 영국의 성장은 심각한 위협이었다. 이는 그들의 갈등을 심화시켜 전쟁을 피할 수 없게 되었다. 패권 전쟁에서 절대적인 우위를 차지하기 위해 엘리자베스 1세는 적극적으로 군비를 확충하고 강력한 해군으로 훈련해 언제라도 전쟁을 벌일 준비를 끝냈다.

▲ 프랑스 화가 폴 들라로슈의 작품 '제인 그레이의 처형' 엘리자베스가 정권을 장악하기 전 피비린내 나는 궁정 투쟁을 묘사한 그림이다. 제인 그레이는 에드워드 6세 후의 왕위 계승인 순서 중 메리 · 엘리자베스 및 자신의 어머니 프란세스 브랜던의 뒤인 서열 4위였다. 1553년 7월 에드워드 6세가 죽은 뒤 혼란한 가운데 그녀는 공작 존 더들리에 의해 잉글랜드 국왕이 된다. 9일 후 7월 19일 메리 1세가 천주교 신자의 지지를 받으며 왕위에 오르고 제인은 런던탑에 갇혔다가 다음에 2월 처형당했다.

---

* 교적: 교인의 세례, 결혼, 사망 등에 대한 일신상의 기록

튜터왕조

튜터왕조는 영국 봉건왕조로 통치자의 성 튜터에서 따온 이름이다. 튜터왕조는 1485년부터(헨리 6세가 잉글랜드 웨일스와 아일랜드를 영입한 때) 1603년까지(엘리자베스 1세가 죽은 해) 119년간 다섯 명의 왕을 거쳤다. 튜터왕조는 영국이 봉건사회에서 자본주의 사회로 전환하는 중요한 시기로 영국 군주 전제 정치 발전의 황금시기였다.

1588년 스페인은 '무적함대'라 불리는 100여 척의 전함을 보내 영국을 공격했다. 엘리자베스 1세는 침착하게 전쟁에 임하여, 하워드, 드레이크 같은 명장들이 군을 이끌고 출동했다. 게다가 엘리자베스 1세가 직접 출정 대오에 나가 열정적인 연설로 사기를 북돋웠다. 이 해전은 결국 영국의 승리로 끝났다. 영국은 부끄럽지 않은 세계 해상 패주가 되었고 이런 절대적인 우세는 20세기까지 계속되었다.

영국 경제는 국외·국내 시장을 광범위하게 개척하여 맹렬한 속도로 발전하기 시작했고 엘리자베스 1세도 통치의 전성기를 맞았다. 정치적 안정과 경제적 번영은 문화의 발전을 위해 비옥한 토양을 제공했다. 런던은 당시 유럽의 상업과 금융의 중심이 되었다.

엘리자베스 1세가 재위한 45년 동안 영국 경제와 문화는 전에 없이 발달하고 해군 역량도 사상 최고로 강력했다. 이런 성과는 마땅히 영국 역사상 가장 걸출한 통치자 엘리자베스 1세의 공으로 돌려야 한다.

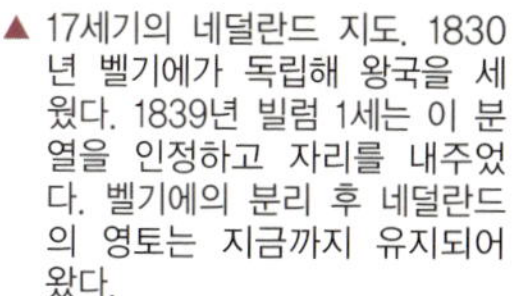
▲ 17세기의 네덜란드 지도. 1830년 벨기에가 독립해 왕국을 세웠다. 1839년 빌럼 1세는 이 분열을 인정하고 자리를 내주었다. 벨기에의 분리 후 네덜란드의 영토는 지금까지 유지되어 왔다.

빌럼 1세

William Ⅰ
네덜란드 총독
1533~1584년

빌럼 1세는 어쩌면 다른 제왕들 같은 우수한 군사 재능이나 탁월한 역사적 공은 없을지 모른다. 하지만 그는 역사상 드물게 인자한 군주였다. 이는 매우 귀한 장점이다.

그는 귀한 귀족집안 출신이지만 전쟁의 깃발을 드는 실수를 했다. 독일에서 태어났지만 네덜란드에서 권력의 정상에 올랐다. 그의 권력은 잔혹한 무력정복으로 얻은 것이 아니라 그에게 경탄하고 감격한 네덜란드 백성들에게서 나온 것이다. 이 남다른 자가 바로 네덜란드의 지도자 빌럼 1세이다.

▲ 빌럼 1세

243

1533년 빌럼 오라녜는 독일 나사우딜렌부르크의 한 백작 가문(당시 유럽에서 가장 부유한 귀족)에서 태어나 루터교의 영향을 깊이 받았다. 당시의 네덜란드는 몇 개의 성을 연합해 스페인 국왕 샤를 5세의 섭정 통치를 받고 있었다. 빌럼은 천부적으로 총명하여 샤를 5세의 사랑을 받았다. 샤를 5세는 그를 독실한 천주교 신자로 길렀고 여러 차례 각국으로 파견을 보냈다. 프랑스에 사절로 갔을 때 빌럼은 헨리 2세가 기독교 신자를 네덜란드로 쫓아 보내려는 계획을 들은 후 크게 놀랐다. 하지만 아무 말도 하지 않아 '침묵자'라는 별명을 얻었다.

그러나 바로 이 침묵자는 네덜란드 백성이 1566년 스페인의 식민 통치에 저항하는 깃발을 들었을 때 무리의 제일 앞줄에 서서 종교와 정치의 자유를 위해 싸웠다. 전쟁은 결국 실패로 끝나고 빌럼은 독일까지 피난을 갔다. 하지만 그는 조금도 의기소침해하지 않고 기회가 될 때마다 계속 투쟁했다. 빌럼은 비록 네덜란드 전체를 해방하는 힘든 임무를 완성하지 못했지만 북부의 각 성은 결국 1579년 독립을 선포했고 그도 세습 총독으로 추천 선발되었다.

후에 스페인 국왕 필리프 2세는 빌럼을 일급 지명수배범으로 선고하고 그의 목에 현상금까지 걸었다. 빌럼은 조금도 두려워하지 않고 유명한 〈교회보호 선언〉을 발표해 필리프 2세 정책의 폐해를 맹렬하게 공격하고 스페인 통치에 저항하는 자신의 굳은 결심을 밝혔다. 빌럼의 전쟁 선언은 고통받던 네덜란드 백성의 열렬한 지지를 받았고 그들의 투지를 끌어올려 결국 스페인 군대를 물리쳤다.

1584년 7월 12일은 원래 빌럼이 네덜란드의 왕위에 오르는 날이었다. 하지만 그는 이 날까지 기다리지 못했다. 등극 이틀 전에 살해당하고 만 것이다. 그의 명성은 그가 칼에 맞아 세상을 뜨면서 영원히 사람들의 머리속에 새겨졌다. 그는 국부고 그의 자손들은 네덜란드의 세습 국왕이 되었을 뿐 아니라 그의 가족을 상징하는 오렌지색은 네덜란드의 상징이 되었다.

네덜란드의 국부로서 빌럼 1세의 가장 자랑스러운 성과는 스페인 식민 통치자와 네덜란드 민중 사이에서 정확한 선택을 한 것이다. 이는 네덜란드·유럽, 심지어 세계역사에 중요한 영향을 끼쳤다. 네덜란드의 독립은 세계 구조의 변화를 불러왔고 한 시대를 점령한 스페인제국에 큰 타격을 주어 스페인이 몰락하게 된 가장 주요한 요인

이 되었다. 새로운 국가 네덜
란드는 서유럽의 많은 강국 사
이에서 발전하기 시작했다.

독립된 네덜란드는 여러 가
지 속박을 깨뜨리고 혁명 정신
아래 17세기 '황금 세기'를 맞
이했다. 또한 해상 패권을 잡
아 '해상 마차부'로 명성을 날
렸다. 남에게 유린당하던 약자
에서 거만한 해상 패주가 되기
까지는 힘들고 커다란 변화를
겪었다. 이 모든 것은 빌럼 1
세의 인도 하에 실현되었다.

민족 개념이 약한 네덜란드
인이 전쟁 중 결집력을 발휘해

승리한 일은 빼놓을 수 없는 빌럼 1세의 영향력이다. 빌럼 1세는 네
덜란드에서 기적을 창조했을 뿐아니라 세계사에서 아름다운 예가
되었다. 빌럼의 후손이 국왕의 지위를 세습했으며 국가의 결집력과
민족의 동질감을 강화하기 위해 그의 정신을 계승했다.

다른 국왕들에 비해 빌럼 1세의 군사 재능이 그다지 뛰어나지는
않아 네덜란드 독립전쟁에서 그는 정신적 지도자의 역할만 했지만,
평생 종교 관용정책을 유지한 일은 종교 광풍의 당시에는 더욱 어려
운 일이었다.

만일 그의 종교 관용정책이 아니었다면 아마 세계사에서 네덜란
드 역사, 유럽 역사는 다시 써야만 했을 것이다. 그러므로 이 의미만
으로도 빌럼 1세는 존경받아 마땅하다. 하지만 빌럼 1세의 아들은
매우 뛰어난 군사가였다. 덕분에 빌럼 1세의 평범한 군사 재능을 보
완해 주었다.

비록 네덜란드 혁명이 역사적인 필연이자 그 시대 백성들의 의지
의 표현으로 빌럼 1세가 아니었어도 다른 제왕이 대신했을 것이지
만, 빌럼 1세의 활동이 없었다면 오늘의 네덜란드가 어떤 모습이었
을지는 알 수 없다.

네덜란드

라인 강·마스 강·스헬더 강 하류
및 북해 연안 일대를 가리킨다. 오
늘날의 네덜란드, 벨기에, 룩셈부르
크와 프랑스 동북부의 일부분 지역
을 포함한다. 여러 성으로 구성되었
으며 그 중 네덜란드 성의 경제가
가장 발달했다. 때문에 연성공화국
이나 네덜란드공화국이라고 불린다.

▲ 악바르 대제는 그의 구상에 따라 다양한 건축 특색을 융합해 시크라를 세웠다. 하지만 겨우 십여 년만의 시크라는 폐도시가 되고 말았다.

악바르 대제

Akbar the Great
인도 무굴왕조 국왕
1543~1605년

악바르 대제는 아소카 왕 이후 인도 역사상 가장 위대한 제왕이다.

▲ 악바르 대제

　그는 독실한 무슬림이면서 힌두교가 지배적인 국가에서 권력의 핵심이 되었다. 불가능한 일 같지만 그는 해냈다.

　악바르는 인도의 마지막 왕조 무굴왕조에서 태어났으며 중동 역사상 가장 유명한 정복자 중 하나인 티무르의 직계 후손이다. 어머니는 칭기즈칸의 후손이다. 그의 할아버지는 중앙아시아의 작은 영주였고 몇 차례의 전쟁을 거쳐 갠지스 강 삼각주까지 이르는 광활한 영토를 소유한 통치자였다. 하지만 아버지가 즉위한 후 무굴왕조는 아프간에서 온 신흥 세력에게 패했고, 그의 가족은 고향을 떠나 페르시아를 떠돌 수밖에 없었다.

유랑 생활을 하던 중 악바르가 태어났다. 고통스런 유랑 생활로 좋은 교육을 받을 기회가 없었던 악바르는 문맹에 가까웠다. 하지만 학문에 대한 그의 열정으로 다른 사람이 책을 읽는 것을 듣고 지식을 습득했으며 결국 박학다식한 제왕이 되었다. 페르시아에서 자란 복잡한 경험은 그를 이슬람교도로 만들었지만 독실한 신자는 아니었다.

악바르가 12세 되던 해, 아버지는 페르시아 사파비왕조의 도움으로 마침내 인도로 돌아왔고 그는 처음으로 조국의 토지를 밟았다. 혼란에 빠진 각 세력을 억누르고 델리를 점령하여 좋은 상황이었지만 뜻밖에 아버지가 사망했다. 아직 어린 악바르지만 변화무쌍한 역사의 바람에 흔들려 시대의 가장 앞줄까지 밀려왔다.

악바르 대제가 즉위한 초기 4년 동안 바이람 한이 그를 보좌했다. 바이람 한은 전쟁에서 아프가니스탄인에게 크게 패한 뒤 아프가니스탄 사람들의 무굴왕조에 대한 서북 고지의 위협을 해결했다. 1560년 악바르 대제는 친정을 시작했다. 그의 눈앞에 펼쳐진 것은 흩어진 모래 같은 인도였다. 이미 인도의 중앙 핵심지역을 장악했지만 사방에는 여전히 많은 강한 세력이 존재했다.

악바르 대제의 정복자로서의 야심·신념·명예와 재능 등이 한데 엮여 그가 인도를 정복하는 길에 선결조건이 되었다. 북인도의 각 지역 및 서북부 지역과 그의 조상들이 번영했던 아프가니스탄, 인도에서 벗어난 지 오래된 지역까지 악바르의 영토로 영입되었다.

이렇게 드넓은 제국이 세워졌다. 인도 역대 위대한 제왕처럼 악바르 대제는 종교 방면의 업적 역시 상당히 두드러졌다. 다른 점은 그의 종교 관용정책이 더욱 인간적이어서 광범위한 지지를 받았다는 것이다.

▲ 악바르 대제의 아내

무슬림인 악바르 대제는 힌두교 신자가 다수를 차지하는 나라를 통치했다. 이는 상상조차 하기 힘든 일이다. 만일 잘못 처리하면 종교전쟁이 일어날 수도 있었다. 각 종교 간의 갈등을 완화하기 위해 악바르 대제는 힌두교를 믿는 라지푸트국의 공주와 결혼했다. 이로써 악바르 대제의 정권은 신비롭고 드넓은 인도 땅에 뿌리를 깊게 내렸다.

이밖에 악바르 대제는 오직 이슬람교 학자에게만 허용되던 제한

굽타왕조

굽타왕조는 찬드라 굽타 1세가 4세
기에 세웠다. 인도 북부 및 중부, 서
부의 일부 지역을 포함했다. 중세
첫 번째로 인도를 통일한 봉건왕조
로 중세 인도의 황금시대였다.

을 풀어 힌두교 · 기독교 · 시나교 · 배화교의 학자도 종교토론장에 참가하도록 허락해 5대 종교의 엘리트들이 한자리에 모이는 성과를 이뤘다. 인도 역사상 오직 너그럽고 인자한 악바르 대제만이 이처럼 비범할 수 있었다.

악바르 대제는 무공이 뛰어난 제왕일 뿐 아니라 내정에서도 공을 세웠다. 우선 그는 중앙집권 정치 체제를 강화하고 군주가 국가의 주재자, 국민의 주인임을 강조했다. 그의 권력은 인도 역사상 어떤 군주보다도 컸다. 그는 중동에서 매우 성행한 군사 토지 제도를 채택해 군주가 공적에 따라 각급 지방 관원에게 군 계급을 수여하고 국가가 상응하는 수량의 기병을 제공하는 것을 조건으로 해 각급 귀족에게 국가 전답을 받기 위해 봉건 영주지방 조직에 대한 통치를 강화했다.

이밖에 악바르 대제는 새로 전국의 조세지역을 규정해 세수제도를 개선해 발전시켰고 전국의 도량형을 통일했으며 상공업 발전을 장려해 각 지역의 경제 교류를 촉진해 국가 경제의 발전을 이끌었다.

무굴왕조는 인도 마지막 왕조인 동시에 인도 역사상 첫 번째로 민족 단결, 종교관용의 기초 위에 건립된 통일왕조로 마우리아왕조와 굽타왕조보다 더 중대한 의미를 지닌다.

앙리 4세

Henry Ⅳ
프랑스 국왕
1553~1610년

그는 부르봉왕조의 창시자로 백여 년 후 프랑스 역사상 가장 강성한 시기의 도래에 기초를 쌓았다.

"모든 프랑스 농민의 냄비에 닭 한 마리를 주어라"

이는 프랑스 부르봉왕조의 첫 번째 국왕 앙리 4세가 한 유명한 명언이다. 앙리 4세는 많은 업적을 세운 왕이자 보기 드문 인자한 왕으로 사람들의 사랑을 받았다.

앙리 4세는 원래 프랑스 남부의 가난한 소국의 국왕으로 프랑스 왕실과 친척 관계

▲ 앙리 4세는 천주교로 개종한 후 천주교를 국교로 선포하며 민심을 얻었다.

이다(그의 아버지는 프랑스 공작 앙투안 드 부르봉이고 어머니는 나바라의 여왕이다). 1562년 프랑스의 완고한 천주교 신자들이 위그노 종교전쟁을 일으켰다. 그는 기회를 틈타 신교 지도자의 명의로 참전해 뛰어난 군사 재능과 천주교의 내부 갈등을 이용해 승리를 거두었다.

1589년 앙리 3세가 죽은 후 앙리 4세가 왕위를 물려받아 프랑스 역사상 유명한 부르봉왕조를 건립했고 1610년 살해당했다. 비록 재위기간이 길지 않지만 앙리 4세는 프랑스 역사에 커다란 영향을 끼쳤다. 그는 장기간 종교전쟁의 늪에 빠진 프랑스를 구해내고 프랑스 정치계에서 주도적 지위를 차지한 기즈 가문을 무너뜨려 프랑스 평화 발전의 최대의 걸림돌을 없앴다. 최선을 다한 앙리 4세의 통치 아래 프랑스의 경제는 크게 발전했고 그도 프랑스 백성의 사랑을 받

는 왕이 되었다.

앙리 4세가 한 또 다른 중요한 공헌은, 천주교 신자가 다수를 차지한 프랑스에서 스스로 천주교로 개종을 선포하고 '낭트칙령'을 반포한 뒤 천주교를 국교로 확정하고 신교도에게 신앙의 자유를 준 것이다. 그 당시 이같은 종교 관용정책은 매우 어려운 일이었기에 백성들의 아낌없는 사랑을 받았다.

프랑스 역사상 인격과 정치적 공적 모두 완벽한 국왕은 매우 드물다. 앙리 4세는 그중 한 명으로 부르봉왕조를 열었고 백 여 년 후 프랑스 번영기의 기초를 쌓았다.

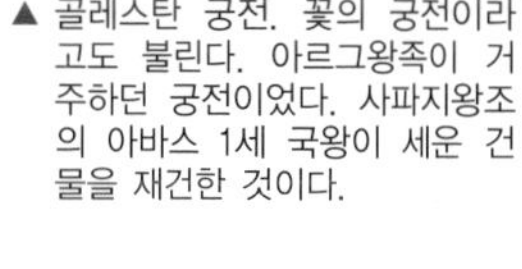

▲ 골레스탄 궁전. 꽃의 궁전이라
고도 불린다. 아르그왕족이 거
주하던 궁전이었다. 사파지왕조
의 아바스 1세 국왕이 세운 건
물을 재건한 것이다.

아바스 1세

자유로운 땅이다. 소매치기도 강도도 없다. 이런점에서는 그 어떤 기독교 국가도 비교가
되지 않는다. 자유롭게 현금을 가지고 페르시아의 모든 지역을 지나갈 수 있을 정도
이다.

영국 상인이 아바스 1세 치하의 페르시아에 대해 평한 글

아바스 1세는 이란 역사상 가장 재능 있고 공이 많은 제왕이다.
사파비왕조는 고대 페르시아제국, 사산왕조 이후 이란 역사상 가장
찬란한 왕조 중 하나이다. 그는 이란 역사의 발전에 많은 영향을 끼
쳤다.

아바스 1세가 등극할 때 국내 정국은 매우 불안정했다. 국내에서
는 키실바시족 군단이 수시로 그의 정권을 위협했고, 국외의 정적
오스만제국과 우즈베키스탄도 호시탐탐 그의 영토를 노렸다. 정국

▲ 아바스 1세

251

▲ 골레스탄 궁전

을 안정시키기 위해 그는 국내에서 지지자의 힘을 빌려 맹렬한 기세로 투크만 귀족을 제거하고 논밭을 도로 거두어들였다. 그 후 기회를 타 고리한으로 가 군정대권을 장악했다.

황권을 다지기 위해 아바스 1세는 사파비왕조의 통치 구조를 수정하고 개선했다. 중앙에서 그는 자신이 장악한 의회를 설립하고 섭정의 직무를 제거하여 수상의 특권을 강화했다. 또한 일부 투크만 귀족의 사적 영지는 거두어들여 황실이 모두 관리했다. 지방은 신임하는 총독을 임명해 행성 제도를 한층 더 완벽하게 보충했다. 그는 수많은 소수민족을 강제로 이주시켜 국내의 안정을 강화했다.

외적의 침입을 저지하기 위해 아바스 1세는 군사제도도 과감하게 개혁했다. 그는 우선 군 총사령관을 없애고 군에 대한 절대 지도권을 강화해 자신의 명령을 직접 듣는 근위군을 만들었다. 그 후 군대의 장비를 개혁하고 군대 전체를 위해 당시 최고의 선진 무기인 산탄총과 청동대포를 갖추었다. 그 후의 전쟁에서 이 무기들은 대단히 중요한 역할을 했다.

아바스 1세는 우스베키스탄족이 내란에 빠진 틈을 타 헤라트와 메셋을 빼앗고 아프가니스탄도 그의 통치 아래 굴복시켰다. 그 후 전쟁의 목표를 숙적 오스만제국으로 돌렸다. 이 당시의 오스만제국은 이미 몰락하기 시작해 나날이 강해지는 사파비왕조에 저항할 방법이 없었다. 그래서 쌍방은 1613년 〈이스탄불 조약〉을 맺고 아제르바이잔, 쿠르디스탄 등을 회복했다. 그 후 바그다드, 바스라를 포함해 양강 유역 전체가 차례로 사파비왕조의 영토로 들어왔다.

아바스 1세의 영향은 이뿐만이 아니다. 당시 항해 사업이 발달해 각국의 활동이 빈번하자 아바스 1세는 페르시아에 온 서양 무역가에게 최대한 편의를 제공해 그들이 항구를 개설하고 공장을 열 수 있게 허락했다. 이들의 무역 활동은 이란 경제 발전을 이끌었고 빠르게 자본주의의 싹을 틔웠다.

또한 중요한 수공업 부문의 통제를 통해 아바스 1세는 국가의 실력을 강화하고 이와 동시에 사절단을 파견해 서유럽의 선진 국가들을 방문하게 해 서양문화와 교류하고 융합하도록 이끌었다. 아바스 1세는 수니파를 적극 지원해 이란은 결국 수니파 무슬림 국가가 되었다.

사파비왕조

사파비왕조는 1501년에 세워졌다. 이란이 중세에서 현대에 이르는 과도기로 창시자는 사파비 가문의 사피 알 딘이다. 2세기 정도 발전을 한 후 16세기 사피 알 딘의 6대손이 투르크계 부족 '붉은 모자군(붉은 모자를 써서 얻은 이름이다)'의 지원으로 사파비왕조를 세웠다. 왕조를 세운 후 이슬람교 수니파를 국교로 정하고 이란의 각 지역을 통일했다. 후에 '붉은 모자군'은 통치자와 끊임없이 마찰을 일으켰고 이 갈등은 결국 국내 대란으로 이어졌다. 아바스 1세의 형과 어머니도 그들과의 투쟁에서 피살당했다. 이 모든 일은 아바스 1세의 개혁에 동기가 되었다.

▲ '전함 바사호' 1625년 스웨덴 국왕 구스타프 2세는 전함 '바사호'를 만들 것을 명령했다. 안타깝게도 1628년 8월 10일 첫 번째 항해에서 침몰해 1961년 4월 24일에야 다시 인양되어 모습을 드러냈다.

구스타프 2세 아돌프

구스타프 2세는 스웨덴 바사왕조의 시조 구스타프 1세의 손자이다. 청출어람이라고 구스타프 2세의 성과는 '용사 국왕'이라 불리는 구스타프 1세를 뛰어넘는다.

구스타프 2세는 할아버지의 광적이고 모험을 좋아하는 성격을 물려받아 정치·군사에 흥미를 가지고 십 여 세에 대신들과 국사를 논

▲ 1631년 전쟁 중인 스웨덴 국왕 구스타프 2세

하기 시작했다. 스웨덴 국회는 그를 위해 왕위 등극의 나이 제한을 없앴고, 결국 구스타프는 17세에 스웨덴 국왕의 자리에 올랐다. 하지만 이 어린 스웨덴 왕을 기다리고 있는 것은 가시밭길이었다.

구스타프 2세의 아버지는 아들의 왕위 계승을 돕기위해 경쟁 상대인 폴란드 왕 시기스문드와 국내의 시기스문드 지지자를 숙청해 많은 사람들의 반감을 샀다. 선대부터 있던 스웨덴과 덴마크, 러시아와의 갈등도 이 시기에 폭발했다.

사방에 위기가 숨어있는 상황에서 구스타프 2세는 먼저 국내에서 다수 귀족의 지지를 얻었고 대외전쟁으로 시선을 돌렸지만 덴마크와의 전쟁에서 패하고 강화를 요구받았다. 하지만 전체적인 손실은 그리 크지 않았다. 나중에 러시아와의 전쟁에서 핀란드만 주변의 토지를 차지했기 때문이다. 1617년 구스타프 2세는 스웨덴의 낙후된 상황을 개선하기 위해 개혁을 시작했다.

우혜정책을 제정해 외국 상인들의 스웨덴 투자를 유치하고 경제 발전을 이끌었으며, 투자자의 자금을 이용해 스웨덴의 풍부한 동, 철광을 캐어 군수공업을 발전시켰다. 이밖에 수입 증가를 위해 세수를 화폐로 납부하도록 통일했다.

탄탄한 경제력이 뒷받침되자 구스타프 2세는 군사 개혁에 착수하기 시작했다. 그는 우선 고용병 제도를 없애고 징병제를 실시해 장비를 통일한 상비군을 만들어 군대의 조직과 기강을 향상시켰다. 동시에 포병을 독립시키고 무기 장비를 개선해 보병·기병과 연합하기에 더욱 적합하게 만들었다. 구스타프 2세는 특히 군사 개혁에서 성과가 컸으며 이는 전쟁에서 검증되었다.

1621년 구스타프 2세는 폴란드에 전쟁을 선포했다. 8년간의 고전 끝에 스웨덴은 폴란드의 해안을 거의 다 차지했고, 구스타프 2세의 지휘술도 한층 더 성숙해졌다.

폴란드 전쟁의 승리로 자신감과 용기를 얻은 그는 1630년에 일만여 사병을 이끌고 독일과 30년 전쟁을 벌였고 연이은 승리로 독일 깊숙이 세력을 뻗었다. 이 덕에 그는 '북방의 사자'라는 별명을 얻었다. 불행히도 구스타프 2세는 유명한 뤼첸전투에서 사망했다. 하지만 스웨덴은 결국 승리해 핀란드·독일의 연해지역 일부와 핀란드만지역이 스웨덴의 영토로 들어왔다.

구스타프 2세는 개혁을 통해 스웨덴을 유럽에서 뛰어난 국가로 만

들었다. 그는 군사개혁으로 군인의 '직업화', 군대의 '정규화', 전
투의 '현대화' 라는 이념을 전쟁에 도입해 유럽 및 세계 군사 역사에
많은 영향을 끼쳤다. 그 자신도 전쟁에서 공을 세우고, 능숙한 전투
기교로 군인의 모범이 되었다.

▶ 구스타프는 야전포병을 원활하
게 운용한 것으로 유명했다. 나
폴레옹도 구스타프 2세를 유사
이래 가장 위대한 군 지도자로
존경했다.

▲ 1685년 루이 14세가 베르사이유 궁에서 제노바 총독을 접견하고 있다.

루이 14세

예전에 한 평론가가 이렇게 말했다. "아무리 오만한 제왕이라도 '태양왕' 루이 14세 앞에서는 훨씬 부족해 보일 것이다." 사람들은 루이 14세를 '전제 통치의 가장 완벽한 화신'이라고 부른다.

1638년 프랑스 생제르맹앙레의 왕실 가문에서 태어난 루이 14세는 루이 13세의 맏아들이다. 5세에 왕위를 계승한 그를 대신해 어머니 안느가 섭정을 하고 마자랭 추기경이 국사를 운영했다. 마자랭은 1661년 세상을 뜰 때까지 조정을 독점했고 그가 죽고서야 루이 14세가 친정을 시작했다.

루이 14세는 친정을 한 이후 부지런히 정사를 돌보고 모든 일을

▲ 1648년의 루이 14세

직접 처리하며 국가의 절대 권력을 장악했다. 그는 수상의 권력이 지나치면 왕의 권력이 쉽게 줄어든다는 교훈을 얻고 다시는 수상을 임명하지 않고 삼급 회의도 취소했다. 심지어 고급법원의 여러 차례 비평에도 불구하고 국왕에 대한 고급법원의 명령권인 지적권을 취소했다.

왕권을 더욱 강화하기 위해 루이 14세는 조사기구를 설립해 그와 국가에 대한 백성들의 평가를 조사했다. 루이 14세의 통치 아래 궁정은 매우 엄격하게 변하고 고요한 분위기로 가득 찼다. 국가도 상당히 안정되고 집권 통치는 정상에 올랐다. 영국의 유명한 마르크스주의 역사학자 페리 안델슨은 "프랑스 절대주의는 중앙집권 군주제 국가를 향한 점진의 역사이다. 최종 결과는 루이 14세 때 서유럽에서는 비교조차 할 수 없는 왕권에 대한 숭배로 확립되었다."라고 평했다.

루이 14세의 집정시기에 프랑스는 대부분 전쟁상태였다. 비록 전쟁으로 얻은 이득은 별로 없었지만 유럽 및 전 세계의 구조를 바꿨고 이후 프랑스의 주요 공격대상인 네덜란드의 세력을 확연히 약화시켰다. 하지만 프랑스의 해외 확장 발걸음도 전쟁 때문에 늦춰졌다. 영국은 어부지리로 해상 패권을 장악했으며 이는 루이 14세가 원치 않던 결과였다.

루이 14세가 역사상 유명한 이유는 문화와 과학에 많은 공헌을 했기 때문이다. 그는 '프랑스 유사 이래 가장 위대한 예술 후원자'로 프랑스 문화 번영기를 촉진시켰다. 과학 발전에 많은 공헌을 해 프랑스 파리 황실과학원(프랑스과학원의 전신) 성립을 적극적으로 지지하고 보조했다. 또한 성과가 큰 공업혁명시대의 출현에 탄탄한 과학 기술 기초를 쌓았으며 베르사이유 궁의 화려함도 루이 14세의 명성에 한몫했다.

이밖에도 루이 14세는 평생 춤에 빠져 여러 차례 발레무극의 연출에 참여하기도 했다. 그는 '태양' 역할로 출연해 '태양왕'이라는 이름도 얻었다. 프랑스의 발레 예술은 그의 적극적인 인도 아래 나날이 발전해 유럽을 이끄는 최신 유행 예술이 되었다. 그밖에 루이 14세는 역사에 재미있는 영향을 끼쳤는데 키가 작은 편이었던 그는 위엄 있어 보이기 위해 일부러 굽이 15센티미터나 되는 신발을 제작했다. 그 후 이런 특수한 신은 점차 세계를 풍미한 하이힐로 바뀌어서

베르사이유 궁은 프랑스 파리 서남쪽 교외에 위치하고 있다. 1682년부터 1789년까지 프랑스 궁전으로 사용되었다. 고전주의 풍으로 깔끔하면서도 웅장한 장관이 유사 이래 이성적인 아름다움의 대표로 꼽힌다. 프랑스 역사의 가장 화려한 기념비의 하나로 베르사이유 궁은 궁전일 뿐 아니라 국가의 행정 중심이며 루이 14세 시대 프랑스의 사회 정치와 생활 방식을 구현한다. 프랑스 봉건전제통치 발전부터 전성기가 녹아있는 문화로 고전주의 사상의 필연적인 결과이다.

많은 여성들의 사랑을 받았다.

　루이 14세는 평생 자신의 군주전제를 보호하는 데 힘을 기울였다. 이는 당시 유럽에 큰 영향을 미쳐 지방영주의 봉건 분할, 민주헌정의 국가건립에 기초를 세웠다. 하지만 다른 한편 루이 14세는 여러 상황은 고려하지 않고 오로지 큰 공을 세우는 데 연연해 늘 전쟁을 벌였고, 말년에는 거만하고 사치스러우며 음란하고 안일한 생활을 했고 결국 탐욕과 부패에 물들어 프랑스의 재정상황이 악화되었다. 의식 있는 사람들은 군주전제 체제에 의심을 품게 되었고 이는 프랑스 대혁명과 필연적인 연관을 맺게 되었다.

　생활한 시대나 사회 배경을 불문하고 역사에 대한 공적만 보면 루이 14세는 중국 청나라의 강희제와 비슷한 점이 매우 많다. 그들의 재위기간 동안 국가의 경제·문화, 특히 군주전제 정치가 최고조에 달했다. 다른 점이라면 루이 14세 시대는 프랑스 사회 발전의 분수령으로 이후 프랑스 봉건제도가 몰락하기 시작해 대혁명이 일어나고 공업혁명까지 도래했지만, 강희제 이후에 청나라는 또 다른 번영기를 누리다가 몰락하기 시작했다는 점이다.

　둘 다 똑같이 봉건사회가 몰락하긴 했지만 전혀 다른 결과가 나타났다. 프랑스는 철저히 봉건 군주전제의 속박에서 벗어나 선진의 자본주의가 발전했지만 중국은 반식민지 반봉건 사회의 늪에 빠졌다.

◀ 1669년 프랑스 우화 그림 '루이 14세의 가정' 그림 속의 루이 14세는 아폴로 신으로 묘사되었고 이미 세상을 떠난 어머니도 그림 안에 그려져 있다.

▲ 1690년 6월 11일 빌럼 3세와 토마스 2세 간에 전쟁이 발발했다.

빌럼 3세

William Ⅲ
네덜란드 총독 겸 영국 국왕
1650~1702년

그는 〈권리법안〉을 받아들여 영국이 안정적인 입헌군주제의 신시대로 들어서게 했으며 영국, 유럽 및 전 세계에 큰 영향을 끼쳤다.

▲ 영국 국왕 빌럼 3세

빌럼은 네덜란드의 오라네 가문에서 태어났다. 국왕 빌럼 2세가 병사하자 지방자치파가 배반하기 시작했다. 의회에서 네덜란드 공화국 통일 군대를 취소하고 각 성이 자신의 방위를 책임지도록 규정했으며 오래지 않아 5개 지역이 공개적으로 집정 취소를 선포했다. 네덜란드는 이때부터 '제1차 무집정시기'(1650~1672년)에 진입했다. 이 시기가 끝날 때 빌럼 3세는 이미 22세였다.

1672년 네덜란드는 강적 영국과 프랑스로부터 바다와 육지에서 협공을 당하여 거의 멸망하기 직전이었다. 이 위급한 시기 용감한 오라네 가문은 적국에게 저항하기 위한 네덜란드 국민의 유일한 선택이었다. 젊은 빌럼은 육해군의 통솔자로 출전했다. 이 힘겨운 전쟁에서 빌럼은 뛰어난 전적을 세우며 다시 한 번 오라네 가문의 용맹함을 증명했다. 이듬 해 말 프랑스 군대는 모두 네덜란드에서 쫓겨났으며 빌럼의 명성은 최고조에 달해 '호국영웅'으로 불리며 네덜란드의 총독이 되었다.

빌럼 3세에게 있어서 혼인은 권세를 확대하는 데 쓰이는 수단에 불과했다. 그는 영국 왕 제임스 2세의 딸 메리와 결혼했다. 비록 그들의 혼인은 조금도 행복하지 않았지만 그는 네덜란드보다 더 강한 나라를 얻었다. 당시 영국은 공전의 위기에 빠져 있었다. 영국인은 대부분 신교도였지만 국왕 제임스 2세는 천주교를 국교로 정하려 했고, 반대파 진압을 강행하며 의회를 해산해서 군중의 반대에 부딪쳤다. 이는 야심만만한 빌럼 3세에게 하늘이 준 기회나 다름없었다. 그는 직접 대군을 이끌고 영국에 상륙했으며 영국 백성의 열렬한 지지를 받으며 손쉽게 런던을 점령했다. 제임스 2세는 프랑스로 도망갈 수밖에 없었다.

의회에서 통과한 〈권리선언〉을 받아들이기로 약속한 후 빌럼 3세

◀ 해군 통솔자로서 빌럼 3세가 네덜란드 군대를 이끌고 프랑스를 쫓아냈다.

와 메리는 함께 즉위해 영국의 국왕이 되었다. 〈권리선언〉에 의하면 국왕은 의회의 허락을 받지 않고는 어떠한 법률의 효력도 정지할 수 없고 마음대로 세금을 징수할 수 없으며, 상비군을 모집하거나 유지할 수 없다. 국민은 국왕에게 청원할 권리가 있고 국왕은 국민에게 형벌을 남용할 수 없다. 의원의 선거는 반드시 자유롭고 의회 내의 연설과 변론 역시 자유롭다. 국가는 반드시 의회 소집을 보장해야 했다.

이것이 바로 역사학자들이 즐겨 얘기하는 '명예혁명'이다. 1640년 시작된 혁명 이래로 혁명에 시달리던 영국 역사가 종결되었음을 의미하며 세계 최초로 안정된 입헌군주제 국가가 장기간 존속됨을 상징한다. 빌럼 3세는 '영국 국왕 겸 네덜란드 총독'이 되었고 이는 영국과 네덜란드 양국이 사상 처음이자 마지막으로 한 사람의 통치 아래 놓인 것이다.

1701년 빌럼 3세는 영국의회에서 통과한 〈영국주거칙령〉을 반포했다. 더욱 중요한 것은 그가 어떠한 천주교 신자도 영국 왕위를 계승하지 못하고 어떤 영국 국왕도 천주교도와 결혼할 수 없도록 규정한 것이다. 하지만 이는 빌럼 3세가 광적인 종교주의자임을 의미하지는 않는다. 반대로 그는 줄곧 종교 관용정책을 실행하고 천주교와 신교에 편견을 가지지 않았으며 이는 영국 역사에 중요한 영향을 끼쳤다.

비록 빌럼 3세는 아내 메리 2세와 영국 왕위를 함께 누렸지만 실제로 그는 유일한 국왕이고 메리는 그가 출정했을 때만 정권을 돌봤다. 빌럼 3세는 자식이 없어 그가 죽은 후 앤이 즉위해 네덜란드는 '제2차 무집정시기'(1702년~1747년)에 들어섰다.

빌럼 3세는 영국과 프랑스 양국의 협공 중에 네덜란드의 '해상 마부'의 지위를 보호했을 뿐 아니라 네덜란드를 이끌고 난관을 극복했다. 더욱 중요한 것은 〈권리선언〉을 받아들여 영국이 안정적인 입헌군주제의 새로운 시대로 진입하게 해 영국, 유럽 및 전 세계에 큰 영향을 미친 것이다.

▲ 강희 남순도의 일부분

강희

Kangxi
중국 청나라 황제
1654~1722년

강희제는 중국 역사상 가장 위대한 왕 가운데 하나이다.

청 성조 강희의 이름은 애신각라 현화이다. 그는 순치 11년(1654년)에 베이징에서 태어났다. 1661년 순치제가 병사한 후 겨우 8세의 강희가 왕위에 오르자 오배 등 네 명의 보정대신이 모든 국사를 결정했다. 1667년 강희가 친정을 시작했고 오배와 나머지 보정대신들은 어린 강희를 무시했다. 총명한 강희는 아직 자신의 힘이 부족함을 알았다. 그는 미래를 위해 한 발 물러서서 할머니 효장태후의 지지와 도움으로 굴욕을 참으며 재능을 숨기고 밖으로 드러내지 않았다. 결국 충분히 실력이 쌓이자 한꺼번에 오배 등 보정대신들을 뿌

▲ 강희

리 뽑아 진정한 친정을 시작해 조정에서 위신을 세웠다.

청나라 초에는 조정이 직접 남방의 각 지역을 통제할 통치 역량이 부족했기 때문에 공이 있는 한족에게 지위와 토지를 하사해 남부지방을 관리하게 했다. 오삼계, 상가희, 경정충은 삼번이라고 불렸다. 삼번세력은 끊임없이 세력을 확장하여 청나라의 통치를 심각하게 위협했고, 그들에게 보내는 군보급품과 군인급여 지출도 청나라 정부에게 무거운 부담이 되었다. 그래서 친정을 시작한 강희의 급선무는 바로 삼번을 없애는 것이었다.

삼번을 없애려하자 오삼계의 결사반대에 부딪쳤고 기병반란이 일어났다. 1681년부터 1689년까지 8년 동안 수십 개 성까지 번졌던 삼번의 난은 결국 평정되었고 청나라 정부는 진정한 통일을 이뤘다. 이 승리는 국가의 통일과 변경의 개발에 유리했을 뿐 아니라 명나라에서 이주한 백성들의 반청 감정을 없애기도 했다. 이때부터 청나라의 정치가 안정되었다. 이듬 해 강희는 삼번을 평정하고 승리의 기세를 몰아 단번에 대만을 수복하고 완전한 영토를 이루었다.

청나라가 내전으로 바쁜 틈을 타 제정러시아가 중국의 동북쪽을 침입했다. 1685년 제정러시아를 향한 최후의 통첩이 효과가 없자 청나라는 두 차례 전쟁을 통해 일거에 제정러시아 침략군을 섬멸했다. 결국 제정러시아는 청나라 군대의 철수를 간청하게 되었다. 나중에 두 나라는 흑룡강 유역의 광대한 영토를 전부 청나라 소유로 하는 네르친스크 조약을 맺고 법률로 중국과 러시아 동북 변경을 확정해 청나라의 동북 국경이 정해졌다.

1690년부터 1697년까지 강희는 세 차례 정벌을 거쳐 갈단의 반란을 평정하며 제정러시아의 중국 북부 변경 침입의 음모를 막아 중국 통일의 기초를 탄탄히 다졌다.

권력 기반이 다져지자 강희는 전력으로 국가 관리의 품행과 치적을 정돈하기 시작해 사회 경제를 발전시키고 국가와 국민에게 유익한 정책들을 제정했다. 그는 농업 생산을 중시하고 황무지 개간을 장려했으며 토지 몰수를 중지하고 경명전을 실시했다. 또한 황하를 다스리고, 대운하를 수리하여 농민의 생산성을 크게 향상시켜 남북 경제의 교류와 발전을 촉진시켰다. 법령을 반포하고 인두세를 취소하는 등 여러 차례 세금을 줄여 백성들의 열렬한 호응을 얻었으며 농업 경제의 발전을 크게 촉진시키기도 했다.

　그는 〈강희자전〉, 〈전당시〉, 〈고금도서집성〉 등의 책을 편찬했으며 서양학문에도 매우 조예가 깊어 문화 발전을 촉진시켰다.

　문화의 번영, 발전이 새로운 사상을 불러일으켰으며, 사상의 통치를 강화하기 위해 강희는 〈대청률〉을 반포했으며 문자옥*을 크게 일으켰다. 금에 순금이 없듯이 사람도 완벽한 사람은 없다. 이런 조치가 청나라 통치에는 유리했지만 중국의 사회·사상·문화는 후퇴했고 중국 문화 발전은 큰 손실을 입었다.

　강희는 중국 역사상 가장 위대한 군주 가운데 하나이다. 그는 내우외환의 국가를 번영하고 부강하게 이끌었으며, 중국을 당시 세계에서 가장 발달한 강국 중 하나로 만들어 중화민족 발전사상에 한 획을 그었다. 비록 그의 재위기간에 전제통치가 더욱 강화되었을지언정 그는 여전히 한 시대의 명군으로 부족함이 없다.

　강희는 1722년, 68세로 생을 마감했다. 재위기간은 61년으로 재위기간이 가장 긴 황제이다.

◀ 〈경직도〉는 남송 소흥 년간 화가 양도의 그림이 원작이다. 강희가 남방지역을 순례하며 〈경직도〉를 본 후 직녀와 농부의 노고에 감격하여 궁전 화가 초병정에게 송나라 그림을 바탕으로 다시 농사와 베짜기를 주제로 각 23폭을 그리라 명하여 농경에 대한 중시를 표했다.

---

*　문자옥(文字獄) : 어떤 글자나 말도 쓰지 못하게 탄압하는 것.

▲ 1698년 표트르 1세는 자신이 제작에 직접 참여한 함선을 탔다. 그는 해군의 발전을 매우 중시해 네덜란드에서 많은 선진 조선기술과 항해기술을 배웠다.

표트르 1세

Perter the Great
러시아 차르
1672~1725년

시대 조류에 순응한 군주, 시대를 앞선 위인, 그의 선견지명이 러시아의 변화를 이끌었다.

▲ 표트르 1세

표트르 1세는 러시아 창시자로 러시아에서 가장 걸출한 차르로 평가된다. 그가 추진한 서양 과학문화를 모방한 정책은 러시아를 폐쇄적인 보수적 소국에서 진정한 제국으로 변화시켰다.

표트르 1세가 왕위에 올랐을 때 러시아는 농노제 시기였다. 유럽을 흔든 문예부흥과 종교개혁이 러시아에는 아무런 영향도 미치지 못했으며 백성들은 여전히 무지하고 생활이 어려워 적어도 서유럽보다 수백 년은 뒤쳐져 있었다. 이런 상황을 바꾸기 위해 1697년부터 1698년까지 표트르 1세는 250명에 달하는 방대한 사절단을 이끌고 서유럽으로 1차 장기 '여행'을 떠났다. 이 '여행'에서 표트르 1세는 러시아와 서유럽의 차이를 보고 학습능력을 총동원해 배울 수 있는 모든 서양문화, 과학기술, 군사, 공업과 관리방법들을 배웠다.

1698년 여행에서 돌아온 표트르 1세는 갑자기 그를 마중 나온 대신의 수염을 잘라버렸다. 경제, 군사, 사회생활 각 방면의 개혁이 러시아에서 전개되었다. 개혁은 군사에서 시작했다. 국외 신식무기와 전략기술을 도입해 러시아에서 제일 큰 규모의 해군을 조직했으며 국외 훈련방법을 도입했다.

표트르 1세의 개혁은 커다란 성과를 거두었고 러시아는 사회 경제 방면에서 크게 발전했다. 특히 러시아 군대는 유럽의 어떤 군대와도 겨룰 수 있을 만큼 정비되었다. 반세기 후 러시아 군은 베를린을 공격해 프리드리히 대제를 놀라게 했다. 이 개혁은 낙후된 러시아의 사회 면모를 바꾸고 강한 러시아의 기초를 쌓았다.

표트르 1세의 개혁을 일본의 메이지유신과 비슷한 점이 있다. 두

▲ 〈친위병 사형날의 아침〉 러시아 화가 바실리 수리코프(1848~1916년)의 1881년 작품. 1698년 표트르 1세가 네덜란드를 방문한 동안 친위병이 반란을 일으켜 표트르 1세의 이복 누나 소피아를 왕위에 올리려 했으나 표트르 1세가 귀국해 즉시 진압했다. 그림에서 표트르 1세는 흰 말을 타고 충신과 외국 사절들과 함께 친위병의 형 집행을 보고 있다.

나라 모두 개혁을 통해 국가를 부강하게 했고 전 세계에 큰 영향을 끼쳤다. 예컨대 중국의 유신변법도 표트르 1세 개혁의 영향을 받았기 때문이다. 표트르 1세의 개혁은 대외전쟁을 일으키며 진행되었다. 남쪽으로는 터키와 전쟁을 하고, 북으로는 스웨덴으로 진격했다. 통치 말기, 동쪽으로는 태평양까지 북으로는 유럽과 아시아 양 대륙을 가로질러 세계에서 가장 큰 제국을 장악했다. 이는 나중에 강력한 러시아제국을 건설하는데 탄탄한 기초가 되었다.

표트르 1세는 평생 두 번 결혼했다. 첫 번째 부인과의 사이에서 낳은 아들은 1718년에 죽었다. 그 때문에 표트르 1세가 죽자 그의 두 번째 부인 캐서린이 계승자가 되었다.

표트르 1세가 현대 러시아 정책의 창립자임은 의심할 바 없다고 마르크스는 말했다. 그가 제도, 경제, 문화, 군사 등 각 영역에 이룩한 변혁은 러시아에 커다란 영향을 끼쳤으며 러시아가 근대사회로 나아가는 발걸음을 촉진시켰기 때문이다.

농노제 개혁

1861년 알렉산더 2세의 개혁은 러시아 역사상 또 한 번의 중요한 전환점이 되었다. 이번 개혁은 농노제를 없애고 농노를 자유인으로 만들어 자본주의의 발전에 많은 자유노동력을 제공했다. 이는 객관적으로 자본주의의 발전에 조건을 만들어 주었고 러시아는 이때부터 자본주의 발전의 길을 걷기 시작했다.

프란츠 1세

그는 행운아이다. 성공적으로 권력의 정상에 섰기 때문이다. 그는 불행하다. 평생 아내의 그림자에서 살았고 그로인해 사람들에게 무시당했기 때문이다. 그렇다 해도 그는 비범한 능력으로 국가의 권력 무대에서 녹슬지 않을 이름을 남겼다. 그가 바로 프란츠 1세이다.

프란츠 1세의 이름은 프란츠 슈테판이고 프랑스 낭시에서 태어났다. 로렌왕조의 공작인 아버지와 프랑스 오를레앙 공작의 딸인 어머니 사이에서 태어난 훌륭한 가문 출신이다. 1735년 폴란드 국왕 스타니슬라프가 왕위를 잃자 프란츠는 로렌과 교환해 토스카나를 얻고 토스카나 대공(나중에 프란체스코 2세라고 불림)이 된다. 그 후 합스부르크왕조의 계승자 마리아 테레지아와 결혼한 프란츠는 1740년 순조롭게 왕위에 올라 아내와 공동으로 통치하기 시작했다.

프란츠 1세에게 혼인은 그가 권력을 취득하는 수단일 뿐이었지만,

▲ 프란츠 1세 조각상

마리아 테레지아에게 혼인은 그녀가 오스트리아 왕위를 계승하는 데 대한 수많은 독일 왕공*들의 반대에서 벗어나는 바둑돌이었다. 그렇기 때문에 그들 사이에 애정이라고는 없었다. 5년 뒤 프란츠는 마침내 오스트리아의 왕위 쟁탈전에서 두각을 드러내고 황제로 당선되었으며 오스트리아의 합스부르크-로렌왕조를 세웠다.

프란츠 1세는 합스부르크왕조와 로렌왕조의 기초 위에 새로운 국

---

* 왕공: 왕과 공을 아울러 이르는 말. 즉 신분이 높은 사람을 뜻함.

가제도를 세우고 영토확장 정책을 추진해 왕조의 영토를 확대했다. 마리아 테레지아 왕후가 강렬한 권력 통제욕을 가졌기 때문에 사람들은 프란츠 1세가 취득한 성과를 그녀의 공으로 돌렸다.

하지만 다른 의견도 있다. 프란츠 1세가 국가 정권을 행사하는 과정에서 주도적인 역할을 했다는 것이다. 어쨌든 프란츠 1세는 합스부르크–로렌왕조가 생겨나는 데 중요한 역할을 했고 이는 의심할 여지가 없다.

▲ 프리드리히 대왕의 여행. 아돌프 멘젤의 1850년 작품

프리드리히 대왕

1712년 칼 프리드리히가 프로이센에서 등극했다. 아버지는 프리드리히 윌리엄 1세이다. 두 형이 모두 요절했기 때문에 프리드리히는 유일한 왕자로 출생일부터 프로이센 왕위의 유일한 계승자가 되었다. 그러나 프리드리히의 어린 시절은 우리가 생각하는 것만큼 행복하지 않았다. 그는 복잡하고 엄격한 궁정예의를 배우고 아버지의 엄격한 교육을 받아야 했다. 프리드리히는 점차 신중하고 자율적이며 침착한 성격이 되었다. 이는 이후의 생활에 주요한 역할을 한다.

▲ 프리드리히 대왕

프리드리히 윌리엄 1세가 죽은 후 28세의 프리드리히 2세(역사상 프리드리히 대왕이라고 불린다)가 등극했다. 프랑스 계몽사상의 영향을 깊이 받은 그가 즉위하자마자 부대를 해산시키고 군대 내의 체벌을 금지시키자 사람들은 그를 개방적이며 심지어는 유약한 군주라고 믿었다.

실제로는 프리드리히 대왕은 정예 군대 등 본인이 전쟁에 직접 참여한 경험이 있었다. 그는 오스트리아 왕위계승 전쟁에서 재능을 드러내고 일거에 부유한 실레지아 지역을 점령했다. 그 후 관리 제도를 정돈하고 경제를 발전시켜 후의 7년 전쟁을 위해 튼튼한 기초를 쌓았다.

1750년 이후 프로이센은 점차 외교의 소용돌이에 빠진다. 이런 곤경에서 벗어나기 위해 프리드리히 대왕은 사방으로 동맹을 맺고 맹우를 찾았다. 그는 우선 영국과 화해하고 독일 국경 내 하노버 영토에 대한 권력을 보장했으며 독일 주권에 대한 무력 침범을 보장했다.

프리드리히 대왕의 이러한 조치는 영국의 천적 프랑스를 분노하게 했다. 게다가 오스트리아도 줄곧 원수를 갚고 원한을 갚을 기회를 노리고 있었다. 그들은 제정러시아와 연합군을 조성해 프로이센을 포위하고 실레지아를 수복하기 위해 적극적으로 준비했다. 이 위급한 순간에 프리드리히 대왕은 먼저 오스트리아를 공격했다. 7년 전쟁은 이렇게 시작되었다.

▲ 1850년 프리드리히 2세가 연 원탁회의. 참가한 사람 중 유명한 계몽사상가 볼테르가 있다.

이 기간에 프로이센은 몇 차례 멸망의 위기가 있었지만 결국에는 실레지아를 지켰고 프리드리히 대왕도 이 전쟁으로 인해 불멸의 이름을 얻었다. 나폴레옹도 프리드리히 대왕을 칭찬하며 "위기의 순간일수록 그의 위대함을 더욱 빛난다. 이는 우리가 그에게 할 수 있는 가장 큰 칭찬이다.”라고 말했다. 이후 프로이센과 오스트리아·프랑스·영국·러시아는 '유럽5대 우두머리'로 불렸으며 당시의 선진국 가운데 하나가 되었다.

유럽 역사상 가장 유명한 통솔자인 프리드리히 대왕은 정치·경제·철학·법률·심지어 음악 등 다방면에 모두 공을 세웠다. 내정 방면에서 그는 수리 사업에 힘쓰고 형법 폐지, 청렴결백한 고효율의 공무원제도를 세웠다. 이밖에 백성들이 상소하거나 국왕을 알현하는 것을 허락했다. 그는 '국왕은 국가의 첫째가는 노예이다'와 '사람은 다 평등하다' 같은 준칙을 세우고 이민, 호그노 신자와 천주교도에 종교 개방정책을 실시하여 사람들의 환영과 지지를 받았다.

반면에 유대인에 대해서는 줄곧 편견이 있었는데, 이는 그의 일생을 따라다녔다. 문화방면에서도 그는 큰 공을 세웠다. 학교를 지어서 국민의 문화 수준을 향상시켰으며, 유명한 〈반마키아벨리론〉을 남기는 등 당시 유럽에서 영향력 있는 작가로 활동했다.

프리드리히 대왕에 대한 평가는 찬성과 비방이 반반이다. 어떤 사람은 프리드리히 대왕의 업적을 긍정적으로 평가해 프로이센 패업의 개척자이며 프로이센왕국을 연 유럽 근대의 가장 진보적인 봉건 군주이자 집권통치의 집대성자로 여긴다. 반면에 어떤 이는 프리드리히 대왕은 두 손에 피를 잔뜩 묻힌 살육자이며 비록 프로이센왕국의 번영을 이끌긴했지만 그가 세운 사회질서 및 프로이센 군은 모두 독일에 해를 끼친 화근이 되었다고 평한다.

역사는 공정하다. 누구도 프리드리히 대왕이 프로이센과 유럽에 끼친 공헌을 부인할 수는 없다. 하지만 프리드리히 대왕이 없었더라도 역사는 프로이센의 발걸음을 멈추지는 못했을 것이다. 왜냐하면 선진 문명이 결국에는 낙후와 어리석음을 대신할 것이기 때문이다.

프리드리히 대왕의 작품. 책 속에서 그는 비판적이고 진보적인 시각으로 마키아벨리(이탈리아 문예부흥시기의 정치 사상가, 역사학자)의 국가정치 관점을 분석했다. 세계 문학사상의 귀중한 자산이다.

▲ 마리아 테레지아의 가족 초상화

마리아 테레지아

Maria Theresia
오스트리아 여대공
1717~1780년

하느님의 연민이 나를 강하게 하고 하느님이 나를 위해 마련한 역경·고난과 눈물이 가득한 길에서 배회하고 설사 죽음을 맞을지언정 나는 실레지아를 포기할 수 없다.
마리아 테레지아

　유럽에서 가장 이름난 합스부르크 가문의 일원인 마리아 테레지아는 아버지 카를 6세의 슬하에 아들이 없어서 왕위를 계승하게 되었다. 하지만 그녀가 왕위를 계승하기에는 많은 어려움이 있었다. 카를 6세는 합스부르크 가문의 통치를 지속하기 위해 생전에 〈국본

조서)를 반포해 여자도 왕위를 계승할 수 있도록 규정했다. 유럽 각국의 지지를 얻기 위해 그는 심지어 국토까지 희생했다. 하지만 마리아 테레지아는 왕위계승 이후 독일 연방의 반대에 부딪쳤다. 프랑스 · 프로이센 · 작센과 오스트리아의 전쟁은 일촉즉발이었다.

마리아 테레지아의 많은 숙적 가운데 가장 강한 적수는 프로이센의 국왕 프리드리히 대왕이었다. 맞수를 물리치기 위해 그녀는 헝가리와 영국의 지지를 얻고 실레지아를 대가로 프로이센의 인정을 받았다. 전쟁의 국면은 진정되었고 프랑스 군대는 오스트리아 본토에서 물러났다. 1748년 마리아 테레지아는 프랑스와 조약을 맺었고 그녀의 왕위 즉위도 각국에서 인정을 받았다.

하지만 마리아 테레지아는 실레지아를 잃어버린 일을 가슴속에 품어두었다. 실레지아를 되찾기 위해 그녀는 1756년 프랑스 · 러시아와 연합해 다시 한 번 전쟁을 일으켰다. 전쟁 초기 프로이센은 곳곳에서 패하여 퇴각했지만 러시아 여황이 돌연 세상을 뜨고 즉위한 신 황제가 프로이센의 편을 들어 마리아 테레지아는 조약의 형식으로 전쟁을 끝낼 수밖에 없었다. 비록 실레지아는 되찾지 못했지만 합스부르크 가문의 영예는 되찾았다.

마리아 테레지아는 이 전쟁을 통해 명성을 얻었다. 이는 그녀의 이름을 후세에 길이 남겼으며 이후 국가를 공고히 하기 위해 실시한 개혁은 18세기의 빼어난 제왕이 되기에 충분했다. 그녀가 실시한 개혁은 당시 가장 유행한 계몽주의적 전제를 내세웠고 중앙집권을 강화하기 위해 모든 영지를 통일적으로 관리하는 행정과 재무기구를 세웠다. 또한 이들 부문을 관제하는 '국무회의'도 세웠다.

경제적으로 그녀는 세수권과 영주 재판권(처음에는 지주가 담당했다)을 회수하는 동시에 농민의 부담을 줄이기 위해 경로세, 감세정책을 실시했다. 이런 조치는 국내의 갈등을 완화시키는 동시에 국가의 재정 수입을 대폭으로 증가시켰다. 또한 교회까지 개혁해 교황으로 하

▲ 마리아 테레지아

합스부르크 왕가

유럽 역사상 가장 영향력 있는 왕가 가운데 하나. 본래 스위스 북부에서 오스트리아와 독일로 확대되어 셋으로 나뉘었다. 즉 오스트리아의 합스부르크 왕가, 스페인의 합스부르크 왕가, 합스부르크 –로렌 왕가이다. 합스부르크 왕가의 구성원은 로마제국 · 오스트리아 · 헝가리 · 스페인 등 여러 나라의 지도자가 되었으며 유럽 역사상 가장 광범위한 지역을 통치한 왕실이다.

여금 권력을 포기하게 하고 황제에 충성을 바치게 했다.

독일 역사상 유일한 여군주인 마리아 테레지아는 전쟁을 통해 유럽내 오스트리아의 지위를 유지하고 중유럽 정국이 균형을 유지하게 했다. 이러한 개혁은 오스트리아를 점차 강하게 만들어 강국의 대열에 들어서게 되었다. 비록 농노제는 유지했지만 나중에 농노제를 폐지하는 데 기초가 되었다.

예카테리나 2세

Catherine II
러시아 여 차르
1729~1796년

러시아가 세계에서 가장 넓은 영토의 국가가 될 수 있었던 것은 예카테리나 2세의 공이 적지 않다.

"만일 내가 200세까지 살 수 있다면 전 유럽은 모두 내 발 아래 기게 될 것이다. 만일 우리가 잔혹한 상황을 유지하고 백성의 견디기 어려운 생활 또한 개선해 주지 않는다면, 머지 않아 그들 스스로 이렇게 할 것이다. 러시아처럼 광활한 국가를 다스리려면 전제군주제 밖에 없으며 이를 버리는 것은 현명하지 못한 계책이다." 러시아 여 차르 예카테리나는 재위기간에 이렇게 호언장담했다.

예카테리나 2세의 원래 이름은 조피 아우구스테 프리데리케이며 1729년 독일 슈체친에서 귀족의 딸로 태어났다. 조피는 어려서부터 어머니를 따라 유럽의 많은 도시를 유람했고 독일의 많은 공작 제후의 궁정을 참관하며 아무 근심 · 걱정 없는 삶을 살았다. 물론 이는 그녀가 15세가 되기 전의 일이다. 1744년 러시아 여황제 엘리자베타가 젊고 아름다운 조피를 그녀의 후계자 표트르의 아내로 선택하고 예카테리나로 개명해주었다. 이때부터 예카테리나의 생활은 새로운 페이지를 열었다.

18년 후 예카테리나는 마침내 천재일우의 기회를 맞았다. 1762년 엘리자베타 여왕이 죽은 후 표트르가 황위에 오르고 차르 표트르 3세가 되었다.

예카테리나 2세의 가장 큰 성취는 러시아의 영토를 확장한 것이었다. 그녀는 폴란드를 세 차례 분할하고 터키를 두 번 공격했으며 스웨덴을 한 번 침입하는 등 이들 나라에 심각한 타격을 입혔다. 특히 세 차례 분할된 폴란드는 당시 유럽의 구조를 바꿨을 뿐 아니라 세계 구조의 형성에도 큰 영향을 미쳤다.

예카테리나 2세는 1763년 자신의 정부情夫를 폴란드 국왕으로 앉히고 1772년 프로이센, 오스트리아와 함께 폴란드를 분할해 백러시아와 일부 영토를 러시아 영토를 만들었다. 1791년 폴란드 애국자들의 저항투쟁이 러시아와 프로이센 양국의 연합으로 진압되고 폴란

▲ 예카테리나 2세

드는 다시 분할되었다. 러시아는 다시 서 우크라이나·백러시아와 리투아니아의 영토 일부를 얻었다. 몇 년 후 폴란드에서 봉기가 일어났고 러시아는 다시 프로이센·오스트리아와 연합해 폴란드의 봉기를 진압하고 세 번째로 폴란드를 분할했다. 이때까지 폴란드의 영토 대부분이 예카트리나 2세의 수중에 들어왔다.

흑해 출구에 자리하고 있는 터키는 예로부터 제정러시아의 가장 큰 적이었다. 표트르 대제는 전쟁에서 공을 많이 세웠지만 이 난관만은 넘지 못했다. 그런 그의 숙원사업을 예카테리나 2세가 이루었다. 1768년 제정러시아의 끊임없는 도발로 터키와 러시아 사이에 전쟁이 일어났고 이 전쟁은 제정러시아의 큰 승리로 끝났다. 터키와 조약을 맺고 토지를 분할해 배상하는 외에 킵차크한국(후에 러시아가 합병)의 독립을 승인하고 러시아 상선이 자유롭게 흑해를 출입해 바다로 나갈 수 있게 허락했다.

두 번째 터키 러시아 전쟁에서 제정러시아가 터키를 상대하기에 바쁜 것을 틈타 몰래 습격하려던 스웨덴은 결국 크게 패하고 돌아갔다. 제정러시아는 유럽에서 영토를 확장하는 데 가장 방해가 되는 3대 요소는 전부 제거했고 유럽과 아시아 두 대륙을 가로지르는 방대한 제국으로 세계에 뽐내기 시작했다.

비록 예카테리나 2세의 주요 공적이 러시아의 영토를 확장한 데 있지만, 치국에도 재능이 있었다. 그녀는 일찍이 계몽사상의 영향을 깊이 받아 적극적으로 '계몽 전제'를 추구했고 유명한 계몽 사상가와 친밀하게 편지를 주고 받았으며 '백과전서파'의 대표 인물을 지원했다. 통치 초기에는 각종 학교를 세우고 문학, 창작을 권장했으며 자본주의 상공업의 발전을 장려하고 무역 제한을 풀어주는 등 문화와 경제의 발전을 촉진시켰다. 하지만 전제주의 제정러시아의 권력 정상에 오르자 그녀의 사상은 변하기 시작했다.

▲ 예카테리나 2세

특히 1773년 농민 봉기가 일어나자 위협을 느낀 예카테리나 2세는 중앙집권 통치를 강화하기 위해 삼등급제를 이등급제로 바꾸고 〈러시아 귀족, 자유와 특권 조서〉를 반포하여 귀족들에게 더 많은 권력을 부여했다. 이는 단기간에 뚜렷한 성과를 이루어냈지만 장기적으로 보면 귀족 농노주와 농노계급 간의 갈등을 심화시켜 화근의 씨앗이 되었다. 다른 한편 귀족들은 더 많은 자유와 특권을 얻었고 그 중의 선구자들은 서유럽 자유주의 사상을 받아들였다. 그들은 러시아 현대화 사업의 선구자가 되었다.

도나우 강

길이가 2850킬로미터에 달하며 독일 · 오스트리아 · 룩셈부르크 · 헝가리 · 불가리아 · 우크라이나 등 10개 나라를 지나가는 세계에서 가장 많은 국가를 통과하는 강이다. 도나우 강은 유럽에서 두 번째로 긴 강이며 유럽에서 가장 중요한 국제 통로이다.

역사에 따르면 예카테리나 2세는 풍류를 즐기고 수많은 애인을 두었으며 그들을 이용해 자신의 찬란한 사업을 이루었다고 한다. 만일 전통적인 윤리도덕관에 비추어 본다면 분명 세상의 질타와 비평을 면하기 어려울 것이다. 하지만 그녀는 러시아 역사에서 남성 차르보다 더 찬란한 성과를 이루어냈다.

예카테리나 2세는 러시아뿐 아니라 국제 구조와 세계 영토 변화에 큰 영향을 끼친 세계 100대 제왕으로서 전혀 부족함이 없는 여왕임에 틀림없다.

▼ 1787년 폴란드를 떠나는 예카테리나

▲ 오스만제국의 군대가 1839년 6월 네집 전투에서 참패를 당하고 해군도 무함마드 알리에게 항복했다. 무함마드 알리는 시리아·터키의 일부 영토를 점령하고 이스탄불에 접근해 아프리카·아시아를 가로지르는 제국을 세웠다.

무함마드 알리

Muhammad Ali
이집트의 파샤
1769~1849년

그는 중동의 정치구조를 바꾸고 이집트의 근대화를 추진했다.

16세기 중기 이후 서유럽은 점차 세계 경제 문화에서 선두 지위를 점령하고 세계문화를 이끌기 시작했다. 많은 국가가 서양 군함의 위협으로 판도가 새로이 바뀌었다. 이집트 알리의 개혁은 바로 이같은 조류의 충격에서 시작되었다.

무함마드 알리는 알바니아인으로 어릴 때 부모를 잃고 미성년자로서 군에 들어갔다. 오래지 않아 뛰어난 군사 재능으로 군에서 두

▲ 무함마드 알리

▲ 〈나폴레옹 1세와 황후의 즉위식〉
자크 루이 다비드 작품

나폴레옹 보나파르트

"인류의 운명 가운데 이 인물의 중량이 지나쳐 균형이 흔들렸다.
그는 자신이 우주 전체보다 중요하다고 계산하고 있었다. 인류의 과
잉에너지는 모두 그 한 사람의 대뇌로 집중되어 그의 두뇌가 전 세
계의 운명을 결정했다. 인류 문명이 계속된다면 이는 치명적인 약점
이 될 것이다." 위고는 이렇게 나폴레옹을 평했다.

1769년 나폴레옹 보나파르트는 코르시카 섬 아작시오의 한 귀족
가문에서 태어났다. 1년 후 이탈리아의 코르시카 섬은 프랑스에게
팔리고 나폴레옹은 이에 따라 프랑스 귀족이 된다. 15세가 되던 해

▲ 1796년 이탈리아 전투 중의 나
폴레옹

나폴레옹은 일생에 가장 중요한 전환점을 맞았다. 아버지의 뜻에 따라 프랑스 브리엔느 육군사관학교와 파리군관학교에서 공부하고 졸업해서 포병 소위가 된 것이다.

나폴레옹은 평생 전쟁터의 부름에 응했다. 전쟁은 그가 원하는 권익을 가져다주었고 불멸의 명예도 안겨주었다. 그는 1793년 들롱 공략 작전으로 이름을 알리고 단숨에 높은 지위에 올랐다. 1797년에는 총사령관 신분으로 출정해 이탈리아를 정복했다. 이 승리는 그를 프랑스의 영웅으로 만들었으며 명성은 더욱 커졌다.

다음 해 제2차 반 프랑스 동맹의 압박으로 나폴레옹은 다시 한 번 이탈리아로 진군했고 예상 밖으로 적군을 물리치고 평화조약을 맺어 프랑스에 영예를 안겨주었다. 세 번째 반 프랑스 동맹이 1805년 다시 일어났지만 나폴레옹은 단 몇 시간 만에 자신의 군대를 이끌고 나가 적들을 섬멸하여 '유럽의 왕'이라는 지위를 더욱 공고히 다졌다. 나폴레옹의 가장 뛰어난 전투는 제3차 반 프랑스 동맹에 대한 전쟁에서 있었다. 1805년 영국·오스트리아·러시아가 제3차 반 프랑스 동맹을 맺었고 나폴레옹은 대군을 이끌고 전쟁에 응했다. 그는 11월 비엔나를 점령했다. 그후 프랑스 군은 러시아·오스트리아 연합군과 오스트리아에서 결전을 벌였고, 제정러시아의 알렉산더 1세·오스트리아의 프란츠 2세가 연합군을 지휘하며 공격을 강행해 '3황제 회전'이 일어났다. 나폴레옹의 군대는 몇 시간 만에 적을 물리쳤고 러시아·오스트리아 군대는 거의 전멸했다.

군사가로서 나폴레옹은 전혀 손색이 없었다. 그는 프랑스를 유럽 대륙의 강국으로 만들었고 이는 유럽 역사상 전에 없던 성과였다. 엥겔스는 나폴레옹의 군사 재능을 높이 평가했다. "나폴레옹의 불멸의 업적은 그가 전술과 전략을 쓰며 수많은 무장 군중을 정확하게 사용하는 방법을 유일하게 발견한 데 있다.…게다가 이런 전략과 전술을 완벽하게 발전시켜 현대의 장군들도 그를 이길 수 없을 뿐 아니라 그들의 가장 성공적인 작전도 그를 모방하는 길 뿐이다."

하지만 이렇게 뛰어난 나폴레옹도 실수를 저질렀다. 그는 이베리

▲ 〈알프스 산을 넘는 나폴레옹〉 프랑스 고전주의 화가 자크 루이 다비드(1748~1825년) 작

▲ 라이프치히 전투의 전장

아 반도의 전쟁에 참여하지 말았어야 했다. 몇 년 동안 프랑스 군은 곤경에 빠져 벗어나기 어려웠다. 더욱 치명적인 것은 나폴레옹이 1812년 6월 러시아와 벌인 전쟁이었다. 이 전쟁은 하지 말았어야 했다. 그는 50만 대군을 이끌고 러시아에 진입했고 비록 순식간에 모스크바를 점령했지만, 화재가 일어나 모스크바 전역이 불에 타고 말았다. 겨울이 되자 행군이 어렵고 군량도 부족했다. 나폴레옹이 철군을 결정했을 때 그의 군대는 군사가 10%도 남지 않았다.

귀국 후 나폴레옹을 기다리고 있던 것은 방대한 규모의 제6차 반프랑스 동맹의 공격이었다. 중과부적으로 나폴레옹은 라이프치히 전투에서 참패하고 1814년 4월 퇴위를 선포하며 동맹군에 의해 지중해 엘바섬으로 유배되었다. 1년 후 나폴레옹은 프랑스로 도망와 총 한방 쏘지 않고 기적적으로 다시 왕위에 오른다. 하지만 100일 후 워털루 전투에서 참패하여 대서양의 세인트헬레나 섬으로 유배되었다. 결국 1821년 그는 처량하게 세상을 떴다.

나폴레옹은 걸출한 정치가이기도 했다. 그가 프랑스를 통치할 때

행정제도와 법률개혁을 실시해 지금까지 여전히 프랑스에서 적용되는 〈민법전〉*을 반포했다. 〈민법전〉은 1804년 정식으로 실시된 자산계급 국가 최초의 법전이다.

〈민법전〉의 주요 내용에는 자유평등원칙, 소유권원칙, 계약자치원칙 등이 있다. 이 법전은 여러 방면에서 프랑스의 혁명이상을 구현했고 유럽의 많은 국가들의 입법 형성에 중대한 영향을 미쳤다. 오늘까지 이 법전은 나폴레옹이 임종 진적에 한 말 그대로 여전히 세계에 영향을 미치고 있다. "내 진정한 영광은 40차례 승전을 한 것이 아니다. 워털루 전투가 이 모든 추억을 지워버렸다. 하지만 한 가지는 사람들에게 잊히지 않고 영원히 기억에 남을 것이다. 바로 나의 〈민법전〉이다."

나폴레옹의 광채는 아무도 가릴 수 없다. 그를 전문적으로 연구하는 영국인 존 로스는 "나폴레옹이 마지막에 실패를 했더라도 그가 나라를 다스리고 백성들의 재능을 전쟁에 운용한 점 등은 신의 경지에 이르렀으며 아무도 그와 비교할 수 없다. 그의 위대함은 가장 뛰

---

* 〈나폴레옹 법전〉이라고도 불림

286

어난 공적이 갖는 영원한 중요성뿐만 아니라 그가 이 공적들을 창조
하는 비범한 역량에 있다…", "대중의 생각을 남대서양의 한 고독한
섬으로 이끈 이 사람은 반드시 인류 역사상 사라지지 않을 사람의
가장 선두에 설 것이다."라고 했다.

　　프랑스인은 나폴레옹을 추대하며 그들의 귀중한 정신적 재산으로
여긴다. 그가 프랑스를 위해 더할 수 없이 높은 영광과 명예를 가져
다주었기 때문이다. 나폴레옹은 가장 숭배받는 역사 인물 가운데 하
나이자 사람들의 피를 끓게 만든 인물이다. 그는 인류 군사 역사상
의 천재로 아무도 비교될 자가 없는 위대한 인물이다.

◀ 바그람전투 중의 나폴레옹

알렉산드르 1세

Alexander I
러시아 차르
1777~1825년

어쩌면 이것들은 모두 환상과 착각일지 모른다. 하지만 이 모든 것들은 내가 젊은 시절
동의했고 신봉했던 것들이다. 내가 벌을 내리게 해서는 안 된다.
민주자유 사조에 대한 알렉산드르 1세의 평가

1796년 러시아 첫 번째 여황제 예카테리나 2세가 죽었다. 그녀는 임종 전 손자 알렉산드르에게 왕위를 계승한다는 유언을 남겼지만 실제로는 알렉산드르의 아버지 파벨이 자리를 빼앗아 왕위에 올랐다. 그러나 민심을 얻지 못한 파벨은 1801년 영국의 지지를 업은 참의원과 호위군관의 반란으로 침궁에서 살해당했다. 하지만 알렉산드르는 속마음을 숨긴 채 왕위를 원하지 않는 척 추대되어 왕위에 올랐다.

알렉산드르 1세는 러시아 역사상 유명한 차르이다. 파벨의 큰 아들로 1777년 12월 12일 태어났으며 할머니 예카테리나 2세가 데려

▲ 알렉산드르 1세

다 키웠다. 사람들은 그를 '러시아 역사상 두 얼굴의 정신이상자', '북방의 스핑크스', '왕좌의 연기자' 라고 불렀다.

　알렉산드르 1세는 즉위하자마자 일련의 조치를 취해 통치를 다졌다. 당시 러시아 정계의 부패가 상당히 심각해 반부패를 개혁의 우선으로 삼았다. 그러나 정부 내 많은 사람들이 그의 반부패 조치에 불만을 품었고 유럽에서 많은 전문가를 정부로 데려오자 러시아의 보수파들이 그의 개혁을 전면적으로 방해하기 시작했다.

　이런 상황에서 국내의 격렬한 계급갈등을 완화시키기 위해 알렉산드르 1세는 자유농민에 관한 법령을 반포했다. 1803년 그는 자유경작법에 서명하고 농노가 대가를 주고 자유를 되찾을 수 있도록 규정했다. 러시아의 발전을 방해하는 낙후된 농노제 문제를 해결하려는 의도였다. 하지만 이 조치는 효과를 거두지 못했다. 대다수 농노는 대장원 귀족에게 기댈지언정 농노의 지위를 바꾸고 싶어하지 않았다. 동시에 장원 귀족계급도 강렬히 반대했다. 그들은 농노들이 자유를 획득하면 러시아 사회의 동요를 가져올 것이라고 여겼다. 결국 자유를 획득한 농노는 전체 농노의 5%밖에 되지 않았다.

　전반적으로 보면 알렉산드르 1세가 취한 조치는 대부분 실패했다. 러시아 사회에 보편적으로 존재하는 보수적인 정서 때문이며 다른 한편 그의 성격, 일처리 방법과 집정 태도 등이 불러온 결과였다. 그의 사상은 지나치게 이상적이어서 당시 러시아의 현실구조에 맞지 않았다. 게다가 의지력도 너무 약해 보수 세력과 충돌이 일어나는 것을 원치 않았다. 그래서 조치들은 모두 수박 겉핥기식으로 대충하다 그만 두었지 철저하게 실행하지 못했다.

　알렉산드르 1세의 가장 큰 성과는 군사와 외교에 있다. 그는 야심만만한 나폴레옹을 세 차례나 물리쳤다. 1812년 나폴레옹이 러시아를 공격했다. 처음에는 프랑스의 일방적인 승리였지만 겨울이 오자 나폴레옹은 추위 때문에 모스크바에서 철수할 수밖에 없었다. 이 기회를 놓치지 않고 알렉산드르는 프랑스 군을 추격, 공격해 승리를 거두었고 나폴레옹은 프랑스로 도망갈 수밖에 없었다. 1813년 알렉산드르 1세는 영국·프로이센·오스트리아·스웨덴 등과 반 프랑스 동맹을 맺고 라이프치히에서 나폴레옹 군을 크게 이겼다. 이어서 연맹군은 파리를 공격했고 나폴레옹은 퇴위 당했다. 1년 후 유배지 엘바 섬에서 도망 나온 나폴레옹은 다시 사기를 진작했지만 러시아

▲ 청년시절의 알렉산드르 1세

라이프치히 전투

나폴레옹의 전투 중 결정적인 전투.
1813년에 일어났다. 러시아 · 오스트
리아 · 프로이센과 스웨덴으로 구성
된 연합군과 나폴레옹이 이끄는 프
랑스와의 전투. 결과는 나폴레옹의
패배로 끝났다.

군을 선두로 한 연합군의 공격으로 워털루에서 참패하고 두 번째로 퇴위를 당한 뒤 다시 일어나지 못했다.

알렉산드르 1세가 전쟁에서 승리할 수 있었던 것은 러시아의 전략적 위치와 쿠투조프의 고도의 전략 덕분이었다. 하지만 나폴레옹 본인의 문제도 소홀히 할 수 없다. 나폴레옹은 거침없이 돌격을 감행해 그가 이미 잃어버린 정치가로서의 지혜를 증명하려고 했지만 연이은 실패로 결국 유럽인들에게 버려지고 말았다. 그와 반대로 알렉산드르 1세는 역사의 선택을 받은 구질서의 구원자가 되었다.

나폴레옹을 물리친 후 알렉산드르 1세는 그의 찬란한 영광을 계속 이어갔다. 빈회의를 조직하고 이끌었으며 이탈리아 · 스페인의 혁명을 무장간섭 했다. 그밖에 영토 확장에 온 힘을 다해, 보스니아 · 스웨덴 · 터키 등과 전쟁을 벌여 그루지아 · 핀란드 등을 얻었다. 이때부터 러시아의 세력범위와 판도가 표트르 1세와 예카테리나 2세의 기초에서 유럽의 심장부가 되었다. 러시아는 당시 유럽의 패주가 되었다. 게다가 알렉산드르 1세는 비엔나의 많은 조약과 '신성동맹'을 통해 새로운 유럽의 질서를 세웠고 이는 1차 대전 때까지 지속되다가 사라졌다. 나폴레옹은 알렉산드르 1세를 평가하기를 "진정한 비잔틴인 세심하고 위선적이며 교활하다"라고 했고, 엘친은 "왕관을 쓴 햄릿. 평생 죽은 아버지의 그림자에 고통받았다"라고 했으며 러시아 역사학자는 "죽더라고 사람들을 사색하게 하는 스핑크스" 시인 푸쉬킨은 "연약한 허구의 통치자이다" 라고 했다. 다른 사람들이 그를 어떻게 평가하든 알렉산드르는 세계 100대 제왕 자격이 충분한 왕이다.

▲ 1871년 1월 18일 빌헬름 1세는 독일 황제로 즉위했다.

빌헬름 1세

William I
독일 황제
1797~1888년

잠시 그가 독일 제2제국을 세웠다는 말은 접어두고 그의 종교관용에 관해서만 말한다면 그는 뛰어난 제왕의 자리에 오르기에 부끄럽지 않다.

빌헬름 1세는 프로이센의 국왕 빌헬름 프리드리히의 둘째 아들이다. 나폴레옹의 철발굽이 함부로 자신의 국토를 밟은 일은 어린 빌헬름의 마음에 강한 인상을 남겼다. 애국심이 강렬한 젊은 빌헬름은 군인을 숭배하며 프로이센의 독립운동에 적극적으로 참여했고 이는 이후 그가 세운 업적에 군사적 기초가 되었다.

1818년, 프로이센은 나폴레옹의 통제에서 벗어나 나폴레옹제국을 무너뜨리는 세력 중 하나가 되었다. 프로이센 왕자였던 빌헬름은 덕

▲ 빌헬름 1세 초상화

291

분에 큰 영예를 얻을 수 있었다. 그는 줄곧 프로이센의 군사를 건설하는 데 힘을 쏟았다. 1830년대부터 유럽의 민족주의 열풍이 불기 시작해 몇몇 사람들이 프로이센을 주체로 독일을 통일하려는 위대한 청사진을 그렸다. 위대한 구상이었지만 실시하기 어려워 독일의 강렬한 반대에 부딪쳤다. 빌헬름은 1861년 즉위하자 이 위대한 목표를 자신의 일정에 올렸다.

빌헬름은 군인의 절대복종 원칙이 그의 사상에 깊이 뿌리 내려 있었다. 그는 즉위하기 전 국내의 혁명 폭풍을 무력으로 진압하겠다고 단호하게 주장했었다. 즉위하자 '강권이 바로 진리' 라는 신념을 더욱 확실히 했다. 프로이센의 군사 역량을 최우선 임무로 삼고 군비 예산 증가를 강하게 주장했으며 이로 인해 의회와 여러 차례 충돌이 일어나 국내외로 곤란한 지경에 빠졌다. 바로 이 시기에 비스마르크가 낭패에 빠진 빌헬름 1세를 구했다.

'철혈정책' 으로 유명한 비스마르크는 젊은 시절 독일의 유명한 폭도였지만 그의 출중한 용기와 재능을 본 빌헬름 1세가 반대 의견을 무시하고 그를 수상으로 임명했다. 비스마르크는 임명되자마자 유명한 연설로 '철혈' 치국의 서막을 열고 빌헬름 1세의 강력한 지지를 얻었다. 비스마르크는 자리에 오른 후 우선 의회와의 갈등을 해결했다. 그는 군사건설 제의가 의회에 통과되지 않자 휴회를 선포했다.

그 후 독일은 고통스런 통일의 길을 걷기 시작했다. 우선 오스트리아와 손잡고 덴마크를 공격했다. 이어서 오스트리아와 적대적이 되어 깊은 상처를 주고 '북독일연방'을 조성했다. 1870년 독일은 프랑스와의 전쟁에서 위대한 승리를 거두어 통일의 길에 마지막 큰 장애물을 제거했다. 결국 남독일의 4개 연방이 독일연방에 가입했다. 그밖에 프랑스의 알자스와 로링도 점령했다. 다음 해 빌헬름 1세는 파리의 베르사유 궁에서 독일제국의 황제로 임명되었고 '제2제국'은 이때부터 세계에 자리잡기 시작했다.

빌헬름 1세와 비스마르크의 군신관계는 줄곧 칭송받았지만 실상은 좀 달랐다. 그들은 자주 갈등을 일으켰고 심지어 격렬한 다툼도 있었다. 그렇다고 해서 빌헬름 1세가 비스마르크의 독일 통일을 반대한 것은 아니다. 그런 의미에서 보면 빌헬름 1세는 가슴이 넓고 간언을 받아들이는 현명한 제왕이라 할 수 있다.

'철혈정책' 외에도 비스마르크는 성공한 외교가였다. 그는 프랑스, 오스트리아와 러시아 간의 갈등을 이용하여 독일이 통일하는 데 좋은 기초를 만들어 빌헬름 1세의 자랑이 되었다. 군사개혁가는 여러 차례 전투에서 승리를 거두어 빌헬름 1세의 통일 대업에 중요한 공헌을 했다.

독일이 통일된 후에도 빌헬름 1세는 비스마르크를 계속 중용했고 비스마르크도 대중의 기대를 저버리지 않았다. 그가 제정한 사회노동입법과 사회보험입법은 유럽과 전 세계에 큰 영향을 주었고 독일 통일에 뒤지지 않는 의의를 지닌다. 빌헬름 1세가 죽자 비스마르크의 정치생애도 끝났다. 독일 역사상 영웅시대가 종결된 것이다.

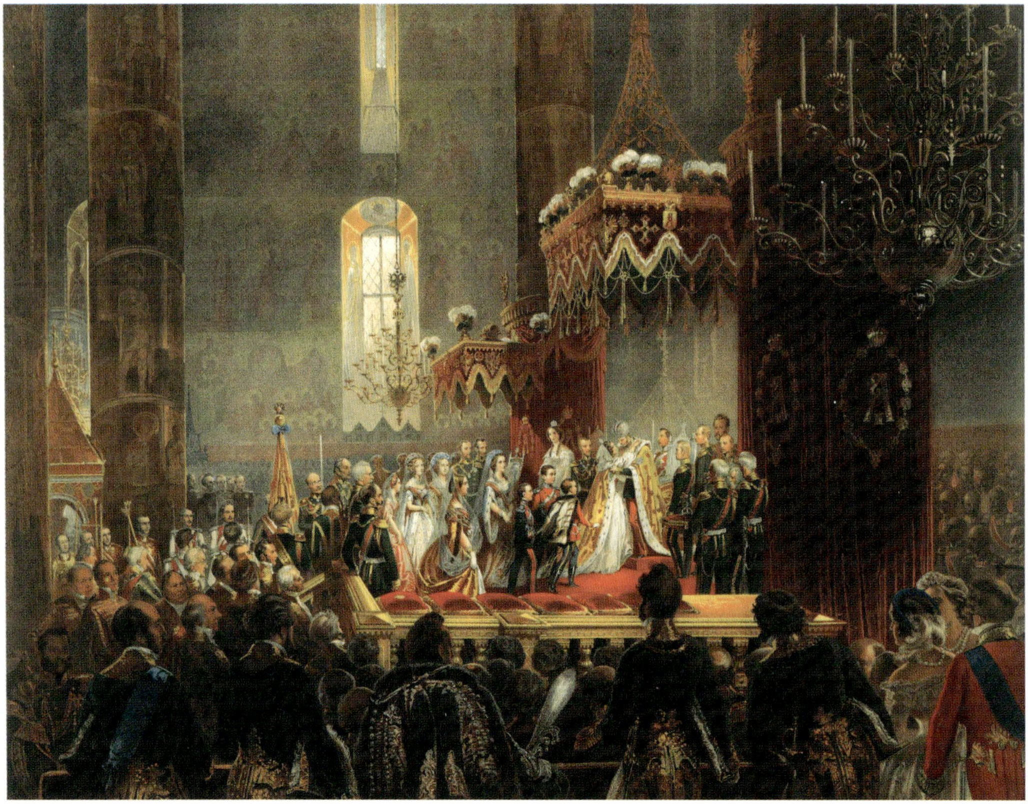

▲ 1855년 알렉산드르 2세의 즉위

알렉산드르 2세

Alexander II
러시아의 황제
1818~1881년

1861년 2월 19일은 러시아의 농노시대 중 새로운 자산 계급의 성장이 시작된 상징적인 날이다.

알렉산드르의 1861년 개혁에 대한 레닌의 평가

▲ 1880년 알렉산드르 2세

알렉산드르 2세 니콜라이 파브로비치는 니콜라이 1세의 큰아들이다. 그는 어려서부터 황위 계승자가 마땅히 받아야 할 교육을 받았다. 젊은 시절에는 여러 나라를 돌아다니며 시야를 넓혔으며, 이 경험은 이후의 개혁에 기초가 되었다.

수백 년 동안 농노제는 줄곧 러시아 황제를 곤혹스럽게 해왔다.

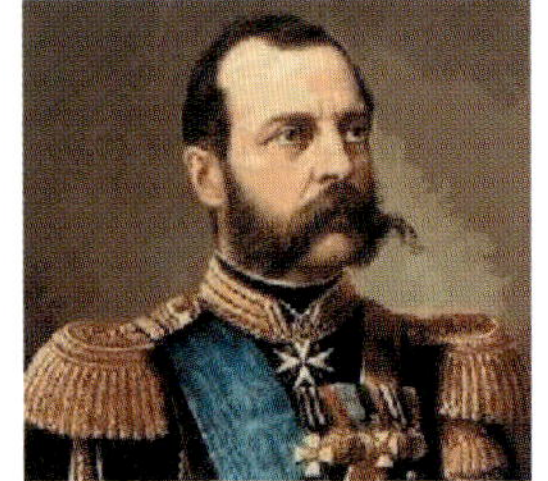

표트르 1세와 예카테리나 2세 모두 감히 건들지 못했고 알렉산드르 1세 때 비록 상응하는 조치를 취했지만 실패로 끝났다. 19세기 상반기 러시아 자본주의는 빠르게 발전했고 농노제는 그런 자본주의 발전에 최대 장애물이 되었다. 크림전쟁에서 러시아의 참패는 농노제도의 낙후와 부패를 더욱 여실히 드러냈다. 알렉산드르 2세는 농노제가 러시아 낙후의 근원임을 깨닫고 즉위 후 첫 번째로 농노해방 개혁을 했다.

1857년 '농민 사무총위원회'를 세우고 개혁을 준비한 알렉산드르 2세는 1861년 2월 19일(러시아력) '농노해방령'을 내렸다. '농노해방령'은 농노제 폐지를 선포하고, 전체 농노의 이주·혼인·직업 변화·재산 소유·계약 정립 등에 자유를 부여했다. 또한, 지주가 전체 토지를 소유하고 농민이 토지 경영권을 획득하려면 반드시 일부 몸값을 지불하게 했고 그 남은 부분은 정부가 유상채권의 방식으로 대신 지불했으며 농민은 반드시 49년 내에 갚도록 했다.

하지만 이 개혁은 철저하지 못해 봉건농노제는 여전히 남아 있었다. 우선 개혁은 지주 토지점유제를 바꾸지 않았다. 귀족 지주는 여전히 국가정권을 장악하고 있었고 넓은 토지를 관리하고 있었다. 오히려 개혁으로 농민의 부담이 늘어났다. 농민들은 비록 자유를 얻긴 했지만 토지가 부족했기 때문에 살기 위해 그들은 각박한 조건으로 귀족 지주에게 토지를 빌려야 했고 착취당하고 압박받는 생활은 계속되었다.

비록 그럴지라도 위에서 아래로의 개혁은 러시아 역사의 전환점이 되었고 2월 혁명의 좋은 기초가 되었다. 개혁은 자본주의의 발전을 촉진시켰고 러시아가 자본주의 길을 가게 했다. 레닌은 "1861년 2월 19일은 농노시대 중 성장을 시작한 새로운 자산계급으로 이루어진 러시아의 시작을 상징한다"고 했다. 알렉산드르 2세의 개혁과 비스마르크, 메이지유신을 비교해보면 비슷한 특징이 있다. 모두 '위에서 아래로'의 개혁이고 필요하면 무장 투쟁의 힘을 빌렸으며 성공적으로 사회 전환을 실현해 사회 발전에 적응한 정치 체제를 세웠다.

알렉산드르 2세는 국가 두마제도를 세웠고 오늘날까지 러시아에는 여전히 두마제도가 존재한다. '두마'는 '의회'를 뜻한다. 국가 두마의 호칭은 구 러시아에서 빌려온 것으로 러시아국가 두마는 러

2월 혁명

1917년 3월(러시아력 2월) 러시아에서 제2차 자산계급 혁명인 2월 혁명이 일어났다. 황제 니콜라이 2세에게 불만을 품은 수도의 노동자와 군중이 무장 봉기를 일으켜 황제 정부를 전복하려 했다. 그 결과 러시아를 300여 년간 통치한 로나노프 왕조가 종식되고 황제 전제제도의 통치가 막을 내렸다. 또한 역사상 보기 드문 두 개의 정권이 들어섰다. 즉 자산계급 정부와 노동자, 병사 대표 소비에트가 형성되었다. 2월 혁명의 승리는 러시아 무산계급이 사회주의의 투쟁을 쟁취해 유리한 조건을 만들었다.

시아 연방회의의 하의원으로 450개의 의석이 있다. 참가의원의 자격은 최소 21세 이상의 공민으로 임기는 4년이다.

대외확장방면에서 알렉산드르 2세는 전임 황제에 비해 조금도 손색이 없었다. 크림전쟁 실패 후 러시아는 유럽으로 나갈 수 없었다. 영토를 확장하기 위해 러시아는 침략의 철발굽을 동양으로 향할 수밖에 없었다. 1856년부터 1860년까지 제2차 아편전쟁 중 러시아는 중국과의 〈베이징조약〉을 통해 중국 동북의 넓은 영토를 점령했다. 60~70년대 러시아는 중앙아시아를 정복해 중앙아시아에 대한 통치를 시작했다.

알렉산드르 2세는 유럽 역사상 가장 많은 공격을 당한 왕이다. 1866년부터 1880년까지 그는 다섯 차례 이상 공격을 당했다. 1879년 급진적인 민의당의 암살조직이 알렉산드르 2세를 공격했다. 그 전 두 차례의 암살이 모두 실패하자 그들은 1881년 3월 1일 제3차 암살을 시도했다. 결국 알렉산드르 2세는 피하지 못하고 폭탄에 맞아 과다출혈로 사망했다. 알렉산드르 2세가 암살당한 원인은 그의 개혁 때문이었다. 이는 그도 예상치 못한 일이었다.

빅토리아

Victoria
영국 여왕이자 인도 여왕
1819~1901년

왕위에 오른 여인 중에 빅토리아처럼 뛰어나게 여왕의 직책을 다한 사람이 없으며 동시에 평범한 여인으로서의 행복을 가진 이도 없다.

▲ 빅토리아 여왕

그녀의 재위기간은 자그마치 63년에 달한다. 영국 역사상 재위기간이 가장 긴 군주인 것이다. 그녀는 브리태니아-아일랜드 연합왕국의 여왕이자 동시에 인도 여황제였다. 그녀가 통치하는 동안 영국은 '해가 지지 않는 제국'이라는 호칭을 얻은 황금시기를 보냈다. 그녀가 바로 빅토리아 여왕이다.

1819년 알렉산드리나 빅토리아는 켄트 공작 에드워드의 딸로 런던 켄싱턴 궁에서 태어났다. 8개월 때 아버지 에드워드는 사냥을 다녀온 후 감기에 걸려 죽고 말았다. 에드워드가 죽기 전 한 점성술사가 그에게 왕실에 곧 두 사람이 죽을 것이라고 예언했지만 에드워드는 이 불운이 자신에게 떨어질 것이라고는 꿈에도 생각하지 못했다. 죽기 얼마 전 에드워드와 빅토리아는 왕실의 합법적인 계승인으로 선포되었었다.

에드워드는 왕이 될 기회가 있었지만 운명은 그의 딸 빅토리아를 대영제국의 여왕으로 선택했고 이 영광은 64년간 계속되었다. 빅토리아는 18세 때 웨스트민스터 사원에서 영국여왕의 자리에 올랐고 1876년 인도의 여황제가 되었다. 많은 유럽황실의 황친을 친척으로 두었기 때문에 빅토리아는 '유럽의 할머니'라고 불렸다.

빅토리아는 통치시기 각종 수단과 방법을 가리지 않고 대외 확장을 했다. 그녀가 재위하는 동안 대영제국은 영토 확장의 가장 찬란한 시기로 들어섰다. 1857년 영국과 프랑스 양국은 수에즈 운하의 통치권을 두고 전쟁을 벌였고, 결국 영국의 승리로 끝났다. 다음 해 영국은 인도를 세력 범위에 넣었다. 1877년부터 1878년까지 러시아는 발칸반도를 두고 터키와 교전을 벌였고, 결국 러시아와 터키 쌍방이 협의하에 발칸반도의 일부 토지를 러시아에 귀속시켰다. 하지만 빅토리아는 이에 불만을 품고 무력과 외교로 러시아에 압력을 가했다. 러시아는 결국 물러나고 영국은 이 힘겨루기의 진정한 승자가

되었다.

세상이 주목한 아편전쟁도 빅토리아가 일으켰다. 당시의 영국과 중국은 이미 찻잎·비단 위주의 상업 무역을 하고 있었다. 이 상품들은 모두 영국 시장의 사치품이었지만 자급자족의 자연 경제가 지배적인 중국은 외국의 수입품이 그다지 필요하지 않았다. 이런 무역 격차를 줄이기 위해 영국 상인은 영국 정부의 지지를 업고 중국에 아편을 팔기 시작했다. 1839년 임칙서는 호문에서 아편을 태워 영국에 심한 타격을 입혔다.

다음 해 빅토리아는 의회에서 연설을 했다. "지금은 아편이 문제가 아니고 상인의 손실도 문제가 아닙니다. 가장 중요한 것은 영국의 자존심입니다. 만일 다른 나라들도 중국을 배워 자유 무역을 거절한다면 1년 후 영국은 존재하지 못할 것입니다. 이것이 바로 중국과 전쟁을 해야 할 이유입니다." 아편전쟁은 이렇게 발발되었다.

빅토리아가 재위하는 동안 영국의 경제와 문화는 절정에 이르렀다. 그녀가 왕위에 오를 당시 영국에는 철로가 몇 개 밖에 없었지만 그녀가 죽을 때는 각 도시마다 철로가 연결되어 있었다. 1851년 첫 번째 만국박람회가 런던에서 개최되어 전 세계에 영국의 힘과 번영을 드러냈다. 경제와 공업의 비약적인 발전은 영국인의 생활에 큰 편리를 가져왔다. 빅토리아 시대에 거리의 가로등이 생겼고 런던에는 오염배출 시스템이 생겼다. 더 중요한 것은, 1891년 영국은 이미 무료교육을 실시했다는 점이다. 이 모든 것들이 빅토리아를 영국 번영과 평화의 상징으로 만들었다.

▲ 1842년 빅토리아 여왕과 남편 앨버트 공작

빅토리아 시대에 영국은 전성기에 들어섰고 통치영역은 세계 5대륙 3300여만 평방킬로미터에 달했다. 그 당시 세계에서 면적이 가장 큰 제국이었다. 빅토리아는 19세기 대영제국의 상징이다. 오늘날 전 세계의 수많은 강, 호수, 도시, 항구, 거리, 학교, 공원 등의 건축물에 빅토리아라는 이름이 붙어 있다. 예컨대 오스트리아의 빅토리아 주, 캐나다의 빅토리아 시, 싱가폴의 빅토리아 기념관, 홍콩의 빅토리아 항과 빅토리아 공원 등이 있다.

빅토리아는 1901년 1월 22일 82세로 세상을 떴다. 영국인은 그녀의 부고를 듣고 세계의 종말이라도 온 것 같이 여겼다. 빅토리아 통치시기에 영국은 강한 제국이 되었고 끊임없이 발전하고 성장했다. 이것이 그녀가 영국인에게 남긴 가장 귀한 재산이고 그녀 일생 최고의 평가이다.

레오폴드 2세

▲ 레오폴드 2세

벨기에

벨기에는 원래 네덜란드의 일부분으로 프랑스·오스트리아·네덜란드에 통치되었었다. 1830년 독립을 선포했지만 일 년 후에야 유럽 국가의 허락을 얻는다. 벨기에의 첫 번째 국왕은 레오폴드 왕자이다. 30여 년의 노력 끝에 벨기에는 마침내 독립국가 형식으로 유럽에 자리를 잡았다.

레오폴드 2세는 벨기에의 첫 번째 본토 출신 국왕이다. 그가 통치할 때는 마침 제2차 공업혁명 시기로 그는 자유무역 정책의 형식으로 이 혁명에 가담해 벨기에의 경제를 신속하게 발전시켰다. 이와 동시에 그는 보통선거 제도를 실시했다.

벨기에는 두 가지 언어, 즉 불어와 네덜란드어를 사용한다. 그가 통치하기 전에는 벨기에의 관방 언어는 불어였고 네덜란드어를 사용하는 사람들은 불어를 사용하는 사람들에게 무시를 당하곤 했다. 두 언어를 사용하는 사람들 간에 마찰이 잦았는데, 레오폴드 2세가 왕위를 계승한 후 네덜란드어의 지위를 높여 불어와 평등하게 관방 언어로 만들고 모든 동전과 지폐에 두 언어를 다 인쇄하게 해 국가의 통합을 시도했다.

레오폴드 2세의 공적은 이뿐만이 아니라 그의 이름을 진정으로 후세에 남긴 것은, 그가 아프리카를 전 세계로 진입시키는 과정에서 한 역할이다. 그는 즉위 후 해외에 식민지를 세우기로 했다. 1876년 유럽 국가들에게 브루사이에서 회의를 하자고 요청해 함께 아프리카 문제를 상의했다. 이를 '국제지리회의' 라고 부른다.

회의에 참가한 유럽국가들은 아프리카를 나눠가지기로 협상했다. 이후 십여 년간 아프리카는 거의 모두 분할되었고 벨기에도 자신의 몫을 얻었다. 하지만 벨기에 의회가 이에 대해 흥미를 가지지 않아 레오폴드 2세는 자신의 명의로 이 토지를 경영해 콩고를 세우고 콩고의 왕이 되었다.

레오폴드 2세는 도로를 건설하고 상점을 개설하는 등 콩고의 현지 경제 발전을 촉진시켰다. 또한 아프리카에서 이룬 자신의 업적을 드러내기 위해 그는 벨기에에 '아프리카 궁'을 건설했다. 그가 죽기 전에 벨기에 의회가 콩고를 넘겨받아 관할하게 되었고 콩고는 정식으로 벨기에의 식민지가 되었다.

　레오폴드 2세가 아프리카에서 이룬 공적과 과오에 대해 후세 사람
들의 평가는 엇갈린다. 19세기 세계의 토지는 기본적으로 분할이 끝
났고 아프리카도 피할 수 없었다. 하지만 레오폴드 2세는 아프리카
분할을 촉진하는 역사적 과정에서 아프리카를 세계로 끌어내었다.
이것만으로도 그의 공은 충분하다고 할 수 있다.

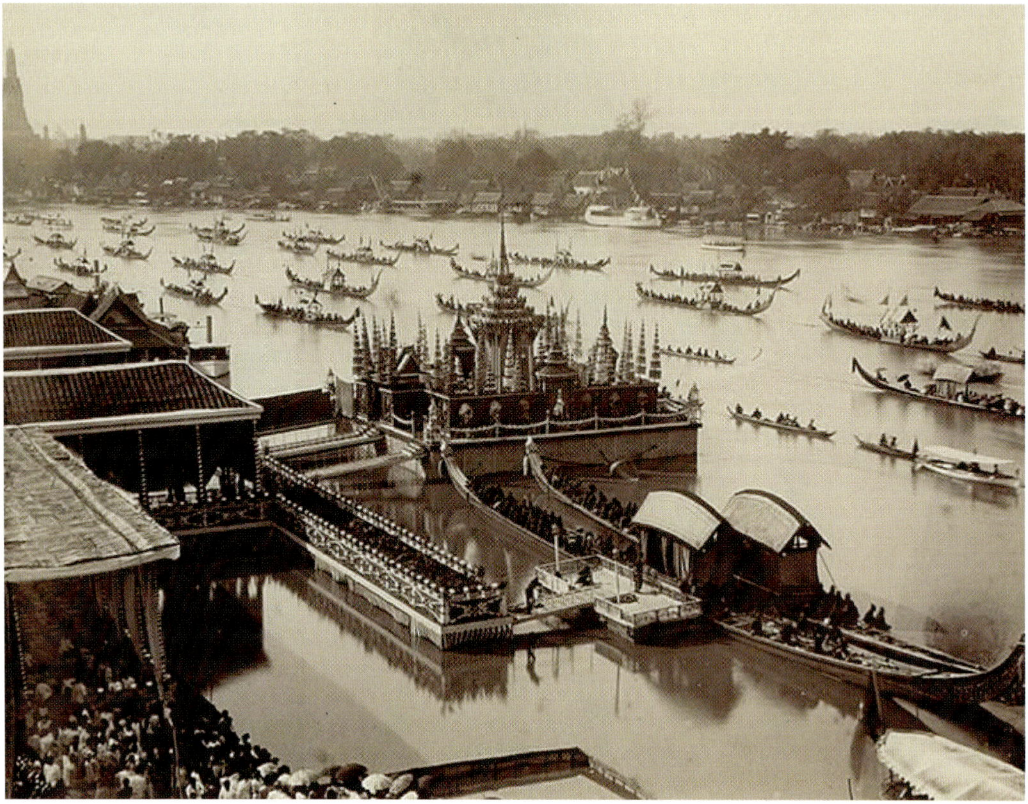

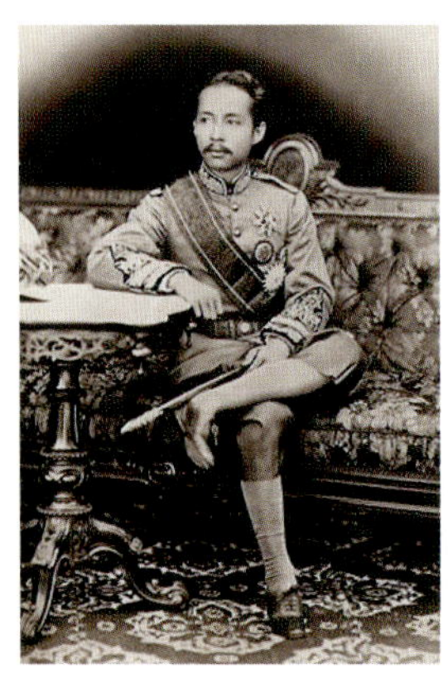

▲ 1886년의 짜오프라야 강의 조감 사진. 강 가운데 탑이 세워진 건축물은 출라롱콘의 아들의 종교 세례식(침수 의식)을 위한 장소였다. 유감스럽게도 이 아들은 어려서 죽었다.

▲ 출라롱콘

출라롱콘 국왕

Chulaongkorn
태국 방콕왕조 국왕
1852~1910년

만일 무엇이든 서양과 겨뤄야 한다면 침대 머리를 어느 쪽에 두어야 할지도 모르게 될 것이다.

출라롱콘

19세기 아시아는 서양 열강이 집어삼키려고 노리는 대상이었다. 태국 방콕왕조의 주변 국가들은 거의 모두 서양 국가의 부속국과 식민지가 되었다. 태국도 프랑스와 독일이 동시에 노리는 목표였지만 그들은 모두 이 난감한 균형을 깨뜨리길 원하지 않았다. 그 덕에 태국은 당시 유일하게 독립 주권을 가진 나라가 되었다.

　태국 국왕 출라롱콘은 각 열강 사이에서 힘겹게 이 상황을 유지하고 있었다. 하지만 장기적으로 이 상태를 유지할 수 없으며 반드시 개혁을 해서 스스로 강해져야 한다는 것을 분명하게 알고 있었다. 서양국가의 위협 아래 그는 고통스런 개혁의 길을 걷기 시작했다.

　출라롱콘 즉 라마 5세는 라마 4세의 아들로 어려서부터 서양식 교육을 받았다. 1868년 즉위해 30여 년간 집정하면서 시종일관 개혁을 했다. 초기에는 자잘한 법령으로 시작한 개혁은 후에 점차 개혁의 물결이 되었다. 노예제 폐지는 그중 가장 중요한 개혁이다.

　그가 즉위했을 때 태국은 여전히 중세 농노제가 남아있었다. 비록 농노의 숫자가 많지는 않았지만 경제의 발전을 심각하게 방해했다. 1874년부터 노예제를 제한하는 법령을 점차적으로 반포해 그가 죽기 2년 전에는 태국의 농노제는 거의 다 폐지되었다.

　이와 동시에 관제 개혁에도 착수했다. 그는 서양의 내각제로 분봉

라마 4세

몽꿋 왕. 이복동생이 원래 그의 것인 왕위를 빼앗아 각지를 떠돌다 서양 지식을 접촉할 기회가 생겼다. 다시 왕위를 찾은 후 그는 국내에 개혁을 실시했고 노예제 제한, 화폐 개혁, 대외 무역 장려 등의 개혁 조치는 낙후된 태국을 바꾸는 데 큰 작용을 했다. 이밖에 그는 자녀 교육을 중시해 외국 교사를 청해 서양 학문을 배웠다. 이는 그의 후계자가 개혁 사업을 이어가는데 큰 도움이 되었다.

▲ 1900년 덴마크 왕자 발데마르 (왼쪽)가 태국을 방문한 동안 출라롱콘 국왕(오른쪽)과 함께 찍은 사진

제를 대신하고 모든 관원에게 일률적으로 국가가 봉급을 주었다. 지방 관원은 내각의 통일된 임명과 이동에 따라야 했고 중앙집권에 유리한 근대화 국가기구를 설립했다.

그 후 개혁의 목표를 군사로 옮겼다. 그는 전시에 군사를 모집하는 제도를 없애고 의무 병역제를 실시하고 상비군을 조직했다. 군인의 자질을 향상시키기 위해 사관학교를 짓고 해군의 건설을 중점적으로 강화했다. 이밖에 교육에 힘쓰고 세수 개혁, 사법체계 개선, 철로와 도로수리 건설, 우체국 건설 등을 했다. 비록 매년 국가에 들어가는 것이 많았지만, 말년에는 국외와 국내에 모두 빚이 없는 번영의 모습이 나타났다.

출라롱콘은 더 많은 서양국가의 경험을 귀감으로 삼기 위해 여러 차례 사절단을 파견해 서양을 방문하게 하고 심지어 직접 유럽을 방문하기도 했다. 그렇다고 그가 서양문화를 절대적으로 받아들인 것은 아니다. 오히려 태국의 문화를 보호하고 불교를 국교의 지위로 유지해 동방문화가 가장 잘 보존된 국가로 만들었다.

내우외환의 시기, 실시한 개혁은 일본의 메이지유신 다음으로 영향력이 컸다. 하지만 이 개혁은 서양 열강의 감시 하에 진행되었기 때문에 일본보다 더 힘들었다.

▲ 궁에서 나가는 메이지 천황

메이지 천황

Emperir Meiji
일본 천황
1852~1913년

19세기 중후반 빈곤의 땅 일본에는 폭풍우의 기운이 감돌고 있었다. 일찍이 일본이 모범으로 삼았던 중국은 아편전쟁으로 무너졌고 탐욕스러운 서양 제국은 엄지 손가락만한 일본 시장을 노리며 끊임없이 정탐하고 있었다.

서양국가의 튼튼한 군함과 무서운 대포를 보고 일본의 의식 있는 사람들은 역경도 마다하지 않고 나라를 구하기 위한 길을 탐색하기 시작했다. 하지만 그들의 행동은 당시의 통치 세력인 도쿠가와 막부를 화나게 했다. 지도자 요시다 쇼인을 포함한 개혁 인사들은 처단되었지만 그들이 제창한 신사상은 당시 서남부 지방에 영향을 미쳐 격렬한 반막부 운동이 일어났다.

▲ 메이지 천황의 사진

막부 타도 세력은 막강한 기세로 이 투쟁에서 승리해 일본을 200여 년간 통치한 도쿠가와 막부를 몰아냈다. 그리고 선진 사상의 신정권이 그 자리를 대신했다. 이런 알력다툼의 정치 투쟁은 어느 나라에서나 볼 수 있지만, 일본의 신정권은 재능있고 지략이 뛰어나며 선진 사상을 가진 왕, 메이지 천황을 추대하는 행운을 잡았다. 반세기 후 일본은 전혀 새로운 모습으로 세계 강국의 대열에 우뚝 섰는데, 이는 메이지 천황 덕이었다.

1867년은 일본에게 매우 특별한 한 해였다. 이 해에 도쿠가와 막부를 지지하는 고메이 천황이 갑자기 세상을 떴다. 고메이 천황은 여섯 명의 자식을 낳았으나 그 중 다섯 명이 일찍 죽고 줄곧 푸대접을 당하던 아들 무쓰히토가 유일한 합법적 계승자가 되었다. 무쓰히토는 16세가 되던 해 일본 제122대 천황, 즉 메이지 천황이 되었다. 그는 비록 어려서부터 몸이 약했지만 천부적으로 지혜롭고 똑똑해 개혁세력이 유일하게 의탁할 수 있는 대상이 되었다.

즉위 초 무쓰히토는 뚜렷한 사상이 없었다. 하지만 개혁 원로들의 정성어린 지도로 일본이 직면한 역경을 분명하게 알게 되자 일본의 전통에 부합하면서도 박력 있는 유신 군주가 되었다. 혁신파는 무쓰히토를 통해 도쿠가와 막부를 토벌할 비밀 조서를 얻은 후 막부를 무너뜨릴 전쟁을 시작했다. 결국 막부세력을 완벽하게 제거하고 일본은 새로운 시대를 맞이했다. 막부가 무너진 후 메이지 천황은 45년에 달하는 신정부 개혁을 시작했다. 이는 역사상 '메이지 유신'이라 불리는데, 유신의 주력군은 막부를 뒤집자는 혁신파였다.

많은 개혁 조치 가운데 가장 영향력이 컸던 것은 '폐번치현'과 '봉환판적'이다. 천황은 이 두 개혁을 통해 토지와 백성에 대한 번주의 소유권을 빼앗고 직무를 폐한 뒤 수도로 이주시켰고, 번주들의 직무는 천황이 임명한 지방관이 대신하게 했다. 이때부터 일본은 지방 봉건세력을 폐지하고 통일된 중앙집권국가가 되었다. 그 후 천황은 중앙관리제도를 개혁해 모든 관리를 천황이 직접 임명하고 자신에게 절대적으로 충성을 바치는 관리제도를 만들어 일본의 근대국가 체제를 세웠다.

번주의 토지소유권을 빼앗은 후 모든 토지는 국가소유가 되었다. 그 후 천황이 토지매매 정책을 없애자 토지소유주와 노동자 간의 의존관계도 자연히 사라졌다. 토지를 사용하는 자는 국가에 일정한 세금만 내면 자유롭게 토지를 사용하고 환원할 수 있었다. 이런 토지정책은 신형 자본주의 발전에 좋은 기회를 제공했다.

중앙집권을 강화한 후 경제발전으로 부유한 국가를 만드는 것이

▲ 메이지 천황

개혁의 새로운 목표가 되었다. 이에 따라 산업을 발전시키려는 계획이 추가되었다. 처음에는 세금수입을 이용해 국가가 '모범공장'을 세워 시범을 보인 뒤 개인이 기업을 세우도록 장려했다. 그 후 신형 사기업을 지지하기 위해 나라에서 국영기업을 저가로 개인에게 팔았다. 일본 경제는 빠르게 발전했고 많은 기업 자본가들이 성장하기 시작했다.

1880년대에 대량으로 등장하기 시작한 개인 기업들은 일본의 경제적 지주가 되었다. 메이지 정부는 국가의 권위를 이용해 상부에서 하부로 자본주의를 추진해 경제발전에 가속도를 붙였으며 이는 일본이 경제강국이 되는 데 탄탄한 기초가 되었다.

경제의 발전은 국내 정치문화의 발전에도 기초가 되었고 유가와 불교문화는 점차 서양문화로 대체되었으며 새로운 교육체계도 서서히 확립되었다. 하지만 뿌리 깊은 독재사상은 변하지 않아 천황은 오히려 민족 응집력의 기초가 되었다. 백성들 마음속의 천황에 대한 지위를 공고히 다지기 위해 메이지 천황은 대규모의 순례 활동과 각종 의식을 거행했다. 이런 활동 중 천황은 끊임없이 신격화 되었으며 결국 국민들의 숭배 대상이 되었다.

메이지 천황은 부유한 국가가 되는 것만으로는 부족함을 느끼고 일본이 민족 위기에서 벗어나려면 강력한 군사 실력을 갖춰야 한다

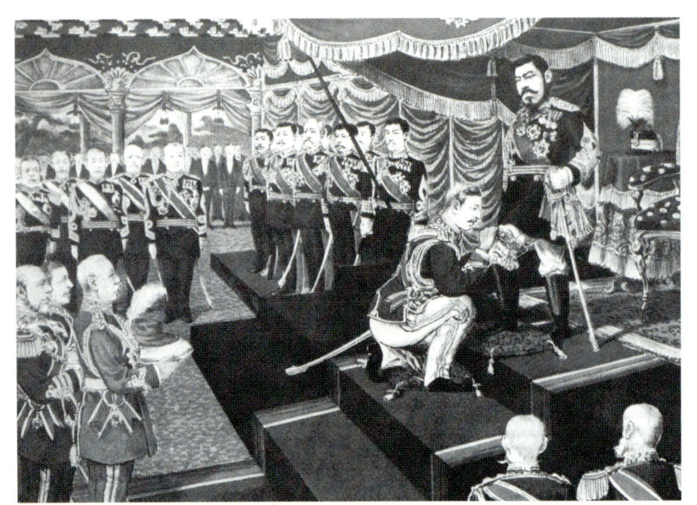
▲ 1906년, 훈장을 수여하는 메이
지 천황

고 생각했다. 1873년 일본은 징병제를 실시하고 〈군인칙유〉를 반포해 황제에게 완벽하게 충성을 바치는 천황의 군대를 만들었다. 일본의 사무라이 정신 덕에 이들은 강한 전투력을 갖췄다. 1889년 메이지 천황은 〈대일본제국헌법〉을 반포해 자신의 최고 권력을 법률 형식으로 확정했다. 이때부터 일본은 천황의 절대 전제통치를 시작했다.

20여 년의 노력으로 일본은 아시아의 강국이 되었다. 하지만 아시아인의 악몽도 이때부터 시작되었다. 일본은 민족 독립을 수호하는 동시에 주변 국가를 향해 무력을 휘두르기 시작했기 때문이다.

메이지 천황의 개혁은 일본의 발전사에서 시대를 건너뛰는 의의를 지닌다. 그는 일본의 국가 성격을 철저하게 바꾸고 부강하게 만들었으며 민족을 위기에서 구하고, 일본을 아시아의 패주, 세계의 강국으로 만들었다. 동시에 일본 근대화의 기초를 마련했다. 더욱 중요한 점은 일본의 혁신으로 서양 문명이 동양에도 적합하다는 것을 증명해 낙후된 동양국가들이 출구를 찾았다는 점이다. 아시아의 여러 낙후된 국가들은 희망을 보고 앞 다투어 모방하기 시작했다. 중국의 캉요웨이, 량치차오 등이 조직한 유신변법이 그 좋은 예이다.

근대 개혁사상 러시아의 표트르 1세의 개혁을 메이지 유신과 비교할 수 있다. 하지만 일본의 메이지 유신이 더 막강하다고 할 수 있는데 일본은 30여 년 만에 세계 강국이 되었지만 러시아는 반세기가 지난 후에 유럽 국가의 인정을 받았고, 러시아와 일본의 쟁탈전에서 일본이 승리를 거두었기 때문이다. 또한 러시아의 개혁은 서양 문명의 위협 없이 일어났지만 일본의 개혁은 서양 세계가 호시탐탐 노리는 가운데 진행되었기 때문이다. 이 개혁이 성공할 수 있었던 것은 메이지 천황의 지도력 덕분이라 할 수 있다.

▲ 1912년 네덜란드 여왕 빌헬미
나와 프랑스 대통령 아르망 팔
리에르

빌헬미나

Wilhelmina
네덜란드 여왕
1880~1962년

그녀는 두 차례의 세계대전의 늪에서 네덜란드 국민들을 끌고 나왔다.

그녀는 빛나는 업적으로 유명한 것이 아니라 위대한 모성으로 세
계에 이름을 알린 국왕이다. 그래서 자비로운 어머니 같은 여왕으로
불린다. 그녀가 바로 네덜란드의 여왕 빌헬미나이다.

1880년 네덜란드 헤이그에서 태어난 빌헬미나는 네덜란드 국왕
빌럼 3세의 딸이다. 10세 때 여왕이 되었으나 어머니가 섭정을 하고
1898년부터 친정을 시작했다. 제1차 세계대전 동안 중립 외교정책
을 고수했으며 적극적으로 세계평화 회복을 주장했다. 제2차 세계
대전이 발발하기 전에는 벨기에 국왕과 연합해 전쟁을 반대했지만

▲ 1901년 빌헬미나는 메클렌버그
슈어린 공작 헨드릭과 결혼
했다.

▲ 네덜란드 여왕 빌헬미나가 프랑
스 포병의 훈련을 보고 있다.

파시스트의 침입을 막지는 못했다. 독일의 위세와 강력한 군대 앞에
서 네덜란드는 참패하고 빌헬미나 여왕은 영국으로 망명했다.

1945년 네덜란드가 해방된 후에야 빌헬미나는 조국으로 돌아왔고
1948년에 퇴위했다. 여왕으로서 빌헬미나는 남성 국왕보다 더욱 강
한 의지를 드러냈다. 두 차례의 세계대전 기간 동안 보여준 모습이
이를 잘 보여준다. 특히 제2차 세계대전 때 그녀는 비록 국외로 망
명했지만 끊임없이 네덜란드 국민들에게 대항을 호소해 '저항의 어
머니'라는 별칭을 얻었으며 전 세계 각국 국민들의 존경을 받았다.

빌헬미나 여왕이 실시한 정책은 남성 국왕에 비해 조금도 손색이
없었다. 재위기간 동안 입헌군주제와 의회제도를 확립하고 보수당
이 실행한 보통선거권과 사회 개혁의 결의를 통과시켰다. 그녀는 많
은 사회문제관련 법률을 반포하고 헌법을 개정해 자신의 권위를 높
였을 뿐 아니라, 사회의 안정을 이끌고 공업과 무역을 크게 발전시
켜 네덜란드의 성장에 기초를 마련했다.

세계 역사상 많은 여왕 가운데 빌헬미나는 엘리자베스 1세의 찬란
한 공이나 예카테리나 2세의 야심에 미치지 못할지도 모른다. 하지

310

만 그녀는 모성을 가장 찬
란하게 발휘한 여왕이었
다. 이런 의의에서 빌헬미
나는 여왕으로서뿐 아니
라 보통의 여인으로서도
성공했음은 의심할 바 없
다.

◀ 빌헬미나와 딸 율리아나

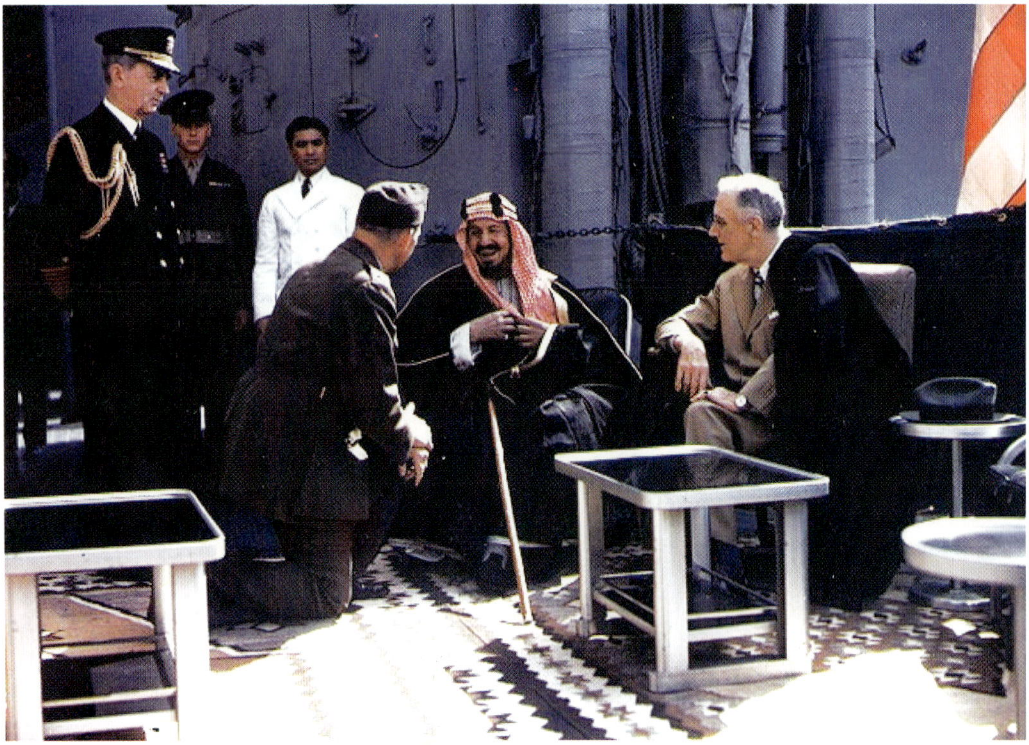

▲ 1945년 이븐 사우드 국왕이 수에즈 운하의 미국 전함에서 루즈벨트 대통령과 만나고 있다.

이븐 사우드

Ibn Saud
사우디아라비아의 국왕
1880~1953년

이븐 사우드는 아라비아 세계에서 무함마드 이래 가장 위대한 사람이다. 그가 현대 사우디아라비아 국가를 세웠기 때문이다.

▲ 1945년의 이븐 사우드

19세기 초 아라비아 반도의 유명한 사우드 가족이 와하비왕조를 세웠다. 하지만 이 왕조는 강력한 이집트에게 무너지고 치명적인 타격을 입었다. 패전 후 사우드 가는 점차 쇠락해 쿠웨이트로 도망갔다. 이븐 사우드는 이때 태어났다. 그는 태어나자마자 가족의 명예를 되살릴 중대한 사명을 지고 아버지의 엄격한 훈련을 받으며 자랐다.

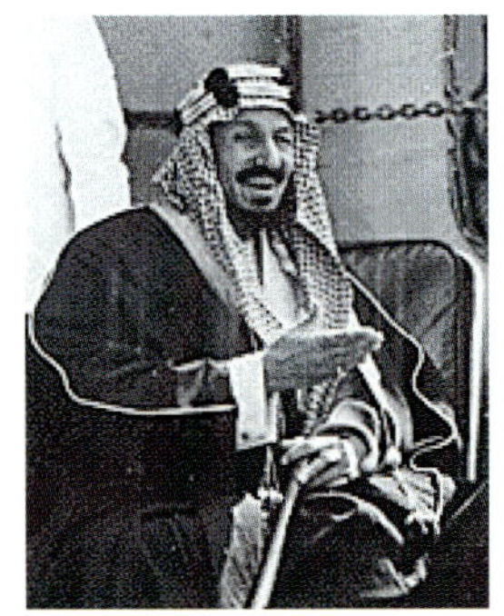

　1901년 이븐 사우드는 부하를 이끌고 쿠웨이트에서 네지드왕국을 향해 리야드, 네지드, 헤자즈왕국 등을 점령하고 이 지역에 정권을 세워 자신을 네지드와 헤자즈의 국왕이라고 선포했다. 1927년 그는 영국과 지다 조약을 체결해 영국의 특권을 취소하고 영국으로부터 독립을 승인받았다. 1932년 네지드와 헤자즈왕국을 병합해 정식으로 국명을 사우디아라비아왕국으로 바꾸고 국왕이 되어 와하브파의 지도자를 겸했다.

　이븐 사우드는 사우디아라비아왕국을 세웠으며, 재위기간 동안 이슬람교 와하브파의 교의를 전파하고 봉건 통치를 수호했다. 또한 현대화를 추진해 비교적 진보적인 와하브파 이론을 세우고 이슬람교 교의를 준수하는 기초 위에 신기술을 끌어들여 사용했다. 이는 당시로서는 매우 중요한 의의를 가졌다.

　동시에 재정적인 갈등을 줄이기 위해 이븐 사우드는 사우디아라비아의 삼분의 이에 해당하는 토지를 미국의 스탠더드 석유회사에 빌려주었고 사우디아라비아는 세계적으로 중요한 석유 생산국이자

와하브파

와하브파는 근대 이슬람교 복고주의파로 '와하브운동파'라고도 불린다. 18세기 중엽에 아라비아 반도의 이슬람학자 무함마드 이븐 아브드 알와하브가 창설했다. 수니파 한발리 학파의 교의와 복고주의 사상을 흡수해 사회 병폐를 지적하고 종교 부흥을 제창한 것이 와하브파의 종교 사상이다. 와하브파는 아라비아 반도 및 이집트, 수단, 인도 등에 전파되어 세계 많은 지역에 영향을 미쳤다.

수출국으로 발돋움했다. 국제 유가의 상승에 따라 사우디아라비아는 가난하고 낙후된 국가에서 단기간에 기적적으로 세계에서 가장 부유한 국가의 대열에 들었다.

이 모든 것이 독립주권을 가진 기반 위에서 이루어졌으며 이븐 사우드의 공이 크다. 현재 사우디아라비아는 이미 세계 최대의 석유대국이 되었고 이븐 사우드의 이름도 역사에 영원히 남게 되었다.